Martin Niemöller

MARTIN NIEMÖLLER

Festschrift
zum 90. Geburtstag

Herausgegeben von
Heinz Kloppenburg
Eugen Kogon
Walter Kreck
Gunnar Matthiessen
Herbert Mochalski
Helmut Ridder

Pahl-Rugenstein

Foto: Dietmar Treber
Gesamtherstellung: Locher GmbH, Köln

CIP-Kurztitelaufnahme der Deutschen Bibliothek

Martin Niemöller: Festschr. zum 90. Geburtstag / hrsg. von Heinz Kloppenburg . . . - Köln: Pahl-Rugenstein, 1982.
ISBN 3-7609-0673-7
NE: Kloppenburg, Heinz [Hrsg.]; Niemöller, Martin: Festschrift

Inhalt

III. Kirche und Frieden

Herbert Mochalski

Martin Niemöller – in der Verantwortung für die Menschen

Am 14. Januar 1982 vollendet Martin Niemöller sein 90. Lebensjahr, Zeuge unsres Jahrhunderts wie kaum ein anderer: Kaiserreich, 1. Weltkrieg, Weimarer Republik, »Drittes Reich«, Konzentrationslager 1938–1945, Nachkriegszeit mit Wiederaufrüstung und Kaltem Krieg, mit zwei deutschen Staaten, atomare Hochrüstung mit der Bedrohung jeglichen Lebens auf unserem Planeten. Der Bogen seines bewußten Mitlebens, des Erlebens, des Miterleidens und Mitleidens, des Kämpfens und des Wachsens an Erkenntnissen, die ihren Niederschlag im konkreten Handeln finden, umspannt mehr als acht Jahrzehnte unsres Jahrhunderts.

Als dieses Buch geplant wurde, hat keiner der Initiatoren vorgehabt, Martin Niemöller in einem Rückblick sozusagen zu würdigen. Das entspricht nicht einem Manne, dem es immer um das Heute geht, um das, was jetzt zu sagen und zu tun ist, und der bei allen Ereignissen, zunehmend von Jahrzehnt zu Jahrzehnt, Antwort auf die eine Frage sucht: Was würde Jesus dazu sagen?

Martin Niemöller ist kein »politischer« Mensch und wollte nie ein »Politiker« sein. In die Politik ist er als ein Zeuge seines Herrn geraten, als Zeuge, dem es um die Nachfolge Jesu, dem es um den Gehorsam gegenüber der Botschaft Jesu geht: »Wir kennen keinen anderen Herrn als Christus – der wird euch in alle Wahrheit leiten.«

Thomas Mann hat in seinem Vorwort zur englischen Ausgabe der letzten Predigten Niemöllers vor dessen Verhaftung 1941 beschrieben, was einen Prediger des Evangeliums nolens volens zu einer politischen Figur macht:

»Er hatte gegen die Vergottung des Staates – und was für eines Staates! – geistige Verwahrung eingelegt. Und er hatte erklärt: ›Wir wollen ohne Murren der Welt geben, was ihr gehört. Aber wenn die Welt fordert, was Gottes ist, dann müssen wir mannhaften Widerstand leisten, daß wir ihr nicht geben, was Gottes ist, und um des Wohllebens in der Fremde willen unsere Heimat verlieren.‹ Das und vieles andere dergleichen, was man in diesen Predigten nachlesen mag, war ›politische Agitation‹ – ohne Zweifel. Es wird nämlich jeder, der ein Menschenherz in der Brust hat, zum politischen Agitator, wenn eine Kreatur wie Hitler zur Macht gelangt – wie denn ein christlicher Prediger? Nimm an, du hättest den Beruf des Theologen, des Seelsorgers und des Verkünders von Gottes Wort ergriffen, wärst ein Kanzelredner geworden, den Liebe und Glaube inspirieren, und an dessen Lippen viele tausend schlichte Seelen hängen. Die Politik ist dir fremd, sie ist keineswegs dein Feld, denn sie ist ›die Welt‹, als deine Heimat aber empfindest du das Geistige und Ewige. Nimm also an, du wärest ein religiöser Mensch, der ganz bereit ist, ›dem Kaiser‹ zu geben, was › des Kaisers‹ ist, aber dessen eigentliche Anliegen Gott, Sünde, Erlösung, Tod und Ewigkeit sind. Und nun nimm an, es stellte sich ein Schurke auf mit Weiberhänden und der Stimme eines bösen, bissigen Kettenhundes und brüllte unter großem Zulauf: ›Staat und Volk sind Gott, und ich bin Staat und Volk, folglich bin ich Gott!‹ – Nicht wahr, da müßtest du widersprechen – und im Nu wärst du ein politischer Agitator. Das wäre ganz unvermeidlich, und schuld daran wärest freilich nicht du, sondern jener Schurke, doch unvermeidlich wäre es. Grenze und Unterschied zwischen Religion und Politik wären plötzlich aufgehoben. Eben noch nur ein populärer Prediger, wärest du von heut auf morgen, du wüßtest nicht, wie, zur politischen Figur und deine Kirche zu einem Zentrum der politischen Opposition geworden. So erging es Pastor Niemöller.«

Im Januar 1934 lädt Hitler die evangelischen Landesbischöfe Marahrens (Hannover), Meiser (München), Wurm (Stuttgart), den Präses der Rheinischen Kirche D. Koch und den schlichten Pfarrer aus Dahlem, Martin Niemöller (an ihm als dem Vorsitzenden des Pfarrernotbundes und Vertreter der Bekennenden Kirche kommt selbst Hitler nicht vorbei), zu sich in die Reichskanzlei ein, um die evangelischen Kirchen für sich zu gewinnen. Hier kommt es zu einem heftigen Streitgespräch zwischen Niemöller und Hitler, das dieser ihm niemals vergessen und verziehen hat. Bei der Verabschiedung sagt Niemöller noch einmal Hitler ins Gesicht: »Herr Reichskanzler, Sie haben vorhin gesagt: ›Die Sorge um das deutsche Volk, die überlassen Sie mir‹, als ich in meiner Antwort etwas davon sagte, daß wir uns für das deutsche Volk verantwortlich fühlten. Die Verantwortung für das deutsche Volk, die können wir nicht weggenommen bekommen, die hat *Gott* uns auferlegt, und kein anderer als Gott kann sie von uns wegnehmen – auch Sie nicht.«

An diesem abschließenden Wort Niemöllers, das von Hitler ohne Erwiderung bleibt (aber mit dem Niemöllers Weg in das Konzentrationslager als »persönlicher Gefangener des Führers« vorgezeichnet ist), wird deutlich: Die Verantwortung für die Menschen um Jesu Christi willen ist die Antriebskraft für Niemöllers Reden und Handeln.

Dieses Sich-verantwortlich-wissen für die Menschen seines Volkes um Christi willen wird nach 1945 erneut deutlich und erkennbar in den Jahren der Spaltung, des Kalten Krieges und in den Jahren der atomaren Auf- und Hochrüstung.

Die sogenannte »repräsentative Demokratie« der Verfassung der Bundesrepublik Deutschland gestattet dem Bürger, alle vier Jahre einmal seine Stimme einem Partei-Repräsentanten zu geben. Was der dann mit dieser Stimme in den folgenden vier Jahren macht, ist ausschließlich Sache des Repräsentanten in der »repräsentativen Demokratie«. Der Stimmzettel des Wählers ist ein Blanko-Scheck in der Hand des Repräsentanten. Ein zwischenzeitlicher Volksentscheid der Bürger über Lebensfragen, die sie unmittelbar betreffen und die vor der Wahl nicht zur Diskussion standen, ist nicht erlaubt, weil in der Verfassung der Bundesrepublik nicht vorgesehen. Mit Hilfe dieser repräsentativen Demokratie stellt Adenauer 1948–1956 die Weichen für den Abmarsch Westdeutschlands in die Arme der USA und der Nato. Zuerst bietet er den drei westlichen Besatzungsmächten 1950 westdeutsche Truppenkontingente gegen den Osten an. 1955 manövriert er die Bundesrepublik und ihre neuen Divisionen in die Nato. Das Angebot der Sowjetunion vom März 1952, mit dem eine Wiedervereinigung Deutschlands angeboten und möglich wurde unter der Bedingung, daß dieses wiedervereinigte Deutschland keinem Militärbündnis angehört, das gegen einen Staat gerichtet ist, der am Kriege gegen Nazi-Deutschland teilgenommen hat, wischt er als uninteressant und bedeutungslos vom Tisch.

Im März 1950 lädt Adenauer den Rat der Evangelischen Kirche in Deutschland (EKD), zu dem auch Niemöller gehört, zu einer Aussprache nach Königswinter ein, um die führenden Persönlichkeiten der Evangelischen Kirche für seine Politik der Wiederaufrüstung und der Bindung an den Westen zu gewinnen. Niemöller: »Herr Bundeskanzler, wenn Sie die Bundesrepublik wiederbewaffnen, kriegen Sie auch die Wiederbewaffnung in der Deutschen Demokratischen Republik. Sie befestigen damit endgültig die Spaltung Deutschlands in zwei Staaten, und verschieben die Wiedervereinigung auf den Sankt Nimmerleinstag.« Wie schon einmal, 1934, war mit dieser Antwort an Adenauer erneut »die Grenze zwischen Religion und Politik plötzlich aufgehoben« (Thomas Mann).

Nach anfänglichem Zögern und verbalen Resolutionen wie: »Einer Remilitarisierung Deutschlands können wir das Wort nicht reden, weder was den Westen, noch was den Osten anbelangt«, schwenken die Amtskirchen, ihre Landesbischöfe und Synoden auf Adenauers Linie der Wiederbewaffnung und der Bindung an den Westen ein. Äußeres Kennzeichen: der Militärseelsorge-Vertrag und, 1955, die Entlassung der beiden Repräsentanten des Widerstandes gegen die Adenauer-Politik. Dr. Heinemann wird als Präses der Synode der Evangelischen Kirche in Deutschland (EKD) – des höchsten beschließenden Organs der EKD – nicht wiedergewählt und Martin Niemöller als Präsident des Kirchlichen Außenamtes der EKD abgelöst. Die Übereinstimmung von »Thron und Altar« war hergestellt.

Niemöller wird wegen seiner Äußerungen, wie der gegenüber Adenauer, die er in seinen öffentlichen Reden wiederholt und den Versammlungsteilnehmern zum Bewußtsein bringt, des »Nationalismus« geziehen. Als ob es ihm um die Erhaltung des Bismarck-Reiches ginge! Ihm geht es um die Menschen! Die »Nation« ist für Niemöller kein Götze und kein Fetisch, kein allem übergeordnetes Etwas, kein Ding an sich, das auf Verehrung, auf Wahrung und Erhaltung, auf Heroisierung bis hin zum Menschenopfer auf Schlacht-Feldern Anspruch hätte. Die »Nation« – das sind lebendige Menschen, die einen Anspruch auf Leben und nicht auf Tod und Untergang haben und für die ein Christenmensch sich vor seinem Herrn verantwortlich und mitverantwortlich weiß und zu wissen hat. Was Niemöller – nicht im Blick auf »die Einheit der Nation« – im Blick auf die Menschen bewegt, ist: »Uns geht es gut in der Bundesrepublik, wir machen den steilen Aufstieg zu wirtschaftlichem Wohlstand mit; aber die Leute, die *bezahlen* müssen für das, was wir nun wirklich mit unserem *ganzen* Volk angerichtet haben, das sind die siebzehn Millionen hinter dem ›Eisernen Vorhang‹. Wir müssen als *ganzes* deutsches Volk für das geradestehen, was angerichtet worden ist. Und ich glaubte – das war für mich jedenfalls eine unmittelbar christliche Motivierung, so wie ich mein Christsein verstehe – mich dem nicht entziehen und mich nicht damit zufriedengeben zu können: Laßt die Leute hinter dem ›Eisernen Vorhang‹ ruhig ihre Reparationen bezahlen und ein kärgliches Leben führen – wenn's uns nur gut geht!«

Das Motiv Niemöllers für sein unentwegtes Eintreten für die Wiedervereinigung Deutschlands auf der allein möglichen Basis: Deutschland weder gegen den Osten noch gegen den Westen, nicht Speerspitze des Westens gegen den Osten noch umgekehrt, sondern Brücke zwischen Ost und West – das Motiv ist die Verantwortung für die Menschen! In verbalen Kraftakten führen Adenauer und seine CDU die »Brüder und Schwestern jenseits des Eisernen Vorhanges« im Munde, mit neuen Militärstiefeln aber machen sie die Trennung von ihnen und die Spaltung Deutschlands in zwei Staaten perfekt; Wiederbewaffnung, Aufrüstung und Nato sind ihnen wichtiger.

Niemöller macht den Westabmarsch der Bundesrepublik für seine Person nicht mit. Er reist jedes Jahr mehrere Male in die DDR, um in den Gemeinden der evangelischen Kirchen zu predigen und Vorträge zu halten. Die Menschen verstehen ihn und sind ihm dankbar. In der Bundesrepublik wird er dafür als ›Kommunist‹ beschimpft. Adenauers Wort von den »Dummköpfen« und »Verrätern« zielt vor allem auf Niemöller.

Warum berichte ich als Einleitung zu diesem Buche in gewisser Ausführlichkeit über Niemöllers Verhalten seit 1933 und nach 1945? Zum einen, um deutlich werden zu lassen, daß die »politischen« Stellungnahmen des Christenmenschen Martin Niemöller ihr Motiv in seiner Verantwortung für die Menschen in der Nachfolge seines Herrn haben. Zum andern, damit wir – besonders die junge Generation – zur Kenntnis nehmen und begreifen, »wie alles kam«. Zum dritten, weil unsere gegenwärtige politische und militärische Situation die Folge der von Adenauer und seiner CDU 1950–1955 gestellten Weichen ist, auf deren Geleisen die Bundesrepublik bis heute fährt: Bindung an die Nato und Speerspitze der USA gegen den Osten; besetztes Land ohne Friedensvertrag, voller amerikanischer Atomraketen und Giftlager; mit der zusätzlich beabsichtigten Installierung von Pershing II-Atomraketen, von Cruise Missiles und von Neutronenbomben – dieser »Perversion des Denkens« –, die die Bundesrepublik und ganz Europa zum »Probierfeld« eines atomaren »Erstschlages« ausersehen.

»Der Atomtod bedroht uns alle« – in dieser Erkenntnis nahm Martin Niemöller vor 23 Jahren, 1958, an dem ersten, beispielhaften Ostermarsch, der unzählige andere in ganz Europa auslöste, in England vom Londoner Trafalgar Square bis zur Atomfabrik Aldermasten teil. In Predigten, Reden und Vorträgen landauf und landab in der Bundesrepublik und im Ausland hat er seine Stimme gegen den Wahnsinn der atomaren Rüstung erhoben. Am 10. Oktober 1981 wandte sich der

90jährige in seinem verlesenen Redebeitrag an die 300 000 Demonstranten in Bonn: »Wer Frieden will, muß sich mit dem, den er als einen vielleicht nur potentiellen Feind betrachtet, unterhalten, mit ihm leben lernen und leben wollen ... Wenn ich einen Gegner habe, mit dem ich gar keinen Frieden haben will, dann soll ich von Friedenswillen nicht reden. Es ist doch wohl unwiderleglich klar, daß wir, die gesamte Menschheit, nur noch miteinander überleben werden, weil uns einfach keine Alternative mehr bleibt ... Wer heute glaubt, die eigene Sicherheit und den eigenen Wohlstand ohne Rücksicht auf das gemeinsame Schicksal mit allen anderen Menschen, Völkern und Rassen gewinnen oder erhalten zu können, wer sein Leben auf ein solches Ziel hin programmiert, der hat es schon verfehlt und hat sich schon selbst aus der allein noch möglichen menschlichen Gesellschaft, aus der menschlichen Friedens-Gemeinschaft ausgeschlossen. – Als Menschen, die um ihre Verantwortung füreinander wissen, bleibt uns in der Tat nichts anderes übrig, als selbst in aller Offenheit und vor aller Öffentlichkeit kundzutun, was uns keine Ruhe läßt und was wir als den nicht mehr aufzuschiebenden ersten Schritt zur Ermöglichung menschlichen Überlebens erkannt haben: Schluß mit dem Rüsten, Rüstungsstopp und Abrüstung – statt dessen ernsthafte und ehrliche friedsame Arbeit bis zu dem Ziele einer ihrer Solidarität bewußten, friedlich miteinander, beieinander und füreinander lebenden Erdbevölkerung, einer Menschheit, wie Gott sie haben will.«

Die Herausgeber dieses Buches und die Autoren der einzelnen Beiträge wenden sich an die junge Generation. Christen, Marxisten, Sozialdemokraten, Liberale, ehemalige Militärs, Journalisten, Politologen und Juristen nehmen in ihrer Weise auf, was Martin Niemöller bewegt und beschäftigt: die Beseitigung der atomaren Bedrohung unsres ganzen Volkes, aller Völker Europas und letztlich unseres Planeten; die Notwendigkeit des Dialoges und der Verständigung mit »dem anderen«; die Friedensverpflichtung der Christen und der Kirchen.

Der Bogen der Beiträge, beginnend mit einer Biographie Martin Niemöllers, ist weit gespannt. Die Beiträge wollen im Sinne und im Geiste Martin Niemöllers weiterführen, wozu er auffordert, anspornt und die Richtung weist. Sie wollen – vorwärtsblickend – Aufruf und Appell an die junge Generation sein, den Weg des Unterganges und des Todes mit immer neuer und weiterer atomarer Rüstung um ihrer selbst und um der Menschheit willen nicht mitzugehen. Die junge Generation muß als ihre Aufgabe erkennen, ganz Mitteleuropa – von Skandinavien bis Sizilien, von den Benelux-Staaten, von der BRD und der DDR bis Polen, der CSSR, Ungarn und den Balkan-Staaten – zu einer atomwaffenfreien Zone werden zu lassen. Auch der Gedanke einer Neutralisierung Deutschlands, d. h. eines Deutschlands ohne militärische Bindung an den Westen oder den Osten, damit es Brücke zwischen Ost und West für die Entspannung und für das friedliche Nebeneinander und Miteinander der Völker Europas sein kann, muß von der jungen Generation wieder aufgenommen und neu durchdacht werden. Was Anfang der 50er Jahre verhindert, versäumt und vertan wurde, erweist sich nach 30 Jahren als ein notwendiger Prozeß zur Erhaltung des Friedens.

Für die junge Generation bestimmt, ist dieses Buch Dank und Geburtstagsgruß an Martin Niemöller, den Christenmenschen, den Prediger und Zeugen seines Herrn – in der Verantwortung für die Menschen.

Dietmar Schmidt

Der unruhige Lebensweg des Pastors Martin Niemöller

Neunzig, aber noch immer zum Lernen bereit

Die Vita des Neunzigjährigen nachzuzeichnen, und sei es nur in zaghaften Umrissen: Wer würde nicht zurückschrecken vor dem Unterfangen. Wer hätte Mut und Unbefangenheit genug, sich eines solchen Lebens bemächtigen zu wollen. Eines Lebens zumal, das mitten unter uns gelebt wird, noch immer offen für Überraschungen und Wandlungen. »Ich freue mich, daß ich mich noch immer wandle. Wenn ich nicht mehr die Möglichkeit habe dazuzulernen, dann will ich den lieben Gott bitten, er möchte meinem irdischen Leben tatsächlich ein Ende setzen. Denn was lohnt noch ein Leben, in dem man nicht mehr lernt?« – so Niemöller mit 73 Jahren vor der Fernsehkamera, daran hat sich nichts geändert.

Wenn der Versuch dennoch gewagt wird, dann in dem Bewußtsein, daß das Ergebnis unzulänglich und lückenhaft bleiben muß. Ein Torso, wenn auch mit dem Anspruch, hinter dem Stückwerk das Ganze zumindest ahnen zu lassen. Dabei wird sich schnell herausstellen, daß diese neun Jahrzehnte, weit davon entfernt, einen monolithischen Block darzustellen, in Wahrheit aus einer Reihe verschiedener Welten bestehen, die sich zwar unverwechselbar voneinander abheben, die jedoch, bei aller Gegensätzlichkeit, auf eine sehr merkwürdige Weise miteinander verbunden sind, die einander bedingen, durchdringen, bis am Ende sich der Schluß aufdrängt, das alles hätte wohl so sein müssen, hätte gar nicht anders kommen können in diesem hochdramatischen, einem Roman ähnelnden Leben. Daß in diesem Rahmen Herkunft und Heimat des Betroffenen ihre besondere Rolle spielen, versteht sich. Wer den späteren Lebensweg verstehen will, muß über beide informiert sein. Von ihnen sollte daher zuerst die Rede sein.

I

Nach dem Land der Ahnen gefragt, brauchte Niemöller niemals lange auf Antwort zu sinnen, es war ihm stets in der Seele gegenwärtig. Die Vorfahren, die des Vaters wie der Mutter, entstammen ausnahmslos dem Tecklenburger Land, jenem Landstrich zwischen den urwestfälischen Städten Münster und Osnabrück, von dem Niemöller auch heute noch als von seiner »schönen, liebenswerten Heimat« zu schwärmen pflegt. Noch als Achtziger sucht er sie auf, diese »romantischen Plätze einer romantischen Jugend«, und in einem von Nostalgie getränkten Beitrag, den der sonst so Unromantische in späten Jahren für die Zeitschrift »Merian« schreibt, nimmt seine Heimatliebe hymnische Formen an: »Es gibt viele schöne Städte und Städtchen in Deutschland, die auch jetzt noch erhalten sind; ich habe sie wohl alle gesehen. Aber für mich bleibt Tecklenburg die Krone!«

Eine Episode aus den Jahren vor dem Ersten Weltkrieg, von dem Knaben als historisches Ereignis empfunden, haftet noch heute in der Erinnerung. Wilhelm II. (»der Kaiser mit allen Prinzen«) ist nach Tecklenburg gekommen, um die 200jährige Zugehörigkeit der Grafschaft zum Königreich Preußen zu feiern. Niemöller heute: »Damals sah ich den Mann zum erstenmal, dem ich drei Jahre später meinen Treueid schwor, und seitdem gehörten das Reich, Preußen und Tecklenburg für mich untrennbar zueinander.«

Nicht weit entfernt vom engeren Land der Ahnen: Lippstadt, das Pfarrhaus in der Brüderstraße – sechs kümmerliche Jahre lang war es ihr nach 1945 vergönnt, Niemöllerstraße zu heißen. Hier wurde, wie eine weiße Marmortafel verkündet, Martin Niemöller am 14. Januar 1892 geboren, hier verbrachte er die ersten Jahre seines Lebens. Der Rest der Schulzeit spielt sich in Elberfeld ab, wohin der Vater sich 1900 versetzen läßt.

»Frei, aber doch an der Leine sind wir aufgewachsen«, mit diesen Worten zieht Niemöller später die Bilanz der Kinderjahre. Daß der kaisertreue, konservative, vaterländisch gestimmte Vater die innere Entwicklung des Sohnes entscheidend beeinflußt hat, wurde von diesem nie bestritten. Es wird ihm in späteren Jahren nicht immer leichtfallen, sich dort von dem väterlichen Einfluß freizuschwimmen, wo das nicht zu umgehen ist. Was er dem Vater vor allem zu verdanken hat, ist die Sicherheit des Glaubenslebens, die besondere, standfeste Art von Frömmigkeit, die ihn zeitlebens nicht verläßt. Man darf die These wagen: Der Prediger Martin Niemöller, unbeirrbar auf der Bibel fußend, wäre vermutlich ohne den Prediger Heinrich Niemöller gar nicht zu denken.

Von der Mutter ist in den vorliegenden Berichten zumeist weniger ausführlich die Rede. Ja, ihre Rolle scheint geradezu unterbewertet, wo von Kindheit und Elternhaus die Rede ist. Es läßt sich vorstellen, daß die sensiblere, mitunter zur Schwermut neigende Frau es nicht immer leicht hatte neben dem vitalen, selbstsicher in sich ruhenden Patriarchen, als der ihr Mann geschildert wird. Mit dem Schuß von Hugenottenblut, das sie einbrachte, verbindet und erklärt sich vermutlich jene auffallende Neigung zum Musischen, die bei Kindern, Enkeln, Urenkeln immer wieder auf erstaunliche Weise zum Durchbruch drängt. Auch eine ungewöhnliche Kraft und Unbestechlichkeit des Urteils gehört, wie berichtet wird, zu ihren hervorstechenden Eigenschaften. Niemöller selbst, so erinnert sich eine der Schwestern, habe bekundet, er verdanke es mehr der Mutter als dem Vater, wenn er den Kirchenkampf der dreißiger Jahre überhaupt habe führen und bestehen können. Insgesamt bleiben Heimat und Elternhaus für ihn fortan »ein kostbarer, aber ruhender Besitz«.

II

Das zweite Leben des Martin Niemöller beginnt im März 1910 in der Marineschule von Flensburg-Mürwik. Schon bald nach dem Abitur wird er als Kadett einberufen. Damit erfüllt sich ein Wunschtraum, der ihn schon als Kind beherrscht hat. Warum er gerade den Beruf eines Offiziers in der Kriegsmarine, warum nicht schon damals den des Vaters wählt, läßt sich nur vermuten. Auch das, in anderer Hinsicht so aufschlußreiche Erinnerungsbuch »Vom U-Boot zur Kanzel«, das Niemöller, nun Pfarrer in Berlin-Dahlem, 1934 veröffentlicht, liefert keine Erklärung. So ausdrücklich und glaubhaft er auch in diesem Zusammenhang seine Loyalität gegenüber dem Elternhaus betont, so wird man, ohne an dieser Versicherung auch nur im Mindesten zu zweifeln, einen wesentlichen Antrieb für die Berufswahl auch in dem Bestreben suchen dürfen, aus der kleinbürgerlichen Enge des (noch so geliebten) Elternhauses in die (vermeintliche) Weite des Traumberufs zu entfliehen. »Sie, lieber Martin, haben schon als junger Mann die Unruhe des Meeres gesucht als Schauplatz Ihres Handelns«, so umschrieb, Jahrzehnte später, der Klassenlehrer aus der Elberfelder Sexta in einem Geburtstagsbrief an den inzwischen zum Kirchenpräsidenten Avancierten die große Sehnsucht seines einstigen Schülers.

Unruhe – ein wichtiges Stichwort, gültig nicht nur für den nun folgenden Abschnitt aus Niemöllers Leben. Es taucht später in anderem Zusammenhang wieder auf, als ihm ein Dahlemer Gemeindemitglied aus »jenen Jahren«, Hitlers früherer Finanzminister Graf Schwerin von Krosigk, den Ehrentitel einer »Unruhe in der Uhr der evangelischen Kirche« zuspricht.

Dem Motto »Unruhe« lassen sich auch die achteinhalb Jahre bei der kaiserlichen Marine mühelos zuordnen. Die Ausbildung in der Kaserne und auf dem Schulschiff »Hertha« (so wird später eine der Töchter heißen) mit einer fast einjährigen Nordland- und Mittelmeerfahrt als Kernstück; das Fähnrichsexamen und die sogenannte Seeoffiziershauptprüfung (jetzt ist er Feldwebel und darf den Säbel tragen); Sonderkurse aller Art, die einen Torpedospezialisten und anderes aus ihm machen; eine langweilige Leutnantszeit auf dem Linienschiff »Thüringen«; um so aufregendere Kriegsfahrten mit »U 73«, genannt »der schwimmende Sarg«, »U 39« (von ihr kommt er mit dem Eisernen Kreuz Erster Klasse zurück) und »U 151« (mit ihren 114 Tagen rangiert sie als die längste Fahrt eines deutschen U-Boots im Ersten Weltkrieg); schließlich die kurzen, aber ereignis- und spannungsreichen Monate als Kommandant von »UC 67«: Sie jagen, werden gejagt, der Krieg ist für sie das große Abenteuer. Zweifel darüber, ob das makabre Spiel mit dem Leben anderer zu ihrem anerzogenen Christenglauben passe, sind Mangelware, sie tauchen höchstens ganz am Rande auf. Jedesmal, wenn es gelungen ist, ein feindliches Schiff abzuschießen, tritt die Platte mit dem Deutschlandlied in Aktion. Das »Gott mit uns« auf dem Koppelschloß der deutschen Soldaten salviert die Gewissen. Nicht weniger ein Urlaub in Garmisch-Partenkirchen, mit dem der dankbare Kaiser die erfolgreichen Seepiraten belohnt.

»Ich bin als Seeoffizier über alle Maßen glücklich gewesen in meinem Beruf«, bekennt Niemöller noch viele Jahre später in »Vom U-Boot zur Kanzel« – die große Kampfesfreude, die ihn auch als Pastor auszeichnet, brachte damals Spötter auf die Idee, es in »Mit dem U-Boot auf die Kanzel« umzutaufen.

III

Die Männer auf den U-Booten, fast bis zur letzten Minute glauben sie an den Sieg. Um so größer die Ernüchterung, die Wut, als sie ihren Krieg abbrechen, in die von Niederlage und Revolution veränderte Heimat zurückkehren müssen.

Als Niemöller am 29. November 1918, Flagge und Wimpel der »UC 67« im Koffer, in Kiel an Land geht, ist für ihn eine Welt zusammengebrochen. Er kommt sich, wie er später schreibt, im »eigenen Vaterland wie ein Fremder vor«. Verzweifelt klammert er sich an die Hoffnung, ein zweiter Umsturz werde das, was er »die Schande des 9. November« nennt, »wieder abwaschen«.

Die Hoffnung erfüllt sich nicht, statt dessen tut sich ein Irrgarten der Sackgassen, Enttäuschungen vor ihm auf. Womit soll er fortan sein Leben fristen, dieser arbeitslose Offizier, den niemand gelehrt hat, sich in einer Welt von Bürgern und Zivilisten zu behaupten? Soll er Schafe züchten in Argentinien? In einem Leipziger Verlag als Lektor tätig werden? Oder aber und für den gelernten Soldaten besonders naheliegend: sich einem der Freikorps verdingen, dieser Sammelplätze unzufriedener, unbeschäftigter Landsknechtsnaturen, die – für den jungen Staat von Weimar nicht immer unproblematisch – in den Jahren nach dem Krieg ihre große Zeit haben?

Die Projekte, Ausgeburten der großen Ratlosigkeit, zumeist vage und nebulös, tauchen auf, werden gierig ergriffen und bald wieder verworfen. Nur eines von ihnen scheint sich realisieren zu wollen. Als Niemöller im Mai 1919, dem Rat eines bäuerlichen Verwandten folgend, auf einem Gutshof in der tecklenburgischen Heimat als Bauernknecht antritt, glaubt er ein neues Leben vor sich zu sehen. »Mußte die deutsche Wiedergeburt nicht, wenn sie überhaupt kommen sollte, von einem gesunden, freien und frommen Bauerntum ausgehen?« – der ideologische Kontext, in den der Pfarrer von Dahlem, fünfzehn Jahre später rückschauend, den überraschenden Entschluß stellt, entspricht deckungsgleich dem Weltbild des Vaters, das offenbar noch immer sein Denken und Fühlen beherrscht.

Bevor er sich auf »Wieligmanns Hof« als angehender Bauer etabliert, feiert Niemöller Hochzeit. Die Elberfelder Arzttochter Else Bremer kennt er seit früher Jugend. Sie wollte eigentlich Lehrerin werden, nun begleitet sie ihren Mann in den neuen Lebensabschnitt, der freilich schon bald ein abruptes Ende findet. Niemöller, das stellt sich nach ein paar Monaten heraus, hat sich gründlich verrechnet: Die voranschreitende Inflation hat bewirkt, daß sein erspartes »Kommißvermögen« nicht mehr zum Kauf eines eigenen Bauernhofs reichen wird. Den Gedanken an ein Dasein als Pächter oder landwirtschaftlicher Angestellter läßt sein hochgeschraubter Drang nach Unabhängigkeit nicht zu.

Bedarf es besonderer Erklärungsversuche, daß sich in einer solchen Situation die Erinnerung an den Beruf des Vaters nach vorne schiebt?

Von nun an überstürzen sich die Ereignisse. »Werde ich Theologe?« fragt noch am 17. September 1919 Niemöller im Tagebuch, schon am 3. Oktober immatrikuliert sich der 27jährige als Student der Theologie an der Universität Münster.

Daß »kein eigentlich theologisches Interesse« ihn zu dem Kurswechsel bewogen habe, auch das läßt sich in »Vom U-Boot zur Kanzel« nachlesen: »Für Theologie als Wissenschaft, die Probleme lösen will, hatte ich von Hause aus keine Ader. Aber daß das Hören auf die Christusbotschaft und der Glaube an Christus als den Herren und Heiland neue, freie und starke Menschen macht, dafür hatte ich in meinem Leben Beispiele gesehen, und das hatte ich aus meinem Elternhaus als Erbe mitgenommen und im Auf und Ab, im Hin und Her meines Lebens festgehalten. Damit konnte ich, das war meine Überzeugung, meinem Volk aus ehrlichem und geradem Herzen dienen.«

»Kein eigentlich theologisches Interesse«: Auch im späteren Leben hat Niemöller kaum eine Gelegenheit ausgelassen, seine Zweifel am Wert der Schultheologie zu artikulieren. Besonders bezeichnend, wenn gewiß auch nicht ohne einen Anhauch von Koketterie, der Ausspruch des fast Achtzigjährigen, er habe die letzten dreißig Jahre seines Lebens nur darauf verwandt, seine »Theologie wieder loszuwerden«. Die, gewiß überspitzt formulierte Einschätzung von Karl Barths »Römerbrief«: »In soviel Spiralen zu denken, ist mir nicht gegeben«, paßt in diesen Zusammenhang.

Dennoch wird man die von Niemöller so eifrig genährte Behauptung, er sei kein Theologe, nicht ungeprüft stehenlassen dürfen. Sie hat gewiß dort Berechtigung, wo Theologie mit Schriftgelehrsamkeit gleichgesetzt wird, wo die Sondertheologien der Sonderkonfessionen im Spiel sind. Niemand wird jedoch behaupten dürfen, daß Niemöllers Weise des Predigens nicht von einer sehr konkreten, genau bestimmbaren Theologie getragen werde. Seine Theologie, so wurde in einer Rundfunksendung zu einem früheren »runden« Geburtstag konstatiert, stimmt nahtlos mit seiner Predigt überein. Sie ist beherrscht von einer nüchtern-biblischen Diktion, für die thesenhafte Sätze wie »Wir glauben nicht an die Heilige Schrift, wir glauben an den lebendigen Herrn« oder, noch präziser: »Die Bibel ist Gottes Wort nur solange, als sie von Christus spricht« bezeichnend sind. Daß Niemöller kein Theologe sei, es fällt schwer, an die Behauptung (auch wenn sie von ihm selbst kommt) zu glauben, wenn man weiter an sein viel zu wenig bekanntes, heute fast vergessenes Engagement im seinerzeit vieldiskutierten »Fall Bultmann« denkt. Niemöller, der Kirchenpräsident von Hessen und

Naussau, der den verketzerten Marburger Neutestamentler vor dessen theologischen Widersachern in Schutz nimmt, der nicht zuläßt, daß der Professor Bultmann – wie immer einer zu seiner umstrittenen »Entmythologisierung« stehen mag – aus der Prüfungskommission für Theologen entfernt wird: *Er* sollte kein Theologe sein? Außerdem und nicht zuletzt: Wer sonst als ein Theologe, ein wirklicher, wäre in der Lage, gleich Niemöller die Theologie und den Theologen in Frage zu stellen? Glaubwürdig und dennoch mit jener hintergründigen Dialektik, die dem Objekt des Zweifels unversehens zu neuer Glaubwürdigkeit verhilft?

Das Studium in Münster dauert viereinhalb Jahre, doch wird ein großer Teil der Zeit von Beschäftigungen in Anspruch genommen, die mit Theologie wenig zu tun haben. Eine deutschnationale Studentengruppe, von ehemaligen Offizieren angeführt, zieht den jungen Theologen alsbald in ihren Bann. Markantestes Intermezzo: Niemöller wird wieder Soldat. Als ein Umsturzversuch von rechts, später nach seinem Urheber, dem ehemaligen »Generallandschaftsdirektor« von Ostpreußen, Kapp-Putsch genannt, einen bewaffneten Aufstand von ultralinks provoziert, zieht Niemöller, wenngleich mit dem Herzen eher bei Kapp, als Bataillonskommandeur des eilig zusammengestellten Freikorps »Akademische Wehr« für die ungeliebte Republik ins Feld. Die Kampagne gegen die »Roten«, die sich zwischen Lippe, Rhein und Ruhr entfaltet, dauert nicht viel länger als einen Monat, für den Kapitänleutnant a. D. bedeutet sie die willkommene Auffrischung seiner militärischen Erfahrungen. Dennoch lehnt er ab, als ihm bald darauf angeboten wird, als Hauptmann in die Reichswehr einzutreten. Sein Entschluß, Pfarrer zu werden, ist offenbar unverrückbar. Er nimmt den Preis in Kauf: Als die fortschreitende Inflation ihn dazu zwingt, verdient er zwischendurch das für sein Studium und die stetig wachsende Familie nötige Geld als Streckenarbeiter, an der Bahnhofskasse, als Bankangestellter. Erstaunlich, daß daneben überhaupt noch Zeit und Kraft für das Studium übrigbleiben.

Münster bleibt auch nach dem mit »sehr gut« bestandenen Examen Mittelpunkt in Niemöllers Leben. Als er Ende Juni 1924 für das Pfarramt ordiniert wird, versieht er, nach einem kurzen Zwischenspiel als Lehrvikar, schon seit einem halben Jahr das Amt eines Geschäftsführers bei der Inneren Mission von Westfalen. Eigentlich hatte er als Dorfpfarrer beginnen wollen, als sich jedoch die andere Chance bot, hat er zugegriffen.

Es ist eine vielseitige Tätigkeit, die auf ihn wartet, eine freilich mit Fußangeln. Wer sich ihr ausliefert, muß sich davor hüten, den Versuchungen der Macht zu erliegen, er darf kein Routinier und Manager werden. Niemöller lernt viel in den sieben Jahren bis 1931. Er sammelt Erfahrungen im Verwalten, Verhandeln, Taktieren, im Sich-Durchsetzen, aber auch im Aushandeln von Kompromissen, er lernt mit Geld umzugehen – Erfahrungen, die er später gut wird brauchen können. Daß Predigt und Seelsorge, die eigentlichen Aufgaben des Pfarrers, dabei zu kurz kommen, muß in Kauf genommen werden. Unruhe freilich ist auch diesmal im Spiel. Zwischen 1927 und 1930 ist er rund 200 Tage im Jahr nicht zu Hause. Dienstreisen beherrschen den Terminkalender. Für die Kinder, es sind inzwischen sechs, bleibt nicht viel Zeit im gehetzten Alltag dieses kirchlichen Geschäftsreisenden.

IV

Als Niemöller im Sommer 1931 ein Pfarramt im Berliner Villenvorort Dahlem übernimmt, bestimmt ihn, neben beruflichen Querelen, die Gewißheit, seine Kreise in Münster ausgeschritten zu haben. Hier gibt es nicht mehr viel hinzuzulernen, und gerade dies: das stete Offensein für neue Erkenntnisse, eben das Hinzulernen, auch das Sich-zu-seinen-Wandlungen-Bekennen wird zunehmend eines der wichtigsten Kriterien dieses Lebens.

Der Ruhe vor dem Sturm, wie er sie in Münster erlebt hat, folgt, nach kurzer Schon-(oder soll man sagen: Galgen-)frist, die große Herausforderung, wie sie sich in Hitler und dessen kirchlichem Stoßtrupp, den »Deutschen Christen«, präsentiert.

Dabei hat Niemöller, warum es verschweigen, der neuen »Bewegung« keineswegs von Anfang an feindlich gegenübergestanden. Manches in ihrem Programm, das auch die trügerische Phrase vom »positiven Christentum« enthielt, hat ihn angesprochen. Noch bei der letzten freien Wahl vom Frühjahr 1933 hat er nationalsozialistisch gewählt. Seine Gutgläubigkeit wird jedoch schnell durch die robuste Praxis ins Unrecht gesetzt, mit der die »Deutschen Christen« ihr Ziel, die Gründung einer auf den Führer ausgerichteten, autoritär-hierarchischen »Evangelischen Reichskirche« betreiben. Die »DC's«, auch »Hitlers Fünfte Kolonne in der Kirche« genannt, wollen an die Macht. Einen ersten Schritt bildet die mit viel Intrigen durchgepaukte Einsetzung des früheren Militärpfarrers Müller, eines Hitler-Vertrauten, zum sogenannten Reichsbischof.

Vor diesem, hier nur notdürftig skizzierten Hintergrund entwickelt sich in jenen Jahren das in Wahrheit weitverästelte, überaus komplexe Knäuel von kirchenpolitischen Aktionen und Reaktionen, das seitdem unter dem Namen »Kirchenkampf« in die Geschichte eingegangen ist. Als einer der Protagonisten tritt schon bald der bisher kaum bekannte Dahlemer Pfarrer in Erscheinung. Als die Schikanen, die Intrigen und das Machtstreben der DC's unerträglich werden, ruft der »Pastor« Niemöller (die norddeutsche Berufsbezeichnung wird zeitlebens zu ihm gehören) seine Amtsbrüder auf, sich in einem »Notbund« zusammenzuschließen. Das erste Echo: 2000 von rund 15 000 Pfarrern machen mit, nach ein paar Monaten sind es 7000. Später schrumpft die Zahl zusammen. Das ganze kein überwältigendes, aber ein respektables Ergebnis, mißt man es an der großen inneren Zerrissenheit der evangelischen Kirche und der auch in ihr grassierenden Angst. Aus dem Pfarrernotbund entwickelt sich die »Bekennende Kirche«, unter der Abkürzung »BK« für das weite Spektrum all dessen stehend, was, zwischen Mut, Taktik, aber auch Versagen den kirchlichen Widerstand zwischen 1933 und 1945 und späterhin ausmacht.

Auf einen ersten Höhepunkt steuert die Auseinandersetzung im November 1933 zu, als kollaborationswillige Kirchenbehörden unter dem Druck von Staat und Partei den Gemeinden den berüchtigten »Arierparagraphen« aufzwingen wollen. Niemöller sieht das Bekenntnis bedroht. In seinen »Sätzen zur Arierfrage in der Kirche« setzt er sich für den Verbleib der bekehrten Juden als vollberechtigter Gemeindemitglieder ein. Gleichzeitig verbietet er in einem Rundschreiben den Notbundpfarrern, Fragen der Kirchenbehörden nach Rasse und Abstammung zu beantworten. Die Antwort auf diese Kriegserklärung: Der Rebellische wird abgesetzt, ein Disziplinarverfahren gegen ihn eingeleitet. Niemöller kümmert sich nicht darum. Er predigt, konfirmiert, tauft und beerdigt weiter, als ob nichts geschehen sei. (Daß die Notbundpfarrer, unter ihnen als Mitunterzeichner Martin Niemöller, fast gleichzeitig dem »Führer« in einem Huldigungstelegramm für die »mannhafte Tat« des Austritts aus dem Völkerbund danken und ihm »treue Gefolgschaft und fürbittendes Gedenken« geloben, gehört zu den Paradoxien der Zeit. Was geht hier vor? Vielleicht verhilft eine Predigt aus dem Jahr 1937 zu größerer Klarheit, in der Niemöller von dem Gegensatz spricht, »der in uns aufbricht zwischen der Begeisterung unserer nationalen Gefühle und der Leidenschaft unseres kirchlichen Wollens«.)

Von einem Empfang am 25. Januar 1934 bei Hitler in der Berliner Reichskanzlei erhoffen Optimisten eine Änderung der kirchenpolitischen Situation, vielleicht sogar die Entlassung des nirgends recht beliebten Reichsbischofs Müller. Hermann Göring indes, entschiedener Gegner der BK und als preußischer Ministerpräsident kein Irgendwer, fällt den Verhandlungsbereiten auf beiden Seiten mit einem spektakulären Auftritt in die Parade. Indem er zu Beginn der Audienz den Wortlaut eines ein paar Stunden vorher abgehörten Telephongesprächs verliest, das von Niemöller mit einem BK-Bruder geführt wurde und sich in despektierlichen, auch den »Führer« nicht schonenden Worten mit dem bevorstehenden Empfang bei Hitler befaßte, rettet er nicht nur den Reichsbischof. Er zerschlägt alle Aussichten auf einen Waffenstillstand, geschweige denn auf eine friedliche Beendigung des Kirchenkampfs. Hitler fordert den Angeklagten auf, sich zu rechtfertigen, und es kommt zu einem langen, streckenweise erregten Disput zwischen ihm und dem einzigen »einfachen« Pfarrer unter den anwesenden Kirchenfürsten. Die verbliebene Zeit, soviel läßt sich den spärlichen, nicht in allen Details übereinstimmenden Augenzeugenberichten entnehmen, ist – läßt man eine Ansprache des »Führers« beiseite – von den Versuchen der Bischöfe ausgefüllt, den Zorn des Allmächtigen zu besänftigen. Die Verschreckten lassen sich zu allem Überfluß von dem Mann, mit dessen bevorstehender Absetzung sie gerechnet hatten, zur Kapitulation zwingen. Die Zeitungen melden, daß die »Führer aller deutschen evangelischen Landeskirchen unter dem Eindruck der großen Stunde, in der sie mit dem Herrn Reichskanzler versammelt waren, einmütig ihre unbedingte Treue zum Dritten Reich und seinem Führer bekräftigen und sich geschlossen hinter den Reichsbischof stellen.« Niemöller, der auf das Gespräch ohnehin keine besonderen Erwartungen gesetzt hatte, betrachtet das Treuegelöbnis der Bischöfe als einen Skandal. »Wir können darin nur eine glatte Preisgabe des Evangeliums und auch der Kirche sehen«, schreibt er ein paar Tage darauf im Namen des Pfarrernotbundes den »Herren Kirchenführern«. Bei den Bischöfen indes, die sich von dem Treffen mit Hitler Großes erhofft hatten, ist Niemöller fortan als der ewige Querulant und Störenfried abgestempelt. Das wird so bleiben über die kommenden Jahrzehnte hinweg, im Grunde bis auf diesen Tag.

Die Zerrissenheit der innerkirchlichen Opposition, die sich in dem Vorgang so deprimierend offenbart, macht es Hitler noch leichter, die in sich uneinigen Teile der evangelischen Kirche gegeneinander auszuspielen. Es ist, bei nochsoviel Opfersinn und selbstlosem Einsatz vieler Beteiligter, ein klägliches Bild, das sich dem Chronisten darbietet, und der frühere Bundespräsident Gustav Heinemann, schon im Kirchenkampf als tätiger Augenzeuge dabei und nach 1945 Niemöllers Bundesgenosse im Kampf gegen die von Bundeskanzler Adenauer betriebene Wiederaufrüstung der Bundesrepublik, hatte recht, wenn er davor warnte, den Kirchenkampf nachträglich zu einem »Heldenlied hochzustilisieren«.

Dennoch gibt es inmitten des zermürbenden Kampfes Aller gegen Alle auch Augenblicke, in denen das Gemeinsame zu siegen scheint. Als Ende Mai 1934 die erste der sogenannten Bekenntnissynoden sich auf die »Barmer Erklärung« einigt, erlebt der Kirchenkampf eine, besser: seine Sternstunde. Indem sie unmißverständlich feststellt, Gott habe sich nur in Christus offenbart, nicht aber, wie die deutsch-christlichen Theologen wahrhaben wollen, auch in der jüngsten deutschen Geschichte und der Person Hitlers, liefert diese Erklärung der Bekennenden Kirche und dem Kirchenkampf das solide Fundament ihrer Theologie. Daß die BK-Theologen sich schon bald darüber streiten werden, ob »Barmen« nur als These oder aber als Bekenntnis zu werten sei, diese Tatsache bestätigt lediglich Heinemanns nüchterne Wertung des Kirchenkampfs.

Daß Hitler dem Pfarrer von Dahlem seine Aufsässigkeit nicht vergessen würde, war zu erwarten. Schon am Tag nach dem Zusammenstoß in der Reichskanzlei kommt es zu Gestapoverhören, die erste Verhaftung folgt, neue Verhöre, Predigt-, später auch Reiseverbote sollen ihn lahmlegen. Auch von einem mysteriösen Sprengstoffanschlag auf die Dahlemer Wohnung wird berichtet. Niemöller läßt sich nicht einschüchtern, nicht von den staatlichen, ebensowenig von den Kirchenbehörden. Er predigt weiter, er reist, er konferiert. Es sind aufregende, anstrengende Jahre, die nun folgen, randvoll beladen mit großer Verantwortung, aber auch der Freude an ihr. Wer ihren Verlauf im Detail verfolgen möchte, die weit über 500 Seiten von »Martin Niemöller im Kirchenkampf«, einer gründlichen Monographie des Hamburger Historikers Jürgen Schmidt aus dem Jahr 1971, bieten ihm die Gelegenheit.

Wenn Niemöller predigt, sitzen Agenten der Geheimen Staatspolizei unter der Kanzel und schreiben mit. Wo sie Staatsgefährdendes zu entdecken glauben, erstatten sie Anzeige. Bis zum Frühsommer 1937 haben sich auf diese Weise 40 schwebende Gerichtsverfahren angesammelt. Die Anklage: Kanzelmißbrauch und Widerstand gegen die Staatsgewalt. Äußerungen in Briefen lassen ahnen: Er selbst rechnet damit, daß das Gewitter sich bald entladen wird. Ende Juni steht er noch einmal in Dahlem auf der Kanzel. »Man muß Gott mehr gehorchen als den Menschen« lautet, beziehungsreich, der Predigttext. Für drei Tage fährt er dann nach Westdeutschland. In Wiesbaden berichtet er, dreimal in drei Kirchen, über die kirchliche Lage, anschließend predigt er in der Frankfurter Paulskirche. In Bielefeld konferiert er mit lutherischen Kirchenoberen. Wieder in Berlin, wird er am 1. Juli von der Gestapo aus seiner Wohnung geholt. Aus der »kurzen Vernehmung«, von der die Rede ist, werden acht Jahre.

V

Sieben Monate Untersuchungshaft in Berlin-Moabit, sieben Jahre in den Konzentrationslagern Sachsenhausen (Oranienburg) und Dachau, so präsentiert sich, in nüchternen Zahlen und Ortsnamen ausgedrückt, der auf Dahlem folgende Abschnitt aus Niemöllers Leben. Wie er ertragen und überstanden wurde, bleibt das Geheimnis des Gefangenen. Dennoch ist das Verstehen leichter geworden, seit der Bielefelder Ex-Pfarrer Wilhelm Niemöller, jüngerer Bruder Martin Niemöllers und allezeit dessen getreuester Palladin, es geschafft hat, in zwei gewichtigen Bänden die Briefe aus Moabit und Sachsenhausen vorzulegen. Unter unsäglichen Mühen, wie hinzugefügt werden muß, nicht zum Ruhm all derer, die es in der Hand gehabt hätten, besser: deren Pflicht es gewesen wäre, durch großzügiges Zuhilfespringen das Vorhaben zu fördern. Waren sie der Meinung, der alte Mann sei »vom Fenster«? Oder aber: Trugen sie ihm bis heute nach, was sie ihm schon in der Zeit des Kirchenkampfs nicht verzeihen konnten? Wie auch immer: Sie könnten Wiedergutmachungsarbeit leisten, indem sie Wilhelm Niemöller, den auch als Archivar der Bekennenden Kirche Hochverdienten, in die Lage versetzten, möglichst schnell mit den Briefen aus Dachau nachzuziehen.

Der Prozeß, der Anfang Februar beginnt und sich fast einen Monat lang hinzieht, geht glimpflich aus. Sieben Monate Festung, die als verbüßt gelten, 2000 Mark Geldstrafe: Das kommt fast einem Freispruch gleich. Die Urteilsbegründung spricht von einem »tragischen Konflikt«, den Angeklagten nennt sie einen »Mann von unbedingter Wahrheitsliebe«. Niemöller bescheinigt später den Richtern, sie hätten sich »tadellos benommen« (daß sie für ihre Zivilcourage bezahlen müssen, steht auf einem anderen Blatt: der Justizminister sperrt ihnen die Möglichkeit, befördert zu werden).

Die allgemeine Genugtuung (»Basler Nachrichten«: »Es gibt noch Richter in Berlin«) verwandelt sich in Niedergeschlagenheit und Enttäuschung, als Niemöller, schon beim Kofferpacken, erneut verhaftet und mit einer Gestapo-Limousine in das Konzentrationslager Sachsenhausen-Oranienburg gebracht wird. Als »persönlicher Gefangener des Führers«, wie ihm der Lagerkommandant, selbst etwas ratlos, alsbald eröffnet. Der Gefangene Nr. 569, später Nr. 10606 wird in die Einzelzelle Nr. 1 eingewiesen, die ihn drei Jahre lang, bis zur Verlegung nach Dachau, beherbergen wird. Sein erster Wunsch, kategorsisch vorgebracht: Er will seine Bibel wiederhaben, die man ihm bei der Einlieferung abgenommen hat.

Nach acht Monaten Untersuchungshaft, nach dem glimpflich überstandenen Prozeß wieder hinter Gittern: »In dieser Nacht habe ich nicht geschlafen. Ich habe nichts getan als mit Gott gehadert«, erinnert Niemöller sich später der ersten Stunden im KZ. Es wird nicht das letztemal sein während der nun folgenden sieben Jahre, daß ihn in seiner Zelle Verzweiflung, Depression, ohnmächtiger Zorn zu überwältigen drohen. In solchen Augenblicken, besonders spürbar nach dem Tod des Vaters im Frühjahr 1941, kann es dazu kommen, daß die Kraft nicht mehr ausreicht, daß es für ihn, der noch immer die Sprache der Seeleute nicht vergessen hat, »bis zur Tiefladermarke« geht. Das entlädt sich dann in den Briefen an seine Frau, die an verfänglichen Stellen von der KZ-Zensur unleserlich gemacht sind. Auch die Besuche, einmal, später zweimal im Monat eine halbe Stunde, stehen nicht selten unter seelischer Hochspannung. Einmal bricht er selbst die »Sprecherlaubnis« (so heißt das in der Bürokratensprache) vorzeitig ab. Später entschuldigt er sich: »Ich weiß nicht, ob Du das verstehen kannst; aber es ist so, daß ich mich nur in der Zelle geborgen fühle. Und später werdet Ihr alle wohl noch allerlei Geduld mit mir haben müssen.«

Frau Niemöller darf bis zum Beginn des Krieges eines der sieben Kinder mitbringen. So sieht jedes von ihnen den Vater wenigstens einmal in sieben Monaten. Doch bemüht er sich auch in den Intervallen unablässig um möglichst engen Kontakt mit zu Hause. Er möchte dabei sein, eingeschaltet werden auch bei nebensächlichen Erwägungen und Entscheidungen. Er wird ungeduldig, ja zornig und fast böse, wenn das nicht geschieht. Schon der erste Brief aus dem KZ enthält ein scheinbar unwesentliches, aber bezeichnendes Beispiel. Zwar sei er »recht befriedigt« über die Zeugnisse der Kinder, schreibt er am 6. 4. 1938, »aber Brigittes Unordnung und Jans Schrift ärgern mich mehr als eine 4 in irgendeinem Fach.« Er kümmert sich um alles. Seine Frau überhäuft er mit Aufträgen der verschiedensten Art, mit Gemeindeangelegenheiten, mit Grüßen und Bestellungen, für deren Erledigung sie einen Stab von Mitarbeitern nötig hätte. Er kann ungnädig werden, wenn nicht alles so läuft, wie er sich das vorstellt. Er hakt nach, unbarmherzig, wenn er, zum Beispiel, im März noch keinen Bericht über den Verlauf der familiären Weihnachtsfeiern in Händen hat.

Natürlich ereignen sich Reaktionen dieser Art nicht von ungefähr, sie haben ihren tiefen Grund und Sinn. Sind es doch vor allem diese stete innere Verbundenheit mit der Familie, diese Gewißheit, trotz allem in ihr geborgen und von ihr getragen zu sein, die ihm, zusammen mit der Sicherheit seines Glaubens und, nicht zuletzt, seiner robusten westfälischen Konstitution, zu der Kraft verhelfen, die Jahre zermürbender Einzelhaft zu überstehen. Intensive Bibellektüre, systematisches Auswendiglernen von Gesangbuchliedern, zähe Sprachstudien kommen hinzu. Aufschlußreich die im Briefband (Sachsenhausen) enthaltene Liste der Bücher, die vom Häftling 569 gelesen wurden. Theologie überwiegt bei weitem, hier ist offenbar Nachholbedarf zu decken, doch sind auch genug »säkulare« Titel und Namen in ihr enthalten: Kiplings »Dschungelbuch« etwa, Margret Mitchells damals noch relativ frisches »Gone with the wind«, Morgans »Sparkenbroke«, Scotts »Ivanhoe«, Thackerays »Vanity fair«, nicht zu vergessen Morgensterns »Galgenlieder«. Am 19. 3. 1939 bittet er seine Frau um drei ganz besondere Titel: »Die deutschen Kriegsschiffe 1815–1936« von Erich Groener, »Die Kriegsschiffverluste der fremden Flotten im Weltkrieg« von J. Rehder und »Die deutsche Kriegsflotte 1914–1918 und ihr Verbleib« von Weyer. Sein Kommentar: »Du siehst, womit ich mich zur Zeit befasse: die alte Liebe!«

Kaum ein halbes Jahr später, und das Thema »Marine« steht noch einmal großgeschrieben im Leben Martin Niemöllers. Am 7. September 1939, eine Woche nach Beginn des Überfalls auf Polen, meldet sich der Kapitänleutnant a. D. Martin Niemöller freiwillig zum Dienst in der deutschen Wehrmacht. »Ich bin 47 Jahre alt, körperlich und geistig unvermindert leistungsfähig, und bitte um irgendeine Verwendung im Kriegsdienst, für die man mich geeignet hält«, schreibt er in einem an Großadmiral Raeder, den Chef der Kriegsmarine, gerichteten Brief! Die Antwort, vom 27. September datiert, erreicht ihn erst in der zweiten Oktoberhälfte. Sie kommt nicht von dem ihm relativ wohlgesonnenen Raeder, sondern vom Chef des Oberkommandos der Wehrmacht, Generaloberst Keitel, und enthält nichts als die knappe, wohl von einem »Höheren« inspirierte Mitteilung, daß die Heranziehung Niemöllers zum aktiven Wehrdiest »nicht beabsichtigt« sei.

Freunde, die ihm und seiner Frau zu dem Schritt geraten hatten, atmen nachträglich auf. »Im ungerechten Krieg, unter dem ungerechtesten aller ›Führer‹ durfte er keine Waffe führen«, schreibt der Maler

Ludwig Bartning, der Dahlemer Kirchengemeinde zugehörig und einer der Ratgeber. »Wir hätten es sehen müssen, statt einen kleinen Vorteil für ihn zu suchen. Mir wurde bestätigt, was ich schon wußte! Man darf ihm keinen Rat geben wollen. Ihn umgibt ein unzerstörbares Erkennen von Wahrheit und Gerechtigkeit; es ist keine Allwissenheit, aber es ist gut und recht, und er handelt danach.«

Über Niemöllers Motive ist später viel orakelt worden. Hoffte er, auf diese Weise den kirchlichen Widerstand gegen Hitler fortsetzen zu können? Dachte er an seine Söhne, die an der Front kämpften? Spielten »vaterländische« Gesichtspunkte eine Rolle? Oder aber: War es ganz einfach das Streben nach Freiheit auch um diesen hohen Preis, das sein Handeln diktierte? Vermutlich war all das im Spiel, dennoch bleibt ein Moment des Rätselhaften. »War es auch ein Irrtum, braucht deshalb doch niemand an ihm irrezuwerden«, beruhigt Helmut Gollwitzer, damals Pfarrer in Dahlem, die aufgestörten Freunde. Auch in späteren Jahren, nach seiner Befreiung aus dem KZ, wird Niemöller noch viel Kraft daran wenden müssen, einer fragenden, kritischen Umwelt sein Verhalten plausibel zu machen. Besonders schwer wird ihm das bei seiner ersten Vortragsreise durch die Vereinigten Staaten im Winter 1946/47 gemacht. »Ich kann nicht einsehen, wieso wir dazu kommen sollen, uns von diesem Mann noch Vorträge anzuhören«, empört sich die Präsidentenwitwe Eleanor Roosevelt in ihrer von vielen Zeitungen verbreiteten Kolumne »My day«. Noch schärfer attackiert der Publizist Viktor Bernstein in der New Yorker Zeitung »PMK« den Gast aus Deutschland: »Die Toten Europas werden nicht von Männern gerächt, die sich freiwillig meldeten, um 1939 für Hitler in den Krieg zu gehen.«

Daß Niemöller um Haaresbreite katholisch geworden wäre, auch dieser Vorgang gehört zu den besonderen Ereignissen der Jahre im KZ. Seit die Briefe aus Oranienburg im Druck vorliegen, ist der Komplex (eher eine Entwicklung als ein »Ereignis«) durchsichtiger geworden.

»Wer ist übrigens auf die gute Idee gekommen, mir das katholische Meßbuch zu schicken?« fragt Niemöller in einem Brief vom 19. 8. 1938 seine Frau. Er lese jetzt jeden Morgen die Messe, fügt er hinzu. Zwar müsse er dabei einiges »ins Evangelische übersetzen«, aber er sei erstaunt über den Reichtum an Gebeten und biblischen Lektionen, den das Meßbuch aufweise. Der Eindruck ist sehr stark, und er hält an. Niemöller läßt sich den Catechismus Romanus, das Common Prayer Book, dogmatische Fachliteratur und die Werke des Kardinals und Konvertiten Newman und des Jesuiten Przywara kommen, seine Bibellektüre gerät zunehmend unter das Leitthema »Evangelisch oder katholisch?«. »Je mehr ich mich in die Bibel hineinlese, desto fragwürdiger wird mir überhaupt die ganze evangelische Theologie – Luther selbst nicht ausgenommen – und desto wichtiger das alte Zeugnis der Kirche, hinter der nun doch einmal Jesu Verheißung Joh. 16, 13–15 steht«, schreibt er am 26. 2. 1939. Er entdeckt die Hymnen der »alten«, will sagen der römisch -katholischen Kirche: »Es lebt da so mancherlei, was in der Sterilität unserer protestantischen oft fälschlich so genannten Theologie längst gestorben ist. »Immer tiefer gräbt er sich in die Welt des römischen Katholizismus hinein, und man geht gewiß nicht fehl in der Annahme, daß bei dieser trotzig-abrupten Hinwendung zur anderen Konfession Enttäuschung über die eigene Kirche eine entscheidende Rolle spielt, Enttäuschung über ihre zunehmende Kompromißbereitschaft gegenüber den herrschenden Gewalten, über das Auseinanderfallen der Bekenntnisfront, das nicht zuletzt. Als Frau und Freunde endlich begreifen, wie ernst es ihm ist mit seiner Absicht, katholisch zu werden, versuchen sie verzweifelt, ihn mit theologischen Argumenten mit dem Hinweis auf seine Verantwortung gegenüber der Gemeinde zurückzuholen; Niemöller läßt sich nicht erreichen. »Wer sich über meine Konversion aufregt, der soll erst mal eine Reihe durchwachter Nächte über die Zerrissenheit der Kirche klagen und beten, dann sieht sich das alles sehr viel anders an«, schreibt er Ende November 1940 an seine Frau, und, etwas später:« »Du verstehst mich völlig falsch, wenn Du meinst, ich suche nach einem Ersatz für das, was die evangelische Kirche einmal war; ich suche die Kirche, nachdem mir deutlich geworden ist, daß sie im Protestantismus nicht ist und nicht gewesen ist.«

Es liegt in der Konsequenz der Entwicklung, daß der Gefangene in Verhandlungen mit seinem Rechtsanwalt den Austritt aus der evangelischen Kirche betreibt, daß er Frau und Kinder immer wieder auffordert, das gleiche zu tun. Was jetzt bei den Briefen auffällt: Der Grundton ist kühler geworden, das »Kardinalthema« (so Niemöller), das nicht mehr aus ihnen wegzudenken ist, sorgt dafür. Er hält sich für unverstanden, dennoch taucht auch jetzt noch gelegentlich der vertraute Zauberspruch »We climb the hill together« auf, und Niemöller mokiert sich über die Leute, die bereits von Scheidung reden.

Aber auch die Berliner Wilhelmstraße liest mit und sieht ihren Weizen reifen. Nicht ausdenkbar, wenn der berühmte, von seinen Freunden verehrte, von seinen Gegnern auch hinter Gittern noch immer gefürchtete Pastor Niemöller, wenn diese Säule des kirchlichen Widerstands gegen Hitler seiner Kirche, wenn er dem evangelischen Glauben verloren gehen würde.

Wer auf die Idee gekommen ist, ob Hitler selbst, ob Bormann, seine rechte Hand, ob der Marschall Göring, der Propagandaminister Dr. Goebbels oder der »Reichsführer SS« Himmler, der ihn sogar einmal in der Zelle besucht hatte – man weiß es bis heute ebensowenig wie man den Absender des Meßbuchs kennt: Jedenfalls wird Niemöller im Juli 1941, nach über drei Jahren Sachsenhausen, über Nacht und ganz unvermutet, in das KZ Dachau verlegt. Auch hier schläft er in einer Einzelzelle, den Wohnraum jedoch teilt er mit zwei (später drei) katholischen Amtsbrüdern. Die Absicht, obwohl niemals ausgesprochen, ist unschwer zu erraten: Hier, im Beisammensein, im permanenten Gespräch mit den Kollegen von der anderen Fakultät, soll der Schwankende den letzten Stoß erhalten.

Indes, die Rechnung geht nicht auf. Schon nach kurzer Zeit ist das Gespräch »ziemlich zu Ende«. Niemöller erkennt: Auch bei den Katholiken wird mit Wasser gekocht. Zwar bemüht man sich auf beiden Seiten um ein gutes persönliches Verhältnis, aber in den großen Fragen des Glaubens sind die Differenzen größer als vermutet. Niemöller kehrt zum evangelischen Glauben zurück. Sie brauche sich keine Sorgen um ihn zu machen, schreibt er am 20. Juli 1941 seiner Frau: »Es ist ganz gut, daß ich unter diesen Umständen mehr oder weniger genötigt bin, die evangelische Linie herauszustellen und zu vertreten.«

Hierzu bietet sich nicht nur in den Gesprächen mit den katholischen Zellengenossen reichlich Gelegenheit. Als der Pastor Niemöller gegen Ende seiner Gefangenenzeit mehrfach in einer leerstehenden Zelle vor einer kleinen Gruppe von Mitgefangenen aus den verschiedensten Nationen und Denominationen predigen und mit ihnen das Abendmahl feiern darf, verhilft ihm das nicht nur zu großem innerem Auftrieb. Es verschafft ihm zugleich die willkommene Möglichkeit, darauf hinzuweisen, wie bedeutungslos die innerprotestantischen Verschiedenheiten längst geworden sind: »Heute sind diese theologischen Differenzen schon so fein geworden, daß man ein überdurchschnittlich geschulter Philosoph sein muß, um sie . . . noch zu erkennen.«

Die sechs »Dachauer Predigten«, später auch als Buch erschienen, haben bis zu diesem Tag nichts von ihrer Unmittelbarkeit verloren. Ganz unsentimental, aus der besonderen Situation kein unredliches Stimmungskapital schlagend, sind sie Beispiele für die urbiblische Predigtweise dieses Mannes, der schon in der Zeit des Kirchenkampfs alljene enttäuschte, die in Erwartung von politischen oder sonstigen Sensationen zu ihm in die Kirche kamen. Mit den Dachauer Predigten liefert Niemöller zugleich Kommentar und Ergänzung zu dem in den folgenden Jahren so häufig bei ihm auftauchenden Wort von der »Predigt des Galgens«. Er meint damit die Lehre des Galgens, den er bei jedem Blick aus dem Zellenfenster sehen mußte, ob er das wollte oder nicht: »Ich habe damit gerechnet, daß auch ich eines Tags dort aufgehängt werden könnte. Ich habe dabei nur die eine Angst gehabt, ich könnte, wenn ich dort hinge, auf die Menschen, die mich zu Unrecht aufgehängt hätten, Gottes Gericht herabfordern und so im Unglauben sterben.«

Am 7. April 1945 enthält Niemöllers Tagebuch den lakonischen, aber vielsagenden Vermerk: »Ersten Kanonendonner gehört.« Zwei Wochen danach besucht ihn seine Frau zum letztenmal in Dachau. Er macht einen deprimierten Eindruck. »Sie wollen uns verschleppen, aber ich will nicht verschleppt werden.« Am 24. April beginnt tatsächlich die gefürchtete Fahrt ins Ungewisse. Ein offener Lastwagen mit »Sonderhäftlingen«, politischen. Viel Prominenz darunter wie der in Ungnade gefallene Dr. Hjalmar Schacht, von 1934 bis 1939 Hitlers Wirtschaftsminister, die Generale von Halder, von Falkenhausen, Thomas, sämtliche Mitverschwörer des 20. Juli, aber auch ein junger sowjetischer Fliegeroffizier, ein Neffe des Außenministers Molotow, hat sich unter sie verirrt. Ein Omnibus folgt, mit Frauen und Kindern, Sippenhäftlingen, auch sie Strandgut des 20. Juli. Das Ganze von SS-Männern bewacht. Über München, Innsbruck, den Brenner erreichen sie nach tagelanger Fahrt Südtirol. Hier, in der Ortschaft Villabassa (Niederndorf), entdeckt einer von ihnen im Gepäck des Transportleiters ein Dokument, das ihren Tod bedeutet, daß keiner von ihnen lebend dem Feind in die Hände fallen darf. Daß in diesem Augenblick höchster Gefahr eine Einheit der deutschen Wehrmacht ihnen zu Hilfe kommt, mutet fast wie ein Wunder an. Es ist der 30. April. Fünf Tage später, am 4. Mai werden sie zum zweitenmal befreit, diesmal von den Amerikanern. Auf ihre wirklichen Befreier wartet nun, zum Ausgleich, die Gefangenschaft.

Auf Niemöller warten, bevor er sich wirklich als freier Mann fühlen kann, strapaziöse, hektische, mit Ungewißheit aufgeladene Wochen. Er brennt darauf, seine Frau und die Kinder zu sehen, aber erst am 24. Juni, fast zwei Monate später, ist er am Ziel: in Leoni am Starnberger See, wo seine Frau bei Freunden untergekommen ist, um Dachau und ihm näher zu sein. Bis es soweit ist, muß er eine rechte Odyssee absolvieren: Verona, Neapel, Caserta, Versailles, Wiesbaden heißen die Stationen. Schwärme von Journalisten interviewen ihn und seine »Reisegefährten«, politische Offiziere vernehmen sie, der englische Marschall Alexander interessiert sich für seine Gedanken über die Zukunft

Deutschlands. Schließlich, im »Interrogation Centre« der Amerikaner in Wiesbaden, verliert er die Geduld: »Nennen Sie das Befreiung?« faucht er den Kommandanten an und versucht es mit der Waffe des Hungerstreiks. Hungern, so meint er, habe er im KZ gelernt, legt sich ins Bett und ist für niemand mehr zu sprechen. Am übernächsten Tag ist er frei.

Ein Mann, der fast ein Jahrzehnt hinter Gittern, davon die Hälfte in Einzelhaft verbringen mußte – wer würde nicht vermuten, daß er, zu mindest in der ersten Zeit nach der Entlassung, dem Leben auf freier Wildbahn nicht mehr (oder noch nicht wieder) gewachsen wäre? Daß er eine angemessene Frist der Erholung und Entspannung nötig hätte?

Im Fall Niemöller trifft die naheliegende Annahme auch nicht andeutungsweise zu. Ganz im Gegenteil: Läßt man rückschauend die nun folgenden Jahre dieses außergewöhnlichen Lebens Revue passieren, so entsteht der Eindruck, hier hat einer Kraft gesammelt in einer Situation, wo anderen die Kraft versagt. Eine Batterie hat sich aufgeladen. Dieser Mann, so will es scheinen, fiebert vor Energie und Spannkraft. Er muß viel nachholen. Offenbar kann er es nicht erwarten, die Botschaft, als deren Vermittler er sich sieht, unter die Leute zu bringen, seinen ganz bestimmten Auftrag so schnell wie möglich zu erfüllen. Wie lauten Auftrag und Botschaft?

Die Impulse hinter der angespannten Aktivität, die Niemöller sofort nach seiner Heimkehr aus dem KZ entfaltet, sind nicht schwer auszumachen. Sie lauten vor allem: Stärkung der Bekennenden Kirche und ihres Einflusses auf das kirchliche Geschehen. Abwehr des wiedererwachenden Konfessionalismus und der damit verbundenen Restauration in der Kirche, Belebung des Gesprächs in und mit der Ökumene, vor allem aber: die Predigt von der Schuld.

Schlimm nur, daß sich sowenig geändert hat seit den Tagen des Kirchenkampfs. Die Fronten sind im Grund die gleichen geblieben, nicht weniger die Gesichter der Protagonisten. Die Erinnerung an die Erklärung von Barmen ist bei vielen verblaßt, wenn nicht ganz unerwünscht.

Immerhin, man spricht wieder miteinander. In Treysa, dem »hessischen Bethel«, kommt es in den letzten Augusttagen zum ersten Nachkriegsgespräch zwischen BK und »amtlicher« Kirche. Nach allem, was vorhergegangen ist, liegt viel Sprengstoff in der Luft. Niemöller ist vom »Reichsbruderrat« beauftragt worden, die Position der BK darzulegen, er tut das mit großer Klarheit, wo nötig mit Schärfe und ohne übergroße Rücksicht auf Empfindlichkeiten, die in diesem Moment nur schädlich wäre.

»Wir können nicht einfach weiterarbeiten, als ob nichts geschehen wäre«, lautet einer der ersten Sätze seiner Ansprache, eine kirchliche Restauration auf der Grundlage des Zustandes von vor 1933 dürfe »auf gar keinen Fall« das Ergebnis der Zusammenkunft sein. Daher werde die BK sich auch nicht auflösen, sondern »ihr Wächteramt weiterführen«.

Was Niemöller und seinen Freunden vorschwebt, ist die »Erneuerung der Kirche«, eine »echte und ernste Reformation«. Dazu gehört: »Wir müssen eine ganze Anzahl von Personen in den Kirchenleitungen loswerden, die zur Führung der Kirche nicht geeignet gewesen sind.« Dazu gehört weiter: »Die Kirche der Zukunft wird nie wieder Behördenkirche sein dürfen.« Die Landeskirchen zumal, bisher allzu ausschließlich darauf aus, ihren Bestand zu wahren, geraten ins kritische Blickfeld: »Meine Brüder, wo steht denn geschrieben, daß die Landeskirchen bestehen bleiben müssen mit ihren z. T. unmöglichen Grenzen?« Auch jenes »falsch verstandene Luthertum« wird von Niemöller, der selbst ein Lutheraner ist, nicht geschont, das Staatsform und Gesetze – siehe »Drittes Reich«! – als gegebene Tatsachen hinnimmt, »mit denen wir uns stumm abzufinden haben«. Auch die Abrechnung mit »altgewohnten Moden und Methoden in unserer Verkündigung und Unterweisung« fehlt nicht in Niemöllers Traktandenliste: »Ich sage nichts Neues, wenn ich daran erinnere, wie unglaubwürdig das gesprochene und geschriebene Wort unter uns geworden ist.« Das Eigentliche, so konstatiert er, bleibt zumeist ungesagt – von hier ist es nicht weit zu Niemöllers Haupt- und Leitthema, auch in Treysa, zur Frage nach der Schuld. Wenn er von ihr spricht, meint er vor allem die der Kirche: »Das haben wir heute unserem Volk und der Christenheit zu sagen, daß wir nicht als die Frommen und Gerechten vor ihnen stehen . . ., daß wir vielmehr schuldig sind und versuchen wollen, in Zukunft unsere Pflicht recht zu erkennen und treu zu erfüllen. Wir haben jetzt nicht die Nazis anzuklagen, die finden schon ihre Kläger und Richter; wir haben allein uns selber anzuklagen und daraus die Folgerungen zu ziehen. Das ist der Ton, den ich hier und anderwärts bislang vermißt habe . . . Es handelt sich nicht darum, daß wir als Kirche dies und das falschgemacht haben, es handelt sich nicht um Fehler, sondern wir haben grundsätzlich das uns aufgetragene Amt in Ungehorsam versäumt und sind damit schuldig geworden.«

Man darf und muß Treysa 1945 so ausführlich zitieren, nicht nur, weil sich hier, erstmalig nach dem Krieg, der Bußprediger Niemöller mit großer Eindringlichkeit zu Wort meldet. In den Reden und Diskussionen dieser mit Spannung geladenen Tage werden die Bahnen alldessen vorgezeichnet, was sich in den kommenden Jahren und Jahrzehnten unter dem Firmenschild »EKD« an gewiß viel Gutgemeintem, aber auch an Falsch- und Schieflaufendem abspulen wird. Was – warum es verschweigen – den alten Niemöller viele Jahre später in einer Rede vor Jungsozialisten zu dem bitteren Resümee veranlassen wird, er habe in der Zeit nach 1945 unter der Kirche mehr gelitten als »unter dem ganzen Nationalsozialismus«.

In Treysa jedenfalls kommt es zu einem, wie es auf Anhieb scheinen mag, praktikablen Kompromiß. Als Spitzengremium wird ein »Rat der evangelischen Kirche in Deutschland« gebildet, dem sechs Lutheraner, vier Unierte und zwei Reformierte angehören. Zum Vorsitzenden wird der württembergische Landesbischof Wurm, zu seinem Stellvertreter Martin Niemöller ernannt. Ihn macht man auch zum Leiter des Kirchlichen Außenamtes. Er ist damit der Außenminister der evangelischen Kirche. Das klingt pompös, aber seine Briefe muß er vorläufig mit der Hand schreiben.

Es mag indiskret erscheinen, an dieser Stelle eine Notiz zu zitieren, die Wilhelm Niemöller viele Jahre später im Schreibtisch des Bruders in der Wiesbadener Brentanostraße entdeckt und die er auch in seine ungemein informative Schrift »Neuanfang 1945« (Stimme-Verlag, Frankfurt a. M., 1967) übernommen hat. Zwei Tage nach Treysa schrieb Martin Niemöller in ein Merkbuch die Worte: »Verzweifelte Stimmung« – »Was soll ich bloß tun« – »Kein Weg sichtbar!« Was steckt hinter diesem Ausbruch offener Verzweiflung? Solche Bekundungen äußerster Depression waren zu verstehen, wenn man sie in den Briefen aus Sachsenhausen und Dachau las, doch wie erklären sie sich hier, im Augenblick eines, wenn auch nicht jubelnden, so doch scheinbar hoffnungsvollen Neuanfangs? Waren die Widerstände, denen Niemöller sich und seine BK in Treysa ausgesetzt sah, so übermächtig, daß er auf die Dauer keine Chance für eine glückliche Zusammenarbeit mehr zu sehen glaubte? Andeutungen in Gesprächen späterer Jahre lassen den Schluß zu, doch wird man es bei dem Fragezeichen lassen müssen.

Ohnehin, noch im gleichen Jahr gibt es einen Lichtblick für ihn und alle, die wie er denken und fühlen. Die »Stuttgarter Schulderklärung« vom Oktober 1945, von dem Berliner Bischof Dibelius entworfen, von Niemöller an entscheidender Stelle ergänzt, soll einen Neuanfang der ökumenischen Zusammenarbeit ermöglichen. Mit den Sätzen, »Durch uns ist unendliches Leid über viele Völker und Länder gebracht worden« und »Wir klagen uns an, daß wir nicht mutiger bekannt, nicht treuer gebetet, nicht fröhlicher geglaubt und nicht brennender geliebt haben« liefert sie den festen Boden für eine Predigt, die der Zeit und der Situation angemessen ist.

Die Christen aus der Ökumene, die nach Stuttgart gekommen sind, um das Gespräch mit den Deutschen wieder aufzunehmen, verstehen das Signal, das mehr als eine Geste sein will. Sie ergreifen die ausgestreckte Hand. Nicht so die meisten Deutschen, ob sie sich Christen nennen, ob sie Scheinchristen oder erklärte Nichtchristen sind. Sie schrecken vor dem Wort »Schuld« zurück, so tief und so weit sie können, denn sie wisssen genau, wie groß ihre eigene Schuld in Wahrheit ist. Niemöller sieht die Aufgabe vor sich: Die Predigt von der Schuld, mag sie den Prediger noch so unpopulär machen, rückt von nun an und auf lange Zeit in den Mittelpunkt seines Lebens. Auch wenn das politische Mißverständnis noch so nahe liegt, wenn Studenten in Erlangen, Göttingen, Marburg laut protestieren, er läßt sich nicht irre machen: »Ja, ich habe zu denen gehört, die das Schuldbekenntnis mitgesprochen haben. Wir konnten gar nicht anders, obgleich wir wußten, daß man uns Landesverräter und anderes schelten würde.« Umgekehrt macht er sich bei den Racheaposteln unbeliebt, als er die gleichen Studenten vor den Universitätsbehörden und der Militärregierung verteidigt. Wie ein moderner Jeremias ziehe Niemöller durch das Land, schreibt damals eine Schweizer Zeitung: »Die Ähnlichkeit der beiden Männer ist verblüffend. Wird auch Niemöller eines Tages unverstanden und von seinem Volk, das er retten wollte, verstoßen, sterben müssen?« Seine eigene Bilanz klingt nicht ermutigend: »Ich habe zwei Jahre nichts anderes getan, als den Menschen diese Schulderklärung zu predigen – leider ohne Erfolg.«

Daß sich der Bußprediger, der Leiter des Kirchlichen Außenamtes, der stellvertretende Vorsitzende des Rates der EKD, ein so weitgehend »Ausgelasteter« also, auch noch zum Präsidenten einer Landeskirche machen ließ – konnte das gutgehen? Die Frage war nicht selten zu hören, als er im Oktober 1947 mit 84 Ja-, gegen 22 Neinstimmen (2 Enthaltungen, 3 weiße Zettel) als Kirchenpräsident an die Spitze der Evangelischen Kirche in Hessen-Nassau berufen wurde. Niemöller, der, entgegen seinen Wunschvorstellungen, nicht wieder in Berlin hatte Fuß fassen können, wagte es, und es ging gut. Als er nach zweimaliger Wiederwahl und 17jähriger Dienstzeit Ende 1964 sein Amt niederlegte, hinterließ er eine Kirche, die von Verfassung und geistlicher Substanz her als Modellfall für die Möglichkeiten zeitgemäßen Kirchentums gelten konnte: die »Niemöllerkirche«, wie sie von seinen Kritikern freilich nicht ohne Unterton genannt wurde und bei passender Gelegenheit noch heute genannt wird. Dabei war ihm der Glücksfall zu Hilfe gekommen, daß er es in Hessen, Nassau und Frankfurt a. M. mit einer unierten Kirche zu tun bekam, in der Bekenntnisunterschiede der einzelnen Teilkirchen keine entscheidende Rolle spielen würden. In diesem Punkt hatte er schließlich seine eigenen Erfahrungen gemacht. Der betonte Rückgriff auf die Bekenntnisse der 16. Jahrhunderts, davon war er fest überzeugt, würde nur zur schnelleren Aufspaltung der evangelischen Christenheit führen: »Die Bekenntisse der Reformation, vorab die lutherischen Bekenntnisse, reichen heute einfach nicht mehr aus, weder um die Einheit, noch um die Zerstreuung der Kirche zu begründen . . . Da soll man uns mit dem Worte Gottes kommen und nicht mit 1529!«

Die Befürchtung einiger Skeptiker, nun werde, mit Niemöller, die von ihm repräsentierte »Bekennende Kirche« als neue »Sonderkonfession« in Darmstadt, dem Sitz der Kirchenleitung, Fuß fassen, wehrte er gleich nach seiner Wahl vor der Verfassunggebenden Synode ab: »Ich bin, und das ist Lebensschicksal für mich gewesen und geworden, Mann der Bekennenden Kirche. Ich werde das bleiben. Aber Bekennende Kirche hat für mich niemals unter dem Begriff des Gruppenwesens in der Kirche gestanden, sondern vom Anbeginn im Jahre 1933 unter dem verpflichtenden Ruf, die evangelische Christenheit in Deutschland und wo immer sie angesprochen werden kann vom Wort Gottes her, dahin zu führen . . ., wo wir miteinander, liebe Brüder in Jesu Christo, bekennende Kirche werden, sind und bleiben.« Dabei war es für Niemöller – so sehr er sich als versierter Verwaltungsmann erwies – von Anfang an selbstverständlich, daß Predigt und Gemeinde, nicht Repräsentation und Verwaltung im Mittelpunkt stehen müßten. Mit (wenn es sich irgendwie machen ließ, regelmäßigen) Predigten in der Wiesbadener Luther- und der Frankfurter Katharinenkirche, aber auch anderswo, zog er die Konsequenz für seine Person. Noch sinnfälliger hatte er sie schon vorher gezogen, als er ausdrücklich auf den Schmuck von Bischofstitel und Brustkreuz verzichtete. Bezeichnend die Begründung, gleichfalls vor der Synode: »Deshalb sehen Sie auch nicht, daß ich mir das Bischofskreuz umhänge, weil ich nicht den Eindruck erwecken möchte: Hier kommt ein Mann, der weiß von dem Herrn Christus etwas mehr als unser Herr Pastor.«

Es bleibt Niemöllers Geheimnis, wie er in jenen Jahren all den Pflichten gerecht werden konnte, die über ihn hereinbrachen. Es ist nicht zuletzt der »Ökumeniker« in ihm, der in Anspruch genommen, gefordert, strapaziert wird. Jetzt erst, auf seinen Reisen durch die Welt, kommt ihm zu vollem Bewußtsein, wie unermeßlich groß das Kapital an Vertrauen und Zuneigung ist, das sich in aller Welt angesammelt hat, während er als »Hitlers persönlicher Gefangener« in seiner Zelle ausharren mußte. Unmöglich, die Reisen aufzuzählen, die er, für den Berliner Bischof Dibelius (gest. 1967) ein »Sonderbotschafter des deutschen Volkes«, für andere »der einzige deutsche Exportartikel«, in jenen Jahren unternimmt. In die DDR (immer wieder) und die Sowjetunion, nach Jugoslavien, Polen, der Tschechoslowakei, nach Dänemark, Norwegen, Schweden, England (meistens mehrmals im Jahr), nach Australien und Neuseeland, Argentinien, Brasilien und Indien fährt er zwischen 1946 und 1961, von der Schweiz mit dem Weltrat der Kirchen in Genf gar nicht zu reden, der ihn 1961 zu einem seiner sechs Präsidenten wählt. Zum festen Programm gehören auch die alljährlichen Predigt- und Vortragsreisen in die USA, wo ihn wiederholt die Befürchtung überfällt, die junge Weltmacht, vom Glauben an ihre weltbeglückende Mission besessen, könnte sich von interessierten Kräften auf einen falschen, verhängnisvollen Weg drängen lassen: »Die Amerikaner sind für ihre Rolle nicht reif, wie es scheint; und das kann für uns alle verhängnisvoll werden. Nun, Er sitzt im Regimente« schreibt er im Herbst 1954 von der »Queen Mary« nach Hause. Aber auch euphorische Töne fehlen nicht in den Reiseberichten. »Du siehst, die Welt ist meine Parochie« heißt es stolz in einem Reisebericht, den er aus Oxford seinem Bruder Wilhelm schickt. Bei den meisten Reisen begleitet ihn seine Frau, die 1961, zusammen mit Dora Schulz, einem der guten Geister des Hauses Niemöller schon von Dahlem her, bei einem Autounfall in Dänemark ums Leben kommt. 1971 heiratete er zum zweitenmal. Sybil Niemöller, geb. von Sell, ist die Freundin einer seiner Töchter aus der Dahlemer Zeit.

Seinen Freunden und Glaubensbrüdern, den Lutheranern, ihnen vor allem, hat der allzeit Unbequeme es zu verdanken, daß er um die Wende vom fünften zum sechsten Lebensjahrzehnt spürbare Entlastung von lästigen Verwaltungsgeschäften, dafür um so mehr Spielraum für eine radikale Hinwendung zu neuen Ufern erhält. Für jene Akzentverschiebung, die sein Nachfolger im Amt des hessen-nassauischen Kirchenpräsidenten, der bedeutende Konfessionskundler Prof. D. Sucker (gest. 1966), einmal sehr präzis als »die Niemöllersche Antwort auf die Frage nach den Konsequenzen der Jesu-Nachfolge heute im politischen Raum« bezeichnet hat. Im Januar 1949, bei der Synode von Bethel, wird Niemöller, nach viel peinlichem Hin und Her, als stellvertretender Leiter des »Rates der EKD« abgewählt, an seine Stelle tritt der Lutheraner Lilje, Bischof von Hannover (gest. 1977). Sieben Jahre später, im Januar 1956, wird ihm, nach langem, höchst intrigantem Feldzug gegen seine angeblich unzulängliche Amtsführung, auch das Kirchliche Außenamt genommen. Sein Freund Karl Barth hatte diese Entwicklung schon im Frühsommer 1946 vorausgesehen. Die Formulierungen seines Briefs, in ihrer Brillanz ihresgleichen suchend, lassen erkennen, daß der Verfasser das Gespräch der Bischöfe mit Hitler vom Januar 1934 nicht vergessen hat: »Die Art, wie man Dich in Berlin, in Bayern, in Frankfurt, in Treysa und seither von Stuttgart und Umgebung aus in Ehren kalt zu stellen und unschädlich zu halten versucht, ist in der Tat verräterisch dafür, wie die Dinge in der EKD immer wieder und nun aufs neue stehen . . . Du mußt nur nicht vergessen, daß es wahrscheinlich, seit es eine Kirche gegeben hat, zur Eigentümlichkeit der jeweils regierenden Kirchenmänner gehört hat, sich gegenüber Leuten wie Du ungefähr dieses Verhaltens zu bedienen . . . Es ist klar wie die liebe Sonne, daß Du ihnen . . . unheimlich und unbequem bist und daß es irgendeine Ecke in ihrer Seele gibt, in welcher sie wohl wünschten, es stünde zu Dachau oder anderwärts ein wunderschönes Gedächtniskirchlein, zu welchem sie alle Jahre einmal wallfahren und wo sie dann – Heiliger Martin, bitt für uns arme Sünder! – etliche Horen zu Deinen Ehren singen könnten . . .«

Da Karl Barths »Gedächtniskirchlein« nicht gebaut zu werden brauchte, gottlob nicht, gibt es nach 1945 bis weit in die siebziger Jahre hinein um so mehr Anlaß, sich über den »Mann Gottes« (so der Titel einer amerikanischen Lebensbeschreibung) mit gekonnter pharisäischer Gebärde zu empören. Ein »Fall Niemöller« löst den anderen ab, wobei freilich nicht übersehen werden sollte, daß es sich bei den Schlagzeilen liefernden Niemöllerworten nur zu oft um aus dem Zusammenhang gerissene und daher mißverständliche Zitate aus seinen Reden und Interviews handelt. Daß er selbst mitunter mit Absicht überspitzt, soll nicht bestritten werden. Er möchte schließlich, daß man ihn hört, Ausgewogenheit oder gar Untertreibung sind ohnehin seine Sache nicht. »Mußten Sie das *so* sagen, Bruder Niemöller?« – der Tadel des ihm wohlgesonnenen westfälischen Präses Koch, in den Zeiten des »Kirchenkampfs« ausgesprochen, ist bis heute nicht vergessen. Und Niemöller selbst hat bei einer der stürmischen Synoden im Frankfurter Dominikanerkloster den Schillervers »Wär' ich besonnen, hieß' ich nicht der Tell« zitiert und auf sich bezogen.

Ein besonders gutes Beispiel für das Gemeinte liefert die berühmtgewordene »Kasseler Rede« vom 25. Januar 1959. Wie die Zeitungen schon kurz darauf melden, hat Bundesverteidigungsminister Dr. h.c. Franz Josef Strauß gegen den hessen-nassauischen Kirchenpräsidenten Strafanzeige erstattet. Der Grund: Niemöller habe in der Rede die Bundeswehr als »Hohe Schule für Berufsverbrecher« bezeichnet. Ein ungeheurer Wirbel bricht los, wieder einmal Niemöller: »Die maßgeblichen evangelischen Bischöfe beeilen sich, ihre Hände in Unschuld zu waschen. Sie versichern dem Minister, Niemöller habe nur als Privatmann sprechen können, die EKD habe nichts mit seiner Rede zu tun. Ein Tonband findet sich, schnell stellt sich heraus, Niemöller hat keineswegs die Bundeswehr als solche angegriffen, er hat sich auf die »Ausbildung der Kommandos im Zweiten Weltkrieg« bezogen. Resultat: Der Strafantrag wird nicht weiter verfolgt. Niemöller an seine Frau: »Ich habe heute meine Kasseler Rede gehört. Ich bin selber ganz erbaut davon gewesen.«

Nicht weniger spektakulär, nicht weniger aufregend jener andere »Fall Niemöller«. Er ereignet sich am Ende ebenjenes Jahres, das von der berühmt-berüchtigten Betheler Synode eingeläutet worden war. Im Verlauf eines Gesprächs mit der (inzwischen verstorbenen) amerikanischen Star-Journalistin Marguerita Higgins nennt Niemöller die noch in den Kinderschuhen steckende Bundesrepublik ein Gebilde, das »in Rom gezeugt und in Washington geboren« sei. Auch diesmal löst er einen Sturm aus, erntet er viel Beifall, aber auch Proteste. Bundeskanzler Adenauer wirft ihm vor, er störe den Religionsfrieden in Deutschland. Einem evangelischen Bischof bleibt es vorbehalten, von einem »Druck auf den falschen Knopf im U-Boot« zu sprechen, der unglücklicherweise die eigene Flotte getroffen habe.

Die Kette der Beispiele ließe sich beliebig verlängern. Gewiß liefern sie Diskussionsstoff zur Genüge, dennoch wird sich an keinem von ihnen beweisen lassen, daß der Mann, der hier spricht, Tagespolitik im Sinn hat wie irgendein »Politiker«. Auch hier steht im Hintergrund, was mit Recht als »Theologie der Bergpredigt« bezeichnet wurde. Daß auch er selbst sich nicht als Politiker im landläufigen Sinn versteht, hat Niemöller auf einer jener Synoden, bei denen es hart auf hart ging, seinen Zuhörern mit großer Klarheit verdeutlicht: »Ich verstehe von Politik nichts. Einer Partei habe ich nie angehört, werde es auch nicht tun. Ich werde auch nicht den Weg Naumanns gehen. Ich bin Pastor und bleibe Pastor. Ich glaube, Sie können mich aufschneiden und sezieren, Sie werden bei mir keine politische Leidenschaft entdecken, obgleich es häufig so aussehen mag.«

Das wurde im Februar 1952 gesagt, daran hat sich bis heute nichts geändert. Es schließt die permante Wiederholung von Ärgernis und Provokation ein, mag das für alle Beteiligten noch so unbequem sein. Karl Silex, einer der wenigen Journalisten aus unserer Zeit, die den Namen verdienen, schrieb die folgenden Sätze, als die Wogen um die »Kasseler Rede« hochgingen. Sie sind von einer fast zeitlosen Aktualität:

»Ärgernisse müssen sein, echte Ärgernisse. Das echte Ärgernis . . . stellt unsere Selbstgerechtigkeit in Frage und fordert die Überprüfung des Standpunkts, den wir mit einiger Sicherheit besetzt zu haben glaubten. Das Ärgernis um Niemöller ist eine solche Herausforderung, an der wir nicht vorbeigehen sollten, weil sie uns not tut . . . Während wir uns mit Terminkalendern für Ministertreffen, mit Lösungsrezepten und Spekulationen aller Art beschäftigen, fordert uns das Ärgernis Niemöller zur Grundbesinnung heraus.«

VII.

Die Bilanz ziehen zu wollen, und sei es eine noch so vorsichtige, vorläufige, bleibt gefährlich, ja, verwegen. Martin Niemöller freilich erleichtert dem Chronisten sein schwieriges Geschäft. Nur wenige Monate vor seinem neunzigsten Geburtstag hat er auf drei weitzeiligen Schreibmaschinenseiten drei »Fragen zur Lage« beantwortet, in denen, wenn es denn eine solche Sache überhaupt geben kann, die Essenz dieses ereignisreichen, wechselvollen Lebens enthalten ist. Die Schlußfolgerungen, zu denen er kommt, sind freilich keine Lektüre für naiv-fortschrittsgläubige Prediger eines »christlichen Abendlandes«. Auch innerhalb der etablierten Kirchen wird man ihnen weithin keinen rechten Geschmack abgewinnen können. Sie wären erschütternd pessimistisch zu nennen, hätten sie nicht den – trotz allem – unbändigen Christenglauben, die große Hoffnung des Verfassers zum Hintergrund. In diesem Punkt läßt Niemöller nicht mit sich handeln, das trennt ihn vom gängigen Kulturpessimismus und der aus ihm resultierenden Verzweiflung mancher Nichtchristen.

»Ob das christliche Abendland der Welt und ihrer Menschheit überhaupt einen Fortschritt gebracht hat, ist für mich mehr als zweifelhaft geworden«, lautet einer der Kernsätze des Papiers, in dem sehr eindeutig, ja, fast brutal stets nur von einer «sogenannten christlichen Welt« die Rede ist, die es in Wahrheit nie gegeben habe und auch niemals geben werde. In ihr, davon ist Niemöller offenbar fest überzeugt, bedeute

Christentum »nur noch anständiges Benehmen oder ein Benehmen, dessen Unanständigkeit man nicht an den Tag läßt«.

Daß ein Niemöller, einmal an diesem Punkt angelangt, das Thema Atomrüstung nicht ausklammern würde, versteht sich. Ihm ist es völlig unverständlich, daß ein Mensch, der an Gott glaubt, die Verwendung der nuklearen Zerstörungsmöglichkeiten (das Wort »Waffe« lehnt er in diesem Zusammenhang kategorisch ab) überhaupt nur in Betracht ziehen kann: »Ich halte die Existenz von nuklearen Zerstörungsmengen für eine unmittelbare Lästerung des lebendigen Gottes.« Damit bestätigt, bekräftigt und wiederholt er als Neunzigjähriger nur das, was ihm mehr als zwanzig Jahre vorher nach einer Begegnung mit Professor Hahn, dem Nestor der deutschen Atomphysiker, zur Gewißheit geworden war: »Ich persönlich könnte mir keine Situation vorstellen, in der ich auf die Frage ›Herr, was willst du, daß ich tun soll?‹ die Antwort erhielte: ›Wirf eine Atombombe!‹«. Auch als Werkzeug der Abschreckung ist die Atombombe für ihn nicht diskutabel.

Das alles ist sehr klar, eindeutig, unmißverständlich. Spricht man heute mit Niemöller, dem Christen und, seit den fünfziger Jahren, überzeugten Pazifisten, so spürt man: An dieser Position hat sich nichts geändert in den letzten zwanzig Jahren, an ihr wird sich, nach menschlichem Ermessen, nichts mehr ändern. Niemöllers eigenwillige, höchst unkonventionelle Gedanken über die Zukunft des Christentums fügen sich in dieses Bild, sie ergänzen es auf verblüffende Weise. Indem er Luthers Wort von dem »fahrenden Platzregen« aufgreift, der nicht wiederkehrt, sondern eine fruchtbare oder eine verödete Landschaft zurückläßt, stellt er den Leser und Zuhörer vor die nicht ausgesprochene Frage, ob zu den verödeten Landschaften nicht auch die unseres »christlichen Abendlandes« gehöre: »Das Christentum ist in den zweitausend Jahren wohl hier und da ein rechter Platzregen gewesen, aber es gehörte schon Übermut dazu, wenn wir behaupten wollten, daß es der Menschheit zum ›Segen‹ geworden wäre. Vielleicht – und Gott gebe es! – wird die Christusbotschaft, wo sie in der nichtchristlichen Welt Aufnahme findet, Frucht bringen und der Menschheit von morgen die wirklich Frohe Botschaft . . . glaubhaft, glaubwürdig und überzeugend zum Ausdruck bringen.«

Der Platzregen Gottes, der über ein Land dahinfährt, befruchtend, aber auch zerstörend, um danach niemals wiederzukehren, sondern sich ganz anderen Zielen – in diesem Fall dem der »nichtchristlichen Welt« – zuzuwenden: eine Vision von wahrhaft apokalyptischer Schönheit, aber auch Schrecklichkeit zugleich. Sie provoziert eine Frage, die der

Chronist nur mit Zögern ausspricht: Sollten ihm, was so oft behauptet, so oft bezweifelt wurde in den letzten Jahrzehnten, als Frucht eines schweren, doch vielfach lohnenden Lebens zu guter Letzt noch Last und Gnade des Prophetenamtes aufgebürdet worden sein, ihm, dem Pfarrerssohn aus Lippstadt?

Der große Schweizer Theologe Karl Barth, Niemöller durch Jahrzehnte (nach eigener Aussage) »brüderlich verbunden«, hat nicht lange vor seinem Tod, zu Niemöllers 75. Geburtstag ein bemerkenswertes, ein entschiedeneres Votum zu der Frage gewagt. Mehr als das, er hat die Antwort vorweggenommen, indem er Niemöller einen glaubwürdigen Zeugen Jesu Christi nannte, der sich mit »prophetischem Wort und prophetischer Tat weit hinausgewagt« habe. Ließe sich, zu Martin Niemöllers 90. Geburtstag, die Summe dieses Lebens besser formulieren?

Stephan Hermlin

Eine Botschaft

Ich hatte mich im letzten Kriegsjahr in der Schweiz aufgehalten; Ende Juni oder Anfang Juli 1945 kehrte ich nach neunjähriger Abwesenheit in die Heimat zurück. Die Alliierten hatten die deutschen Grenzen gesperrt, um Kriegsverbrecher leichter verfolgen zu können. An diese Anordnungen konnte ich mich nicht halten; ich hatte bestimmte Aufträge zu erfüllen. Karl Barth, die führende Gestalt der Bekennenden Kirche, wußte von meiner bevorstehenden Rückkehr und rief mich zu sich. Er habe für mich, sagte er, einen Brief, die erste Botschaft an den aus dem Konzentrationslager befreiten Martin Niemöller. Ich möge nach Leoni am Starnberger See gehen, wo Niemöller damals wohnte, und ihm den Brief übergeben. Es gab damals keinen Postweg nach dem vernichteten, in Ungewißheit harrenden Deutschland. Ein paar Tage später überschritt ich heimlich die deutsche Grenze; ich kam zurück wie ich gegangen war. Es waren französische Offiziere, die mich ins Hinterland brachten; sie beachteten nicht den Befehl ihrer Regierung, weil sie besser als ihre Vorgesetzten wußten, daß Leute meines Schlags in Deutschland gebraucht wurden.

Ich hatte wenig bei mir; meinen ganzen Besitz nahm mein Rucksack auf, ein wenig Wäsche und einige Bücher. Außerdem besaß ich fünfhundert Mark und einige Gegenstände wie Medikamente, Nadeln, Garn, weil man, wie man mir sagte, diese Dinge in Deutschland gegen Lebensmittel tauschen könne. Aber wohin ich auch ging, es fand sich für mich immer etwas zum Essen und ein Platz zum Schlafen, ich brauchte nichts zu tauschen, und ich verschenkte die Dinge, die ich bei mir trug, an Bedürftige.

Dann war da noch der Brief. Aber ich konnte nicht gleich nach Leoni gehen, ich war in Freiburg und Stuttgart, in Mainz und Wiesbaden, in Schwenningen und Kempten, es vergingen Wochen, ehe ich nach München und von da nach Starnberg kam. Ich fuhr in überfüllten, um Stunden verspäteten Zügen, auf Lastautos, die mit Holzgas getrieben wurden, große Strecken ging ich zu Fuß. Eines Nachmittags kam ich in Leoni an. Martin Niemöller bewohnte eine Villa am Berghang, die ihm, wenn ich mich recht entsinne, von der amerikanischen Militärverwaltung zur Verfügung gestellt worden war. Ich wurde von ihm und seiner Familie wohl empfangen und mit Kaffee und Kuchen bewirtet. Er zog sich mit dem Brief, den ich ihm übergeben hatte, sogleich zurück.

Später gab es ein langes Gespräch, das bis in den Abend hinein dauerte. Niemöller erzählte von den Jahren im Konzentrationslager, er beschrieb seinen Lebensweg, ohne Selbstmitleid, ohne Schönfärberei. Er war im Ersten Weltkrieg U-Boot-Kommandant gewesen, er hatte der politischen Rechten angehört, einen ähnlichen Weg hatten auch manche meiner Freunde hinter sich. Er erwähnte auch den Brief, den er aus dem Konzentrationslager an Hitler geschrieben und der die Bitte enthalten hatte, als Freiwilliger in die Wehrmacht aufgenommen zu werden. Ich empörte mich: wie er denn Hitlers Krieg zu einem Krieg für Deutschland hätte umdeuten können. Während er mir nachdenklich und geduldig antwortete, empfand ich eine gewisse Scham. Die Identifizierung mit dem eigenen Land, die Trennung von falschem Patriotismus, die erst den wahren Patriotismus möglich macht, ist eine der schwierigsten menschlichen Fragen. Mir wurde dies klarer, je älter ich wurde. Ich hatte es in dieser Hinsicht leichter gehabt als die Menschen der Generation vor mir.

Ich traf ihn in den folgenden Jahren öfter; einmal reisten wir gemeinsam nach Budapest. Jedesmal begrüßte er mich etwa auf die gleiche Weise: Ah, der junge Kommunist, der mir Karl Barths Brief überbracht hat.

Was in diesem Brief stand, habe ich nie erfahren. In den langen Wochen, da ich ihn bei mir trug, ist mir nie der Gedanke gekommen, ihn zu öffnen. Er ging mich nichts an. Ich hatte die Botschaft eines bedeutenden Kirchenmannes zu einem anderen bedeutenden Kirchenmann gebracht, mehr war da nicht. Ich gehörte keiner Kirche an, im Buchstabensinn, aber die Rolle des Boten, das glaube ich auch heute noch, paßte zu mir. Denn in mir spürte ich eine Ahnung, daß es zwischen scheinbar weit voneinander befindlichen Menschen eine unsichtbare, feste Bindung gibt. Ich wollte mein Leben in den Dienst der Armen stellen und ich besaß eine russische Ikone, einen Gekreuzigten darstellend, über dem in altslawischen Lettern die Worte geschrieben waren: Kaiser der Armen. Ich hatte das unklare Gefühl gehabt, daß auch die Botschaft, die ich bei mir getragen hatte, den Armen diente.

I

Frieden und Abrüstung

Anton-Andreas Guha

Die intellektuelle und moralische Unzulänglichkeit der Abschreckungstheorie

In seinen »Briefen Todgeweihter« schrieb Thomas Mann 1955, kurz vor seinem Lebensende:

»Wir leben in einer Welt, deren intellektueller und moralischer Unzulänglichkeit das Schicksal Zerstörungswaffen von scheußlicher Rasanz anvertraut hat, die man aufstapelt unter der schwachsinnigen Drohung, ›Wenn es denn sein muß‹ die Erde in eine von giftigen Dünsten umhüllte Wüste zu verwandeln.«

In der Tat enthält die offizielle sicherheitspolitische Doktrin beider Seiten, sowohl der NATO als auch des Warschauer Pakts, die Bereitschaft, die eigene Vernichtung um den Preis der Vernichtung des Gegners hinzunehmen. Darüber kann auch die fachidiotische, sich unterkühlt-nüchtern gebende und die Folgen verdrängende Expertensprache etwa der »Weißbücher« der Bundesregierung oder der »Militärstrategie« des Sowjetmarschalls Sokolowski nicht hinwegtäuschen: Bei der Entwicklung des Kriegsführungskonzepts und der Beschreibung der Eskalation eines Krieges in Europa wird das Risiko der totalen Vernichtung der Menschheit bewußt in Kauf genommen, weil der Einsatz strategischer Nuklearwaffen entschlossen und mit Nachdruck angedroht wird.

»Lieber tot als rot« heißt die Devise, die beispielsweise der westlichen Sicherheitspolitik zugrunde liegt. In einer Studie der CDU-Bundestagsabgeordneten Würzbach und Berger heißt es: »Eine Grundproblematik der Politik atomarer Sicherheit besteht darin, daß die westliche Gesellschaft . . . kaum mehr bereit ist, unter Umständen die Gesundheit und das Leben zu opfern, um diese Errungenschaften (der westlichen Freiheit, Anm. von mir) und die freie nationale Selbstbestimmung zu verteidigen.«

Unterstellen wir der Aufforderung an »die« Gesellschaft, unter Umständen »das Leben zu opfern«, einen heroischen Gestus, wie schwachsinnig er auch immer sein mag, so offenbart sich doch ihre ,,intellektuelle Unzulänglichkeit«: Mit der kollektiven Selbstopferung, d. h. der Beendigung der Geschichte eines Volkes, erledigt sich auch die »Verteidigung« einer freien nationalen Selbstbestimmung. In der sicherheitspolitischen Debatte des Bundestages am 18. Januar 1980 sagte Franz Josef Strauß: »Wir wissen ja, daß ein Atomkrieg in Mitteleuropa zur physischen und biologischen Vernichtung der Völker Mitteleuropas führt«.

Intellektuelle Redlichkeit oder, im Sinne Thomas Manns, Zurechnungsfähigkeit geböte es also, einzugestehen, daß es im Zeitalter nuklearer Massenvernichtungswaffen für die Völker Ost- und Westeuropas keine wie immer geartete Möglichkeit der Verteidigung gibt. Denn nach den Kriegsführungs- und Eskalationsvorstellungen beider Seiten würde ein Krieg in Europa mit größter Wahrscheinlichkeit -also mit dem höchsten Risiko- in einen Nuklearkrieg ausufern. Dann aber gäbe es keinerlei Verteidigungsmöglichkeit, keine Abwehr der Aggression, keinen Schutz des Territoriums, der ,,nationalen Selbstbestimmung«, der Freiheit, der Menschen, des Volkes. Für die Staaten Mitteleuropas lassen sich selbst vitalste Interessen nicht mehr mit militärischen Mitteln sichern.

Der Begriff ,,Verteidigung" und seine Begriffsvarianten wie »Verteidigungsbereitschaft«, »Verteidigungswillen«, »Verteidigungsfähigkeit« sind irreführende, manipulative Begriffe, sie wecken Vorstellungen, Erwartungen, Hoffnungen, die von der künftigen Realität eines Krieges nicht gedeckt würden. Die Verwendung des Begriffes »Verteidigung« im offiziellen Sprachgebrauch ist eine fahrlässige Täuschung der Bevölkerung; am »schwachsinnigsten« ist der Begriff »Verteidigungsfall«.

Wenn man einem Politiker wie Strauß, der trotz seiner Einsicht in die künftige Kriegsrealität und ihre Folgen am Begriff der »Verteidigung« festhält, keine bewußte Täuschungsabsicht unterstellt, so muß man davon ausgehen, daß ein solcher Mensch eine gewaltige psysische Verdrängungsleistung aufbieten muß, um die naheliegende Schlußfolgerung sich selbst nicht zu Bewußtsein kommen zu lassen. Diese Schlußfolgerung lautet: Eine Sicherheitspolitik, die im Kriegsfall »zur physischen und biologischen Vernichtung der Völker Mitteleuropas führt«, ist im Sinne Thomas Manns »intellektuell und moralisch unzulänglich«, also ebenso sinnlos wie verantwortungslos. Sie könnte noch nicht einmal, wie es Bundeskanzler Helmut Schmidt wiederholt versuchte, unter Berufung auf Max Weber gerettet werden: Ihr fehlt sowohl die Gesinnungs- als auch jede Verantwortungsethik!

Für die beiden Weltmächte USA und Sowjetunion wäre ein Krieg in Europa – ein konventioneller und ein taktisch-nuklearer – durchaus führbar. Beide könnten ihre Interessen in Europa mit den Mitteln kriegerischer Gewalt verteidigen – auf Kosten der Europäer. Sowohl dem Weißen Haus als auch dem Kreml ist zu unterstellen, daß sie sich nach Ausbruch eines Krieges in Europa nicht gegenseitig mit strategischen Atomwaffen beschießen und in den Untergang hineinreißen werden; weder der Präsident der USA noch das Politbüro werden den Selbstmord anordnen. Aus westlicher Sicht bedeutet dies, daß die NATO-Doktrin von der »flexible response« nur für die USA eine rationale Kriegsführungsoption darstellt, denn nur für die USA ist ein taktischer Atomkrieg tatsächlich ein taktischer Atomkrieg, für uns Europäer wäre es bereits der strategische Vernichtungskrieg.

Damit ändert sich aber auch der Charakter der Abschreckung, jener einzigen noch verbliebenen Säule klassischer militärischer Sicherheitspolitik, nachdem jede nur denkbare Möglichkeit und Fähigkeit zur Kriegsführung, auch zur defensiven, ein für allemal passé sind. Abschreckung bedeutet (falls man in Moskau den potentiellen Aggressor sehen will), daß die USA, die von ihren europäischen Verbündeten das Mandat erhalten haben, über den Einsatz von Atomwaffen zu entscheiden, der Sowjetunion die Vernichtung Ost- und Westeuropas androhen, dies allerdings glaubwürdig. Abschreckung bedeutet dagegen nicht, daß die NATO der UdSSR sofort einen unerträglichen Schaden anzudrohen vermöchte, denn die konventionellen Armeen der NATO und auch ihre taktischen Nuklearwaffen schrecken Moskau unmittelbar nicht ab.

Mit anderen Worten, und immer noch systemimmanent, also im Rahmen des Abschreckungssystems selbst argumentiert: Die Sowjetunion hatte bislang noch kein politisches Interesse von solcher Priorität, daß sie es um den Preis der Vernichtung Mitteleuropas hätte durchsetzen wollen. Sollte eine Kreml-Führung jedoch glauben, daß vitale Interessen auf dem Spiel stünden, bräche diese indirekte Abschreckung sofort zusammen.

Die »intellektuelle Unzulänglichkeit« des westlichen »Verteidigungskonzepts« offenbart sich aber auch an seinen zahlreichen Widersprüchen. So gelten die Nuklearwaffen einerseits als »politische« Waffen, die nur zur Abschreckung, nicht aber zum Einsatz taugen. Andererseits müssen sie glaubwürdig angedroht werden in einem Kriegsführungskonzept, sonst wäre die Abschreckung ja nicht glaubwürdig. Daher behält sich die NATO den Ersteinsatz von Atomwaffen ausdrücklich vor.

Oder: Abschreckung funktioniert, wenn überhaupt, nur dann, wenn militärisch ein Gleichgewicht herrscht. Die Sicherheitsgarantie durch Abschreckung beruht in Friedenszeiten auf dem Gleichgewicht. Gleichzeitig muß sich Abschreckung jedoch auf den Kriegsfall einstellen. Im Kriegsfall jedoch beruht »Sicherheit« nur auf militärischer Überlegenheit, also Kriegsführungsfähigkeit. Abschreckung strebt also immer auch nach militärischer Überlegenheit und trägt die Dynamik des Rüstungswettlaufs als Prinzip in sich, allen offiziellen gegenteiligen Beteuerungen zum Trotz. Die Geschichte des Rüstungswettlaufs beweist dies.

Apropos »Friedenszeiten« – die »intellektuelle Unzulänglichkeit« zeigt sich nicht zuletzt, ja vor allem, an der schludrigen Verwendung des Begriffes »Frieden«. Beide Seiten bezeichnen ihre Politik der Kriegsverhütung durch militärische Abschreckung als »Friedenspolitik«. Abschreckung, so heißt es in »Weißbüchern« wie Regierungserklärungen, habe seit 1945 den »Frieden« gesichert.

Immanuel Kant sagt: »Der Frieden ist das Meisterstück der Vernunft.« Der gegenwärtige Zustand des Nicht-Krieges wird durch die Drohung mit dem Einsatz der furchtbarsten Vernichtungsapparatur aufrechterhalten, die die Menschheit je kannte. Sie wird täglich furchtbarer. Ist dies das Äußerste, das »Meisterstück«, zu dem menschliche Vernunft fähig ist?

Wie Michael Wallace anhand einer empirisch-historischen Untersuchung von 99 Konflikten zwischen Staaten von 1816 bis 1965 überzeugend nachgewiesen hat, läßt sich gerade die unsere Sicherheitspolitik tragende Grundthese nicht aufrechterhalten, daß nur Abschreckung durch Stärke den Ausbruch einers Krieges verhindere, daß jedes Nachgeben, jedes Anzeichen von »Schwäche« den Gegner zu militärischen Aktionen, zumindest zu Erpressungsversuchen provoziere. Von 31 Konfliktsituationen, in denen Staaten ihre Sicherheit durch Abschreckung und Wettrüsten voreinander garantieren wollten, endeten 26 im Krieg, nur fünf konnten politisch bereinigt werden. Von 68 Konfliktsituationen konnten dagegen 65 mit friedlichen Mitteln beigelegt werden, nachdem einer der Kontrahenten Nachgeben signalisierte und den Rüstungswettlauf einseitig abbrach; nur drei eskalierten militärisch.

Zur »intellektuellen Unzulänglichkeit« gehört auch, daß die Politiker der Bevölkerung der Bundesrepublik verschweigen, wie sehr die Bundesrepublik potentiell bereits erpreßbar geworden ist, sofern eine Kreml-Führung es darauf anlegen sollte. Angenommen, das Politbüro in Moskau käme – und sei es durch Fehlperzeption – zu der Überzeugung, daß eine politische Krise nicht mehr politisch gemeistert werden könnte und lebenswichtige sowjetische Interessen auf dem Spiel stünden; es ordnet die Generalmobilmachung an: Der Aufmarsch der sowjetischen Armeen würde sechs bis acht Wochen dauern, die westlichen Medien würden detailliert darüber berichten; bei uns träten die Notstandsgesetze in Kraft, die Grenzen und Flughäfen würden gesperrt, die Gastarbeiter setzten sich ab, die Börsenkurse stürzten in den Keller, die Regierung zöge sich, politische Verantwortung demonstrierend, in ihren atomsicheren Bunker in der Eifel zurück; die Reservisten würden einberufen... In der Bundesrepublik bräche Panik aus. Zum ersten Mal in der Geschichte hätte ein Volk das Gefühl, kollektiv keine Chance zu haben. Jeder einzelne Bürger sähe sich der Gewißheit gegenüber, ein Todeskandidat zu sein.

Der Staat Bundesrepublik wäre nicht mehr regierbar und jede Regierung müßte kapitulieren, noch ehe ein Schuß gefallen wäre.

Beide Supermächte könnten sich gegenseitig mit nur 100 atomaren Sprengköpfen als lebensfähige Industriegesellschaft zerstören, weil diese 100 Sprengköpfe ausreichen, 60 Prozent der Elektrizitätsversorgung und damit einen Großteil der Industriekapazität zu vernichten. Etwa 10 Millionen Tote wären der »geringfügige« Begleitschaden. Die USA halten gegenwärtig 11000 Atomsprengköpfe verfügbar. Legt man einen Faktor von 0,8 zugrunde, weil nicht jede Rakete ihr Ziel erreicht, so verfügen die USA über die Fähigkeit, die Sowjetunion 88 mal als lebensfähigen Industriestaat zu vernichten. Die Sowjets haben 7000 interkontinentale Sprengköpfe und bei einem Unsicherheitsfaktor von 0,7 demzufolge die 49fache Fähigkeit, den USA dieses Schicksal zu bereiten.

Dennoch werden täglich zwei bis drei Sprengköpfe den Arsenalen hinzugefügt, dennoch geht der Rüstungswettlauf ungebremst weiter, dennoch wird jeder, der einseitige Vorleistungen als Signale des guten Willens für zumutbar hält, offiziell als politischer Narr abgestempelt.

Die offizielle Sicherheitspolitik hat die Grenze zum Psychopathologischen, zum »intellektuell Unzulänglichen«, genauer: zum Psychotischen, längst überschritten.

Ein Mensch, der nicht entrinnen kann und von einem Feind mit einer Maschinenpistole bedroht wird, in deren Magazin 60 Schuß stecken, wird sich, sofern er klar denken kann, nicht vor dem 10., dem 20., dem 40. oder gar 60. Schuß fürchten oder abschrecken lassen. Er fürchtet sich vor dem ersten Schuß, allenfalls noch vor dem zweiten. Wenn der Feind noch ein zweites Magazin bereithält, so verstärkt er damit die Bedrohung und die Abschreckung keineswegs, und wenn er aus seinem Magazin 10 Patronen herausnimmt, so erhöht sich die Sicherheit des Bedrohten dadurch keineswegs.

Dieses Beispiel kann nahtlos auf die gegenwärtige Sicherheitspolitik übertragen werden, sowohl auf ihr psychotisches Streben, Sicherheit durch das sinnlose Auftürmen von Overkill-Kapazitäten zu erlangen, als auch für das »rüstungskontrollpolitische« Bestreben, Sicherheit durch Begrenzung oder geringfügigen Abbau der Overkillkapazitäten »auf ein möglichst niedriges Niveau« zu erreichen (der ergänzungsbedürftige Unterschied zu dem MP-Beispiel ist, daß beide Seiten sich nicht entrinnen können und die gesicherte Zweitschlagsfähigkeit besitzen; wer als erster schießt, stirbt als zweiter).

Der amerikanische Senator Edward Kennedy sah bereits 1973 »das Versagen unserer Institutionen darin, daß sie keine Antwort auf die Frage geben können, wieviel denn genug sei«.

Wer jedoch hinter diesem Auftürmen von Vernichtungspotential einen »Sinn« sehen will, muß zwangsläufig zu dem Schluß kommen, daß beide Supermächte, mit erheblichem Vorsprung der USA, die Erstschlagsfähigkeit anstreben. Denn dann spielen Zahlen wieder eine Rolle. Auf der Zielliste des US-Generalstabes stehen 40 000 zu vernichtende Ziele in der Sowjetunion. Mit Hochdruck wird an Weltraumabwehrwaffen gearbeitet, die die strategische Zweitschlagsfähigkeit des Gegners zum Papiertiger degradieren sollen, die U-Boot-Ortung wird perfektioniert.

Und noch ehe diese gespentischen Aussichten Realität geworden sind, werden Überlegungen, wie der strategische Krieg zu tragbaren Opfern geführt und gewonnen werden könne, offen diskutiert. Die Waffentechnologie, d.h. der punktzielgenaue Einsatz von Atomwaffen mit reduzierter Sprengwirkung gegen militärische Objekte macht's möglich. Erwartet, gehofft wird dabei, daß der Gegner nicht seinerseits mit flächendeckenden, bevölkerungsausradierenden Atomwaffen zurückschlägt, weil er dann ebenfalls einen entsprechenden Schlag zu erwarten hätte.

Diese »Counter-Force«-Strategie entwickelte bereits 1974 der damalige US-Verteidigungsminister James Schlesinger, die »Präsidentendirektive 59« vom August 1980 läßt sich nicht anders interpretieren, diese

Forderung erhob Colin S. Gray, heute militärischer Sicherheitsberater in der Reagan-Regierung, in einem Aufsatz mit dem bezeichnenden Titel »Victory is Possible«. Und der heutige Vizepräsident der USA, George Bush, kann sich die Vereinigten Staaten sogar als Sieger eines strategischen Infernos vorstellen: »Es besteht Überlebensmöglichkeit für die Kommandozentralen, Überlebensmöglichkeit für industrielles Potiential, ein Prozentsatz der Bevölkerung kann geschützt werden, und man verfügt über eine Schlagkraft, die dem Gegner größeren Schaden zufügt, als er einem selbst zufügen kann. Auf diese Weise gibt es einen Sieger.«

Es ist, als könnten die Europäer nicht lesen. Denn es war jener Gray, der schrieb, das strategische Patt zwischen beiden Supermächten mache einen Nuklearkrieg für die USA zur Verteidigung ihrer Interessen in Europa wieder führbar. »Je weniger schrecklich die wahrscheinlichen Folgen für das amerikanische Heimatgebiet selbst sind, desto bereitwilliger sollten die Amerikaner die nuklearen Gefechtsfeldwaffen freigeben«.

Amerikanische Rücksichtslosigkeit, amerikanischer Egoismus? Keineswegs, denn ein »Sicherheitsexperte« wie Manfred Wörner stimmt Gray völlig zu: In einem Krieg »liegt es im europäischen Interesse, daß möglichst schnell eskaliert wird«. Wörner hält es im übrigen für an der Zeit, »daß wir Front machen gegen die Perversion der Friedensdiskussion in der Bundesrepublik«.

Hier offenbart sich »intellektuelle und moralische Unzulänglichkeit« als schiere Todessehnsucht. Sigmund Freuds heftig angegriffene These vom Wirken eines Todestriebes wird von den viel zu vielen »Sicherheitsexperten« auf makaber-aktuelle Weise bestätigt.

Thomas Manns Zweifel zielen aber weit über die aktuelle sicherheitspolitische Diskussion hinaus und werfen eine Grundsatzfrage von furchtbarer Perspektive auf: Könnte die »intellektuelle und moralische Unzulänglichkeit« des Menschen nicht ein biologisch-struktureller Defekt sein? Der Physiker und Nobelpreisträger Max Born meinte mit Blick auf das nukleare Wettrüsten und das kalkulierte Risiko der Weltvernichtung: »Es scheint, als sei der Versuch der Natur, auf diesem Planeten ein denkendes Wesen hervorzubringen, gescheitert.« Goethe postulierte mit frappierender Aktualität, »daß der Krieg in Wahrheit eine Krankheit ist«.

In der Tat könnten Anthropologie, Soziobiologie, Verhaltensforschung, Psychologie und Neurophysiologie schon bald die Hypothese verifizieren, daß der Mensch nicht die Krönung der Schöpfung, sondern in Wahrheit ihr Problem sei, nämlich eine Fehlentwicklung. Der Neokortex des Menschen, das Großhirn, der Sitz des rationalen Vermögens, nimmt entwicklungsphysiologisch gesehen geradezu explosionsartig zu, während seine nervlichen Verbindungen mit den stammesgeschichtlich alten Hirnpartien, dem Zwischen- und Kleinhirn, unzulänglich bleiben. Das hieße, daß die emotionalen Kräfte wie Haß, Angst, Neid usw., die ja konstant sind seit Millionen von Jahren und sich als Impulse nach wie vor unmittelbar in Handlung umsetzen, die Ratio instrumentalisieren, indem sie sich ihre Schöpfungen, also etwa Waffen, zunutze machen. Sind Neokortex, der Sitz der Ratio, und das Limbische System, der Sitz der Emotionen und des Unbewußten, unzureichend koordiniert, ist der Mensch ein unfertiges Wesen?

Wie auch immer: Kein Lebewesen kann so total in ökologische und biologische Systeme verändernd, zerstörend eingreifen wie der Mensch. Kein Lebenwesen kann eine andere Pflanzen- oder Tierart auslöschen. Die Natur mit ihren hochsensiblen, ineinandergreifenden Kreisläufen und Systemen ist offensichtlich nicht auf ein Lebewesen wie den Menschen eingestellt. Der Mensch als Ganzes, als Lebewesen – nicht als Individuum – ist ein Fremdkörper im hochkomplexen Beziehungsgeflecht der Natur. Fehlentwicklungen aber scheidet die Natur aus, sie gehen an der Eigenschaft zugrunde, die sich an die Bedingungen der Natur nicht anpassen kann. Die menschliche Ratio aber paßt sich nicht nur nicht den Bedingungen der Natur an, sie unterwirft sich die Natur, sagt ihr den Krieg an – und damit sich selbst.

Wer dieser philosophisch-anthropologischen Skizze nicht zu folgen vermag, muß dennoch erschrecken, daß die Leistungen der menschlichen Ratio totale Vernichtungswaffen hervorgebracht haben, die verfügbar sind und bereitstehen, um von Angst und Haß instrumentalisiert, also eingesetzt zu werden – »unter der schwachsinnigen Drohung ›Wenn es denn sein muß‹«. Droht der Mensch des 20. Jahrhunderts nicht mit Waffen, die – abstrakt betrachtet – Wunderwerke der technischen Intelligenz und der Ratio sind, die aber alles höhere Leben auf diesem Planeten, nicht nur seines, auslöschen können? Findet nicht bereits täglich ein »Probehandeln« statt, nicht nur in den Generalstäben, wo diese apokalyptischen Situationen durchgespielt, geprobt werden, sondern indirekt auch dadurch, daß die Mehrheit der Bürger sich an die Apokalypse längst gewöhnt hat und – in Kenntnis der möglichen Folgen – den Wahnsinn dieser Sicherheitspolitik passiv, fast schon schicksalsergeben legitimiert? Worin besteht der Unterschied zwischen der Drohung eines Steinzeitmenschen, den Feind der Nachbarhorde mit dem Faustkeil umzubringen, und der Drohung des »homo sapiens« des 20. Jahrhunderts, den Gegner mit nuklearen Waffen auszulöschen?

Der Unterschied besteht nur in der milliardenfach potenzierten Wirkung der Waffe und sonst in nichts: die psychisch-emotionale Konstellation ist dieselbe. Das ist das »strukturelle« Problem, an dem die Menschheit zu scheitern darauf und dran ist. Max Born stellt dazu fest: »Die Menscheit ist durch die technische Entwicklung überrumpelt worden, ihre sittliche Entwicklung hat damit nicht Schritt gehalten.«

Wo also ist Hoffnung? Liegt nicht ein fataler Zynismus der Natur gerade darin, daß sie das Individuum befähigt, utopisch zu denken, sich eine friedliche Welt ohne zerstörerische Aggressivität zu entwerfen und vorzustellen, ja sogar zu versuchen, sie anzustreben? Repräsentieren nicht Menschen wie Kant, Goethe, Thomas Mann, Einstein, Max Born, Leo Tolstoi, Berta von Suttner, Kurt Tucholsky, Carl von Ossietzky, Bert Brecht und Martin Niemöller diese unerfüllt und darum Zynismus bleibende Hoffnung? Zeigt nicht gerade die Geschichte und das Scheitern der Friedensbemühungen dieser Menschen, daß keine Hoffnung ist?

Max Born sagte 1960 vor Offizieren des Bundesgrenzschutzes: »Die modernen Massenvernichtungswaffen verdienen den Namen Waffe überhaupt nicht mehr. Sie führen dazu, Menschen als Ungeziefer anzusehen und auszurotten wie Ungeziefer. Auf dieser Anschauung beruht heute die Aufrüstung und strategische Planung. Ich kann mir nichts Unsittlicheres und Verwerflicheres denken . . . Moderne Waffen lassen keinen Raum für irgendwelche sittlich begründeten Einschränkungen.«

Noch radikaler die auch im Individuum angelegten Möglichkeiten des »Ebenbildes Gottes«, des Friedens, zeigt Leo Tolstoi in seiner »Rede gegen den Krieg« auf: »Unser Sieg ist gewiß, aber nur unter einer Bedingung; unter der Bedingung, daß wir die Wahrheit verkünden und sie rückhaltlos, ohne alle Umschweife, ohne jede Konzession, ohne jede Milderung heraussagen. Diese Wahrheit ist so einfach, so klar, so einleuchtend, so verbindlich nicht bloß für den Christen, sondern für jeden vernünftigen Menschen, daß man sie nur in ihrer ganzen Bedeutung auszusprechen braucht, auf daß die Menschen ihr nicht zuwiderhandeln können. Diese Wahrheit ist in ihrer vollen Bedeutung in dem enthalten, was Jahrtausende vor uns in dem Gesetz, das wir das Gesetz Gottes nennen, in vier Worten gesagt ist: Du sollst nicht töten! Diese Wahrheit besagt, daß der Mensch unter keinen Umständen und unter keinerlei Vorwand einen anderen töten kann oder darf!«

Diese »vernünftige Wahrheit«, in der das Ethos des Rechts, der Aufklärung und des Christentums zusammenfallen, ist auch die Lebensmaxime Martin Niemöllers. Würde sich unsere Gesellschafts diesen radikalen, aufgeklärten, christlichen Pazifismus zu eigen machen, so wäre sie ohne Zweifel für jeden potentiellen Aggressor eine stärkere Abschreckung, als es Waffen und der Versuch, Sicherheit durch das groteske Auftürmen immer furchtbarerer Massenvernichtungsmittel zu erreichen, je sein könnten. Sie wäre stärker, weil sie moralischer wäre.

Heinrich Hannover

Politik mit der Bombe?

Als am Morgen des 6. August 1945 die Maschine, die den Tod für Hiroshima an Bord trug, in einen herrlichen Sommertag hineinflog, schrieb der Offizier, der wenig später die Bombe auslösen sollte, in sein Tagebuch: »Die Sonne geht zum letzten Mal über Hiroshima auf.« Zu dieser Stunde schliefen 86 000 Menschen in einen Tag hinein, dessen Ende sie nicht erleben sollten. Und einige Zeit danach schrieb der gleiche Offizier nieder: »Auftrag ausgeführt.«

Wohl kaum wird dieser Mann, dem der Abwurf der Atombombe als soldatische Pflichterfüllung erschien, die moralische Qualität dessen, was er tat, erfaßt haben. Er wird nicht erkannt haben, daß mit den toten Frauen und Kindern von Hiroshima ein soldatisches Ethos zu Grabe getragen worden ist, das seit Urvätertagen gegolten hatte. Auch wird dieser Soldat, der den größten Massenmord der Menschheitsgeschichte auf sich nahm, nicht begriffen haben, daß er mit dem Abwurf der Atombombe den Anbruch eines Zeitalters auslöste, in dem der Krieg als solcher eine neue Qualität bekam. Die Atombombe steht am Ende einer Epoche, die den Krieg für den Vater aller Dinge halten konnte. Über der mit Hiroshima beginnenden Epoche der Menschheitsgeschichte steht die Mahnung: Der Krieg ist das Ende aller Dinge. Und aus dieser neuen Qualität des Krieges folgt noch ein weiteres, über das der Flieger von Hiroshima sich keine Gedanken gemacht haben dürfte, das aber auch viele der regierenden Politiker der westlichen Welt bis heute noch nicht begriffen zu haben scheinen: die Untauglichkeit des Krieges als Mittel oder Fortsetzung der Politik. Wer den Krieg als Möglichkeit – als Drohung, als Mittel der Erpressung – in sein politisches Kalkül einbezieht, treibt keine Politik, sondern unterwirft sich und die Menschheit dem Gesetz der Bombe. Angst und Zufall werden zu unkalkulierbaren Größen, von denen das Glück und das Leben der Menschen abhängen. Die Politik mit der Bombe, die Politik, die sich zur Durchsetzung ihrer Ziele der Kriegsdrohung bedient, die »Politik der Stärke« ist mit der neuen Qualität des Krieges zu einem Anachronismus geworden, der uns das Leben kosten kann. Wir tappen mit den Erfahrungen und Vorurteilen von gestern in ein Zeitalter hinein, dessen Gesetze uns so fremd sind wie Kindern, die zum ersten Mal im Leben mit Streichhölzern spielen, deren Gefährlichkeit. Wir müssen versuchen, diese Gesetze zu begreifen, und die Politiker zwingen, sich ihnen anzupassen, wenn wir nicht an der Schwelle des Atomzeitalters an unseren überholten politischen Denkgesetzen zu Grunde gehen wollen.

Am Ausgang des vorigen Jahrhunderts glaubte die Menscheit, berauscht von den die Umwelt gewaltig verändernden Erfindungen und technischen Errungenschaften, an einen allgemeinen Fortschritt, der auch dem Kriege ein neues Gesicht geben würde. Zwar galt die Abschaffung des Krieges als utopischer Wunschtraum pazifistischer Schwärmer, aber die Humanisierung des Krieges schien doch der öffentlichen Meinung aller Kulturstaaten eine Forderung des zivilisatorischen Fortschritts zu sein. So kam es zu den Haager Friedenskonferenzen, auf denen der Verzicht auf besonders grausame Waffen und die Schonung der Zivilbevölkerung, der Schutz des Roten Kreuzes sowie die menschenwürdige Behandlung von Kriegsgefangenen zu völkerrechtlich verbindlichen Sätzen erhoben wurden. Was ist davon geblieben? Schon mit den beiden Weltkriegen setzte die Bestialisierung des Krieges ein. Flammenwerfer und Giftgas bildeten den Auftakt, und mit dem Bombenkrieg gegen die Städte des gegnerischen Heimatlandes wurde die letzte völkerrechtliche und moralische Bastion durchbrochen, die ein Hiroshima unmöglich gemacht hätte.

Auf diesem Wege der Bestialisierung des Krieges hat nun die Einführung der Atombombe ein Entwicklungsstadium herbeigeführt, in dem die Quantität in eine neue Qualität umgeschlagen ist. Während bis 1945 auch angesichts der Verrohung der kriegerischen Bräuche noch die Maßstäbe der Moral und des Rechts als Regulativ denkmöglich blieben und dem Kriege die Qualität eines »unter Rechtsbeschränkungen stehenden Massenmordes« (Fischer-Lexikon »Außenpolitik«, Stichwort »Krieg«) gaben, löste die Atombombe diese einschränkenden Kategorien notwendig auf. Das Wesen des Atomkrieges erfaßt nicht, wer Atomgranaten mit einer weiterentwickelten Artillerie vergleicht, wer nur sieht, daß 86 000 Menschen sterben, wo früher 86 starben, wer nur die ungeheuere Steigerung der Quantität des Todes und der Vernichtung zahlenmäßig erfaßt. Aus der quantitativen Steigerung ist eine qualitative Wesensveränderung des Krieges geworden. Unterscheidungen, die bisher als wichtige moralische und rechtliche Maßstäbe galten, wie Angriffs- und Verteidigunskrieg, Kombattanden und Nichtkombattanden, Front und Heimat, entfallen; alle rechtlichen und moralischen Beschränkungen werden unmöglich. Die örtliche und zeitliche – noch spätere Generationen bedrohende – Unbegrenzbarkeit des Atomkrieges, die Möglichkeit, daß der Atomkrieg überhaupt jeder menschlichen Kontrolle entwächst, gibt ihm ein Wesen, das ihn qualitativ unterscheidet von dem sich bei aller Unmenschlichkeit und Rohheit doch in örtlich und zeitlich überschaubarem Rahmen vollziehenden und an rechtlichen und moralischen Maßstäben meßbaren herkömmlichen Krieg.

Wie verhält sich die Menschheit angesichts dieser Situation? Während unsere östlichen Nachbarn – von den Besonderheiten der Situation in China sei hier abgesehen – die neue Qualität des Krieges begriffen und daraus die Konsequenz gezogen haben, daß an die Stelle des Dogmas von der Unvermeidlichkeit des Krieges das Prinzip der Koexistenz, des Wettbewerbsfriedens, treten muß, versagen sich die herrschenden Kreise des Westens der Einsicht in die aus der neuen Qualität des Krieges folgenden Notwendigkeiten. Man verschreibt sich ausgerechnet in einem historischen Zeitpunkt, in dem der Krieg vermeidbar werden muß, wenn die Menschheit überleben soll, der atomaren Abschrekkungsstrategie, indem man von der Unterstellung ausgeht, daß gerade die für alle Beteiligten einsichtige Furchtbarkeit des atomaren Krieges den Gegner von seiner Auslösung abhalten werde, solange man nur selbst glaubhaft zur atomaren Vergeltung bereit sei. Das ist eine Strategie, die nicht dem Bereich der Politik angehört, sondern es ist die völlige Erstarrung, der Verzicht auf Politik zu Gunsten eines »Gleichgewichts des Schreckens«. Was an Politik übrig bleibt, spielt sich im Stil der Erpressung ab. Und die Menschen der beteiligten Völker werden zu Geiseln der gegenseitigen Atomerpressung degradiert. Das ist die Politik, die sich Leute ausgedacht haben, die von der Verfassung der von ihnen geführten Staaten her den Auftrag haben, für Würde und Freiheit des Menschen einzutreten, von ihrer Verpflichtung auf das Friedensprinzip ganz zu schweigen. Die Politik mit der Bombe ist eine Politik, die ihre Zeit überlebt hat. Aber es ist nicht sicher, daß unsere Zeit diese Politik überleben wird. Zu einer solchen Politik konnten Menschen, die frei wählen durften, ihr Mandat nur geben, weil sie nicht begriffen haben, daß sich mit der neuen Qualität des Krieges auch die Voraussetzungen der Politik geändert haben. Sie halten daher die Drohung mit Krieg noch für ein zulässiges Mittel der Politik und ahnen nicht, daß sie durch das Bekenntnis zur Politik mit der Bombe sich der außenpolitischen Handlungsfreiheit begeben und dafür ein Abhängigkeitsverhältnis gegenseitiger atomarer Erpressung eingetauscht haben, in dem geographische Gegebenheiten und Zufälligkeiten der waffentechnischen Entwicklung eine entscheidende Bedeutung erlangen. Noch viel weniger können sie begriffen haben, daß sie die Rolle von Geiseln spielen, deren Leben vielleicht einmal davon abhängen kann, daß der »Todfeind« die gegen ihn gerichteten Drohungen nicht so ernst nimmt, wie sie wahrscheinlich gemeint sind. Sie glauben an das Gerede von Verteidigung der Freiheit und sehen nicht, daß die Politik mit der Bombe sie einer Versklavung unterwirft, die dem Wort von der Beherrschung des Menschen durch die Technik eine schauerliche neue Bedeutung gibt.

Die Menschen von Hiroshima, die am Morgen des 6. August 1945 einem sonnigen Sommertag entgegenschliefen, waren nicht gewarnt. Wir sind es. Die nächste Atombombe wird nicht in Hiroshima fallen. Wenn wir eines Tages von der Atombombe aus dem Schlaf geweckt werden, ist es zu spät.

Ulrich Albrecht

Kritik an der politischen und theologischen Begründung der NATO-Strategie

Das Wettrüsten folgt nicht primär dem rational-praktischen Kalkül der Militärplaner, ist sozusagen in seiner Ausprägung unabwendbar, sondern es bleibt hochgradig Ergebnis politischer Prozesse. Umgekehrt hat die Art und Weise, wie die NATO sich vorgenommen hat, sich zu verteidigen, weitreichende Folgen für den Formationsprozeß von Innenpolitik. Diese Wirkungsmächtigkeit des »Abschreckungsgebäudes«, der Konzeption der NATO-Doktrin, ist ohne eine spezifische protestantisch-theologische Grundlage, so die These dieses Beitrages, nicht denkbar. Die logische Wucht und tödliche Konsequenz dieser Lehre, auch ihre Borniertheiten, sind nicht geistiges Produkt der Absolventen von Generalstäblerkursen, sondern wurzeln direkt in einem bestimmten Zweig protestantischer Theologie, präziser: Sozialethik. Dieser lieferte die Lehre zum Handeln und zur Rechtfertigung fürchterlichen Handelns zusammen. In der amerikanischen Diskussion sind einzelne prominente Theologen, besonders Reinhold Niebuhr, entscheidend beteiligt gewesen bei der Antwort auf die Frage, wie totalitär ist Militärpolitik auf eine Gesellschaft beziehbar. Diese sozialethische Diskussion in den frühen 50er Jahren hat für die Ausgestaltung und Durchsetzung von Abschreckungsdoktrin entscheidende Bedeutung gehabt.

Nähert man sich konventionell als Politologe dem Thema und fragt etwa, was sind die rechtlichen Grundlagen, was sagt der NATO-Vertrag, was sagen andere völkerrechtliche Verträge über Militärstrategie, über Kernwaffen und dergleichen aus, so ergeben sich Überraschungen. Dieser alltägliche und berechtigte Zugang hat als Ergebnis, daß der NATO-Vertrag zu unserem Thema fast gar nichts hergibt. Der Artikel

5, die gegenseitige Beistandsverpflichtung, sagt nur aus, daß im Falle eines Angriffs alle NATO-Partner sich als Angegriffene betrachten sollen. Wie sie reagieren, das heißt auch wie die Bundesrepublik reagieren würde, ist dem Ermessen des einzelnen Staates überlassen. Etwas überzogen ausgedrückt, könnte die Reaktion der USA bei einem Angriff auf die Bundesrepublik rein rechtlich gesehen aus einem vollen nuklearen Krieg bis hin zur Entsendung eines Beileidstelegramms bestehen. Weil bei uns in der innenpolitischen Diskussion so sehr auf die NATO-Verpflichtung hingewiesen wird, ist es wichtig, daß vom Völkerrecht her der Gestaltung von Politik durch den einzelnen NATO-Partner alle Freiheiten gegeben sind, ganz abstrakt zunächst gedacht. Wir müssen uns mithin weniger auf die rechtlichen Grundlagen stützen, sondern auf das, was in der sogenannten Abschreckungsdiskussion der Experten nuklearer Planungsgruppen usw. politisch und militärisch entwickelt und bekannt ist. Eine juristische Konstruktion ist die Konzeption der Vergeltung, und der Abschreckung mit dieser Vergeltung, allem Anschein nach nicht.

Der geeignete Einstiegspunkt für eine solche Prüfung ist die Situation unmittelbar nach dem 2. Weltkrieg – als das, was heute die »sowjetische Bedrohung« genannt wird, entstanden ist. Bei Kriegsende hatten sowohl die USA wie die UdSSR jeweils 12 Millionen Mann unter Waffen (das mag ein historischer Zufall sein). Es ist bekannt, daß die amerikanischen Streitkräfte besonders zügig demobilisiert wurden, auf etwa 2 Millionen Mann im Jahre 1947. Die UdSSR-Streitkräfte wurden auch stark demobilisiert, allerdings nicht im selben Maße, im Stichjahr auf etwas mehr als 3,6 Millionen Mann.

Nun mag man sagen, die unterschiedliche Minderung von 12 Millionen Soldaten auf 3,6 oder 2 Millionen Mann, das sind Zufallszahlen. Aber seither haben wir ein Ungleichgewicht an Soldaten in Ost und West. In den folgenden Jahren war die NATO permanent bemüht, dieses Zahlenverhältnis auszugleichen, weil mit dem Bruch der Anti-Hitler-Koalition, mit den politischen Ereignissen in Osteuropa in der Nachkriegszeit recht lebhafte politische Befürchtungen verbunden waren. Der Beschluß des NATO-Ministerrats (die NATO faßt solche Beschlüsse regelmäßig vor Weihnachten in der ersten oder zweiten Dezemberwoche bei ihren Ministerratssitzungen) 1952 in Lissabon lautete, man brauche 96 Divisionen, bei einer Mannschaftsstärke bis zu 20 000 Mann fast 1 Million Mann, die man meinte, im Westen zu voreilig entlassen zu haben. Bei der Lektüre nunmehr freigewordener amerikanischer Akten (die Bundesrepublik hat ihre Archive bisher nicht freigegeben) stellt sich heraus – wovon auch die englische Militärplanung ausgeht –, daß es keinen Krieg geben wird. Am klarsten ist die englische Planung der vierziger Jahre: In Europa wird es 10 Jahre, soweit man planen kann, keinen Krieg geben. In den Dokumenten des amerikanischen Sicherheitsrates, die 1948 die ersten größeren Arbeitsergebnisse wiedergeben – immerhin als der eiskalte Krieg sich entfaltet –, wird zwar alles Mögliche über die Sowjetunion behauptet, aber es wird klar gesagt, daß die sowjetische Führung keinen Krieg anstrebt. Auch später der Korea-Konflikt wird nicht als allgemeiner Kriegsausbruch auf Weltebene gewertet, sondern der Kalte Krieg wird im wesentlichen als politische Auseinandersetzung um die Ergebnisse des 2. Weltkrieges, als Auseinandersetzung um die Frage »Wer kontrolliert Europa?« begriffen. Aber gleichzeitig beeindruckt, wie sehr man Wert darauf legt, nach außen der eigenen Öffentlichkeit gegenüber die Kriegsgefahr zu dramatisieren. Es finden sich dort Texte von liberalen Kritikern etwa aus dem US-Außenministerium, die merkwürdig aktuell anmuten. Es heißt dort beispielsweise, man sollte Kommunisten oder Leute, die kommunistische Neigungen haben, nicht ins Gefängnis werfen, das würde nur einen Aufschrei »Es gibt einen Polizeistaat« hervorrufen. Man hält es jedoch auch bei den Kritikern für sinnvoll, solche Leute aus öffentlichen Berufen herauszuhalten, und dergleichen.

Wie bildet sich nun, um unser Thema auf die Kernwaffen zu verengen, die Strategie der NATO heraus? Dazu ist zu sagen, daß es bis 1954 keine eigentliche Militärstrategie gibt. In Amerika herrscht die Vorstellung, mit der Atombombe besitze man sozusagen die absolute Waffe, es gäbe eine »Pax Americana«. Folglich findet sich in der UNO-Charta das Ziel vollständiger und allgemeiner Abrüstung. Wenn Friedensverletzer irgendwo auftreten – so meinte man damals in Washington –, dann werden einige B-29-Bomber des strategischen Luftkommandos mit Kernwaffen losgeschickt und beenden diesen Krieg. Es war ganz folgerichtig, wenn man sich in Amerika in der Produktion von Kernwaffen auf wenige Exemplare beschränkte. Bis 1949 die erste sowjetische Kernwaffenexplosion festgestellt wurde, gab es im amerikanischen Arsenal nicht mehr als rund 50 Atombomben. Man hat jedoch immer so getan, als seien es wesentlich mehr. Die US-Vorstellung ging dahin, die Bombe sei heute die »ultima ratio regis«, die eingesetzt wird, um einen möglichen Krieg zu beenden. Wenn es noch ein drittes oder viertes Hiroshima gegeben hat – so die Überzeugung –, dann wird endlich der Letzte auf dieser Welt begreifen, daß ein militärisch ausgetragener Krieg sinnvoll in bezug auf jedes politische Ziel nicht mehr machbar ist. Man muß zur Ehre der amerikanischen Politik hervorheben, daß die Vorstellung eines »roll-back« – eines Aufrollens sowjetischer Position besonders in Osteuropa zurück auf den Vorkriegszustand – nicht amtliche Politik war. Das war ein populärer Wahlslogan der Republikaner im Wahlkampf 1952. In Europa gibt es Stimmen, die der Politik der Demokraten bis 1952 dieses »roll-back«-Moment unterstellt haben, aber das war Dulles im Wahlkampf, und es blieb immer offen, ob »roll-back« etwas mit Kernwaffen zu tun haben würde.

Die eigentliche Strategiediskussion, welches Atom-Konzept gilt und wie ist es zu begründen, muß man beispielsweise nicht wesentlich mehr Kernwaffen haben als diese etwa 50, setzt in den frühen 50er Jahren ein. Sie erlebt dann unter den Republikanern, Eisenhower und Dulles an der Spitze, in den USA einen raschen Aufstieg. Ein gewichtiges Moment ist dabei die Totalitarismuserfahrung in den USA, neben Reinhold Niebuhr ist besonders Hans Morgenthau zu nennen. Diese bedeutenden Köpfe sind es, die mit grundlegenden Beiträgen die zunächst unsichere Diskussion von Militärs und Politikern prägen, die mit ihrem Bild des Kommunismus als absolut totalitärer Doktrin (Niebuhr: »Dieser selbstgerechten Furie«) die nötigen Rechtfertigungen geben. Besonders gewichtig ist Niebuhrs politische Philosophie der Tragik, seine Auffassung, daß der Mensch als Meister seiner Geschichte scheitern müsse, sowie seine Ansicht, das »auserwählte Volk« heute seien die US-Amerikaner.

Die Antwort, eine gleichermaßen totale Formel (die bald in der Außenpolitik der USA durchschlägt), lautet mit einem Male, es ginge um »totale Diplomatie« (Acheson). Die Diplomatie wird absolut in den Dienst der militärischen Sicherungspolitik genommen. Acheson selber gibt an, daß er sich an Hans Morgenthau angeschlossen hat. Morgenthau selber hat sehr viel später in der Frage, ob die USA berechtigt seien, Kernwaffen in Vietnam einzusetzen, seine Position aufgegeben und hat, wenn man so will, Selbstkritik geübt. Die zunächst sehr einfachen Formeln der Nuklearabschreckung verbinden sich mit der Auffassung – das machte das Ganze für die Politiker attraktiv und hinnehmbar –, Kernwaffen seien ein billiges, wesentlich billigeres Mittel als herkömmliche Rüstung, um einer sowjetischen Aggression entgegenzutreten. Man braucht erstens doch nicht 96 Divisionen, wie 1952 in Lissabon gefordert, sondern man hat 1954 das, was an Aufrüstung für erforderlich erachtet wurde, besonders was an Aufrüstungsbeitrag der Deutschen nötig erschien, reduziert. Kernwaffen wurden als billiger Ausgleich für herkömmliche Massenheere betrachtet. Zweitens: Was wäre eine glaubwürdige Abschreckung? Damit kommt ein sozialpsychologisches, vielleicht auch theologisches Moment in die Problematik: Was stiftet eigentlich Glaubwürdigkeit von Politik? Dies ist ein genuin-sozialethisches Territorium, daß Politik glaubwürdig sein müßte, und zwar widmete man sich dieser Frage besonders in den USA.

Die Frage, wie überzeugend und glaubwürdig ist Abschreckung, ist dezidiert thematisiert worden von Reinhold Niebuhr. Die Nuklear-Drohungspolitik der USA war wenig glaubwürdig geworden, nachdem die Sowjetunion über die Kernwaffe verfügte. Die Sowjetunion besaß zwar nicht die technischen Mittel, in eben glaubhafter Weise die USA selber zu bedrohen. Man sprach davon, daß etwa sowjetische Bombenflugzeuge, wenn sie die USA angreifen müßten, das im Selbstopfereinsatz machen müßten, also ohne Rückkehrmöglichkeit aufgrund mangelnder Reichweite. Die benannten Sozialethiker hielten es für möglich, daß eine entsprechende Kamikaze-Haltung von sowjetischen Piloten eine solche Kriegsführung erlaubt, daß Menschen losgeschickt werden wie Japaner im 2. Weltkrieg oder in der Schlußphase des 3. Reiches auch deutsche Piloten auf Selbstopfereinsätze. Sonst hätte man ja zu dem Ergebnis kommen können, die Sowjetunion verfügt derzeit nicht über die technischen Mittel, z. B. Raketen, die es später geben sollte, uns zu bedrohen, so daß man die Sicherung Amerikas zumindest gelassen hätte betrachten können. Für die europäische Verteidigung galt, daß die herkömmlichen Truppen einen Stolperpfad bilden sollten – auch eine sehr technische Vorstellung von Menschen, von Soldaten –, daß man, nachdem gewisse Opfer eingetreten seien, mit Kernwaffen reagiert. Aus diesem Grunde legte die deutsche Politik unter Kanzler Adenauer frühzeitig Wert darauf, daß amerikanische und andere Truppen auf deutschem Boden bleiben sollten –, dies war eine ganz physisch greifbare Opfervorstellung; Glaubwürdigkeit beruht darauf, daß auch Amerikaner bei der Eröffnung von Kriegshandlungen mit involviert sind, zu Tode kommen. Man glaubte, das würde auf amerikanischer Seite sehr viel schneller Hilfeleistungen auslösen als im anderen Fall. Zunächst muß man hervorheben, daß die amerikanische Strategie in bezug auf die Verteidigung der Bundesrepublik von sehr einfachen zynischen Annahmen ausgeht, nämlich daß die Bundesrepublik im Falle eines Angriffs nicht verteidigbar sei. 1950 ging die amerikanische Planung davon aus, daß eine Verteidigungslinie erst in den Pyrenäen zu bilden sei, und folgerichtig hat man hinter den Pyrenäen, also in Spanien und in England, die Stützpunkte der amerikanischen Vergeltungsstreitkräfte aufgebaut. Man ging ferner davon aus, daß ein rasch vorgetragener sowjetischer Angriff über die norddeutsche Tiefebene hinweggehen würde und es nicht sinnvoll sei, dort große Militärkontingente aufzubauen. Unter erheblichem Druck der Alliierten wurde dann im Laufe der 50er Jahre als Verteidigungslinie der Rhein diskutiert. In deutscher Sicht bildet aber nach wie vor das, was jenseits des Rheins liegt, nur einen Rest der Bundesrepublik. Der Beitritt der Bundesrepublik zur NATO führte dann in zähen Verhandlungen – darüber haben wir kaum klare Aussagen der Adenauer-Regierung – dazu, daß die Linie Weser/Fulda/Main/Lech als realistische Verteidigungslinie betrachtet wurde. 1958 fiel die Entscheidung, Kernwaffen in der Bundesrepublik unter NATO-Oberbefehlshaber zu stationieren. 1963 folgte die Entscheidung, die amtlich heute noch gilt, zur grenznahen Verteidigung. Diese »Vorwärtsverteidigung« oder, weil ein aggressives Moment möglicherweise in dem Wort steckt, neuerdings »Vorneverteidigung«, bildet nach wie vor die strategische Grundlage der Diskussion. Spricht man mit NATO-Militärs, so halten diese das für eine Konzession verbaler Art an die Deutschen und meinen, realistischerweise müßte man weiterhin von der Linie Weser/Fulda/Main/Lech ausgehen. Wer das Verteidigungsweißbuch der Bundesregierung liest, findet dagegen Argumente. In jenem Gürtel, der östlich der Flußlinie übrigbleibt, leben 25% der Bevölkerung, und auf ihn entfällt ein etwa ähnlicher Anteil der industriellen Produktion der Bundesrepublik. Die deutsche Position – und hier ist ein erster Gegensatz zu den Amerikanern sichtbar – lautet, es muß Verteidigung an der Grenze geben. Damals arbeitete die NATO mit teils verwegenen militärtechnischen Vorstellungen, etwa daß in Grenznähe die Straßen nuklear vermint, Kernsprengsätze in die Straßen eingebaut werden. Falls eine Aggression erfolgt, dann sollten direkt bei Überschreiten der Grenze Straßen und Brückenanlagen in Niedersachsen zerstört werden.

Nochmals zur Ebene der Strategie. Die eigentliche Leistung der damaligen, theologisch inspirierten Diskussion, das Abschreckungskonzept, basiert auf vier allgemeinen und einer militärischen Prämisse: nämlich, daß die Abwehr des Gegenübers, der Schutz vor ihm (ich versuche im Moment die Sprachwelt von Reinhold Niebuhr vorzuführen), eine ständige und umfassende Vorbereitung auf das Schlimme, auf das Böse erfordere, eben um die Taten dieses Bösen zu verhindern. Diese Haltung ist für Rüstungsexperten oder auch Friedensforscher völlig neu. Bisher war es immer so, daß es nach einem Krieg entweder einen Friedensvertrag gab oder keinen, man minderte die Rüstung – und wenn es dann wieder zu Spannungen kam, wurden schnell die Fabriken wieder umgestellt und neu gerüstet. Neu war die aus dem theologischen Bereich kommende Forderung der permanenten moralischen Anstrengung zur Vermeidung von Krieg.

Seit dem zweiten Weltkrieg beobachten wir das erste Mal in der schriftlich erfaßten Geschichte ein permanentes Wettrüsten über drei Dekaden hinweg und versuchen, die Folgen davon zu erfassen.

Der zweite Grundsatz, der notwendig mit dieser ersten Prämisse verbunden ist, ist ein Einfrieren und Festhalten am status quo in den internationalen Beziehungen. Die Teilung der Welt in Freund und Feind wird gewissermaßen festgeschrieben, die Allianzzuordnungen sind mehr oder minder klar, d. h. die internationale Politik verliert ihr eigentliches Fluidum, ihre Beweglichkeit, den Wechsel von Bezugspartnern. Die notwendige Folge ist, daß beide Seiten in diesem Zustand der ständigen und umfassenden Vorbereitung auf Krieg zwecks dessen Verhinderung und in einer starren Festschreibung verharren.

Drittens: Auch der Böse auf der anderen Seite agiert dem Konzept nach rational, eben um seine Zwecke zu erreichen. Es geht nicht etwa um eine billige Anthropologie, die von fehlgeleiteten menschlichen Wünschen ausgeht. Ein kurzes Zitat von Hans Morgenthau zeigt auch aufgrund seiner Brillianz und Durcharbeitung, wieso diese Diskussion so wirken konnte. Er sagt, daß Konfliktparteien in permanenter wechselseitiger Drohhaltung »einander davon zu überzeugen (suchen), daß sie irrational genug seien, im Zuge der Bekräftigung ihrer eigenen Position mittels Kernwaffen auch die eigene Vernichtung in Kauf zu nehmen, wobei sie gleichzeitig annehmen, daß die andere Seite rational genug sein würde, eine solche irrationale Reaktion nicht zu provozieren«. Die Essenz dieses Zitates lautet: Wenn ich angegriffen werde aufgrund irgendwelcher Kriegsziele, verhalte ich mich irrational, ich drohe mit der Zerstörung des Gegenübers und meiner eigenen. Und ich hoffe, daß die Gegenseite so rational ist, das zu erkennen und folglich nicht zu handeln. Mithin ein sehr intellektualistisches Gedankengebäude.

Der vierte von diesen Grundzügen läßt sich so fassen: Der politische Auftrag des Christen in der Welt, der Handlungsauftrag zur Gestaltung von Schöpfung ist in diesen Jahren klar verbunden mit der Hoffnung, daß der Kommunismus eine nicht hinnehmbare, also nicht etwa unter Toleranzgesichtspunkten zu betrachtende Gestaltung politischer Ordnungen sei. Aus den ersten beiden Prämissen ergibt sich eine gewisse innenpolitische Sterilität, eine Ausgrenzung von Kommunisten und ähnlich Denkenden, was nicht nur notwendige und zu tolerierende, sondern aktiv zu akzeptierende Forderung des politischen Alltags ist.

Zu diesen vier Grundsätzen tritt ein fünfter, militärischer Gesichtspunkt hinzu. Grundsatz militärischer Planung im Abschreckungssystem ist es, nicht mit den wahrscheinlichen Handlungen eines Gegners zu rechnen, sondern mit dem, was sein Potential ihm schlimmstenfalls erlaubt. Denn die Bedrohung ist eine existentielle mit Kernwaffen. Sich darauf zu verlassen, daß das, was naheliegt an politischen Mitteln oder militärischen, eingesetzt wird, ist riskant, wenn die Gegenseite doch die Möglichkeit hat, ihr Waffenarsenal voll auszuschöpfen. Soldaten sind ganz unglücklich, daß ihre, wie es auf englisch heißt, »worst-case« (Schlimmstfall)Analysen, zu denen sie als professionelle Militärs sich aufgerufen sehen, von den Politikern umweglos als politische Vorgabe betrachtet werden. Es gibt militärische Kritik daran, daß die Analyse des schlimmsten Falls sozusagen unter der Hand diejenige Aussage würde, die dann auch die aktuelle Politik bestimmte. Seit den frühen 50er Jahren ist es so geblieben, daß die von den Militärs für gar nicht so wahrscheinlich gehaltene Bedrohung, daß große sowjetische Panzerverbände die norddeutsche Tiefebene durchfahren und in »48 Stunden am Rhein« sind oder – so ein anderer Buchromantitel – »Zum Frühstück in München« aufkreuzen, daß das zwar in militärischer Sicht ein mögliches Scenario, eben das schlimmste ist, aber aus einer Reihe von Gründen nicht das wirklichste. Diese Orientierung, daß es eben die sowjetische Gefahr sei, hat sich besonders in der europäischen Politik festgesetzt. Nach amerikanischen Aussagen (etwa die letzte Botschaft zur Lage der Nation von Carter von Januar 1980) bestimmt die politische Führung der USA die militärische Bedrohung heute anders, etwa als Bedrohung von Ressourcen oder als »Turbulenz« in den Ländern der 3. Welt. Nachdem die Sowjetunion in der zweiten Hälfte der 50er Jahre ebenfalls nukleare Trägermittel bekommen hatte und 1956 bei der Suezkrise erstmals London von Chruschtschow und Bulganin mit Kernwaffen bedroht worden war, wurde deutlich, daß man mit dem alten Konzept, Abschreckung gemäß den fünf Prämissen, die ich gegeben habe, nicht weiter kam. Mit solch einem Konzept würde man nicht mehr glaubhaft Krieg führen können, eben weil die Sowjetunion Gegenschläge sowohl in Europa und – wie nach den Satelliten 1957 deutlich war – auf die USA führen könnte. Es kam zu einer neuen Diskussion, diesmal wesentlich getragen von Morgenthau und seinen Schülern, die – denkwürdiger Zufall oder nicht – hauptsächlich der jüdischen Kommunität angehören, Kissinger etwa, aber auch andere. Diese Gruppierung bereitete den Weg für eine neue und wesentlich komplexere Strategie, die sich zusammenfassen läßt unter dem Stichwort der flexiblen Antwort. Dies ist ein noch sehr viel rationalistischeres und durchkalkulierteres Gebilde als das Abschreckungsgebäude alter Art. Kern dieses noch heute gültigen Konzeptes (und die Frage ist, ob das heute abgelöst wird, das werden wir dann im Schlußteil sehen) ist auf amerikanischer Seite zunächst die Aussage, daß im Kriege der Einsatz von Kernwaffen durchaus wahrscheinlich ist und daß es nun um die Verhältnismäßigkeit – das war das erste Stichwort – des Einsatzes von Kernwaffen geht. Nun mag man sich wundern und sagen, wie ist bei der einstmals absoluten Waffe der Grundsatz der Verhältnismäßigkeit zu sehen, ist nicht jede Kernwaffe mit ihren Folgen, wie in Hiroshima und Nagasaki, jenseits aller Verhältnismäßigkeitskalküle? Aber die Experten meinten doch, daß es möglich sei, einen künftigen Krieg beim Einsatz kleinerer Sprengkörper besonders taktischer Art zu beschränken, ohne daß die beiden Supermächte und ihr Territorium einbezogen werden.

Theologisch-biblische Assoziationen weckt auch der zweite neue Grundsatz, den das alte Konzept gleichfalls nicht kannte, die Eskalation. In der militärischen Anwendung handelt es sich um ein Drei-Stufen-Konzept. Zunächst erfolgt eine Direktverteidigung etwa an der Ost-West-Scheidelinie Deutschlands. Diese Direktverteidigung schon dürfte durchaus, obwohl hauptsächlich konventionell gedacht, den Einsatz taktischer Kernsprengkörper einschließen. Versagt dies (was ich jetzt sage, läßt sich einfach anhand der Regierungsweißbücher über Verteidigung nachlesen), dann folgt eine vorbedachte Eskalation. Man zwingt oder versucht den Angreifer zu zwingen – durch die Demonstration der Folgen weiteren Kriegshandelns –, den Angriff aufzugeben. Wenn auch das versagt, erfolgt, wie es im Amtsdeutsch heißt, die »allgemeine nukleare Reaktion«, einfacher ausgedrückt, der Holocaust.

Für die Auseinandersetzung mit dem politischen Erbe (und dazu gehört das »Abschreckungsgebäude« inzwischen) und der Suche nach Alternativen ist nicht nur der die Diskussion beherrschende Zugriff einer Sozialpathologie, wie ihn Dieter Senghaas brillant vorgelegt hat, oder die Suche nach ökonomischen Wurzeln des Wettrüstens förderlich, sondern auch der Beitrag einer sich eminent politisch verstehenden, politisch weit wirkenden Theologie. In der politischen Kultur Amerikas ist diese Theologie eine besondere, in Europa kaum wahrgenommene Verbindung mit politischer Ethik eingegangen, deren Wirkungen wir heute alle mit Händen greifen können. Der Streit um die »Nachrüstung«, um Reagansche Überrüstungspolitik, die dem Theologen als schiere Karikatur erscheinenden Verzerrungen sozialethischer Positionen, ist auch (nicht: zuerst) gegen diese miese Theologie zu führen.

Gert Bastian

Begrenzter Atomkrieg

Die immer leidenschaftlicher aufbrechenden Diskussionen über Vernunft oder Unvernunft des nuklearen Rüstens, die zunehmende Anzahl von Politikern, Wissenschaftlern und Soldaten, die sich diesseits und jenseits des Atlantik gegen neue Nuklearwaffen wenden, nicht zuletzt auch die vom Stockholmer Internationalen Friedensforschungsinstitut (SIPRI) im jüngsten Jahresbericht geäußerten Befürchtungen lassen erkennen, welch entscheidender Wandel in der Beurteilung möglicher nuklearer Kriegsformen bereits eingetreten ist.

Mit der Verfügung über neuartige nukleare Systeme tritt die Gefahr eines auf Europa begrenzbaren und mit solch besserer Kalkulierbarkeit nicht mehr im bisherigen Ausmaß unwahrscheinlichen Nuklearkrieges mehr und mehr in den Vordergrund.

Wenn man auf diese Entwicklung hinweist, wird man in der Regel darüber belehrt, daß der Einsatz von Nuklearwaffen ja doch immer schon fester Bestandteil aller militärstrategischen Konzepte der NATO und sicher auch des Warschauer Paktes gewesen ist. Das ist natürlich auch richtig. Dennoch sind entscheidende Veränderungen im nuklearen Kriegführungsdenken des Westens unverkennbar. Ein Rückblick auf die Entwicklung der strategischen Konzepte macht das deutlich.

Solange die unangefochtene Überlegenheit der USA im Bereich der Nuklearwaffen eine Strategie der massiven Vergeltung erlaubte, brauchte ein diese Vergeltung provozierendes Verhalten der östlichen Führungsmacht kaum befürchtet werden.

Als jedoch die Drohung mit einer »massiven« Vergeltung wegen des sich abzeichnenden Gleichstandes an nuklearer Zerstörungsfähigkeit zwischen den Supermächten an Glaubwürdigkeit zu verlieren begann, machte die inzwischen verbesserte Fähigkeit der NATO zur konventionellen Verteidigung – wobei auch die Aufstellung der Bundeswehr eine wichtige Rolle spielte – die Ablösung der bisherigen Vorstellungen durch eine Strategie der flexiblen Reaktion und damit eine weiterhin wirksame Abschreckung möglich.

In diesem neuen strategischen Konzept wurde auch ein Ersteinsatz von Nuklearwaffen der NATO nicht ausgeschlossen, sollte ein mit überlegenen Kräften vorgetragener Angriff der Warschauer Pakt-Staaten eine krisenhafte Entwicklung der Landschlacht zur Folge haben. Doch ganz unabhängig davon, daß plausible Gründe für einen solchen Angriff zu keiner Zeit erkennbar gewesen sind, war die NATO jetzt auch konventionell stark genug, um selbst einer großangelegten Aggression ohne Einsatz von Nuklearwaffen standhalten zu können.

Es beweist ja keineswegs das Gegenteil, wenn in den jährlichen NATO-Übungen das Kriegsgeschehen regelmäßig mit weniger günstigem Verlauf simuliert wurde. Dienten diese Übungen mit dem zugrunde gelegten, wechselhaften Geschehen bis hin zum Einsatz von Nuklearwaffen doch in erster Linie der Verbesserung in der Zusammenarbeit der Stäbe und im Gebrauch der komplizierten Verfahren, nicht der Überprüfung vorstellbarer Kriegsbilder.

Freilich blieb immer noch unberechenbar, ob sich nicht die andere Seite bei einer erfolglosen Angriffsoperation zum Ersteinsatz nuklearer Waffen entschließen würde. Doch die auf jeder Stufe einer Aggression eindrucksvolle Fähigkeit der NATO zur angemessenen Reaktion machte auch diese Annahme wenig wahrscheinlich, solange kein Zweifel an der Entschlossenheit der westlichen Schutzmacht möglich war, die verfügbaren Machtmittel soweit erforderlich auch einzusetzen.

Ganz anders stellt sich demgegenüber die Lage heute dar. Deuten doch neue Überlegungen daraufhin, daß das strategische Potential der USA nicht mehr mit der bisher vorausgesetzten Selbstverständlichkeit für den Schutz außeramerikanischer Interessen zur Verfügung steht. In Verbindung mit der Absicht, das eurostrategische Nuklearpotential erheblich zu vergrößern und im Hinblick auf manche Vorstellungen von einer besseren Berechenbarkeit der Risiken und Folgen eines mit verfeinerten Nuklearwaffen ausgetragenen »limited nuclear war« wächst deshalb die Gefahr, daß bei einem Versagen der Abschreckung ein Krieg in Europa von einem recht frühen Stadium an als »nuclear war in Europe« ausgetragen werden würde.

Bei dieser Überlegung kann auch nicht unberücksichtigt bleiben, daß es sich bei den als Antwort des Westens auf die sowjetische SS 20 deklarierten Mittelstreckensystemen Pershing 2 und Cruise Missile um eine völlig neuartige Waffengeneration handelt, deren Einsatzkriterien der NATO Möglichkeiten der nuklearen Kriegführung eröffnen, wie sie die SS 20 dem Osten keineswegs erschließt.

Der Unterschied liegt einmal darin, daß die Sowjetunion mit noch so vielen SS 20-Raketen zwar die europäischen Verbündeten der USA vernichtend treffen, jedoch die nukleare Gegenmacht selbst nicht entscheidend schwächen kann. Während die USA mit den zur Stationierung in Europa vorgesehenen Systemen in die Lage versetzt werden, der Sowjetunion ganz ohne Rückgriff auf das amerikanische strategische Nuklearpotential Schäden kriegsentscheidenden Ausmaßes anzudrohen oder zuzufügen.

Darüber hinaus wird die Chancengleichheit zwischen Ost und West auch noch durch ein anderes Merkmal der jeweiligen landgestützten Mittelstreckenwaffen beeinträchtigt werden; nämlich durch ihre unterschiedliche Eignung zum Erstschlag. Obwohl die technische Leistungsfähigkeit der SS 20 noch nicht eindeutig geklärt zu sein scheint, kann diesem Potential des Ostens eine Fähigkeit zum Erstschlag nämlich nicht zugesprochen werden. Muß doch ein Erstschlag nur dann befürchtet werden, wenn mit ihm so entscheidende Vorteile errungen werden können, daß der Angegriffene sie auch mit einem Vergeltungsschlag nicht mehr ausgleichen kann. Oder wenn es möglich erscheint, eben dieses Vergeltungspotential in seiner Wirkung so zu reduzieren, daß die von ihm ausgehenden Schäden berechenbar werden.

Schließlich kann auch die unzureichende Überlebensfähigkeit bestimmter Systeme den »Besitzer« zu dem Gedanken verführen, einem möglichen Entwaffnungsschlag der Gegenseite durch ihren frühzeitigen Einsatz zuvorkommen zu müssen.

Das alles trifft jedoch auf das sowjetische SS 20-Potential nicht zu. Mit ihm kann weder das Territorium der westlichen Supermacht erreicht noch deren Fähigkeit zur Kriegführung entscheidend beeinträchtigt oder gar das westliche Vergeltungspotential drastisch reduziert werden. Auch ist anzunehmen, daß Beweglichkeit und Reichweite der SS 20 im großflächigen Stationierungsgebiet eine Bereithaltung erlauben, die nach Art und Auflockerung eine hohe Überlebensfähigkeit garantiert. Ein Zwang zum frühzeitigen Einsatz dieser Waffen, um ihrer drohenden Vernichtung zuvorzukommen, besteht für die Sowjets daher nicht.

Im Westen jedoch müssen solche Überlegungen nach einer Stationierung von Pershing 2-Raketen und Marschflugkörpern auf dem europäischen Festland und auf den britischen Inseln zu eher gegenteiligen Ergebnissen führen.

Erstens, weil diese Systeme den USA die bereits erwähnte Möglichkeit verschaffen, die Sowjetunion von Europa aus in ihren empfindlichsten Regionen zu treffen und damit die Fähigkeit der östlichen Führungsmacht, Krieg zu führen, erheblich zu schwächen. Vor allem natürlich dann, wenn sich die militärischen Ziele, auf welche die neuen Waffen vorwiegend gerichtet werden – soweit verlegbar – vor einer Mobilmachung noch auf den im Frieden eingenommenen Plätzen befinden.

Zweitens, weil sich aus der geringen Überlebensfähigkeit dieser landgestützten Systeme des Westens in den engen Stationierungsräumen zumindest in den Augen der Sowjets ein regelrechter Zwang zum Einsatz in einem Erstschlag ergibt, sobald in einer Zeit höchster Spannung ein Versagen der Abschreckung nicht mehr ausgeschlossen werden kann. Dabei ist es recht unerheblich, ob die NATO einen Erstschlag tatsächlich plant, oder ob sie das nicht tut. Entscheidend ist allein, daß die offenkundigen Merkmale dieses Potentials auf der Gegenseite zu dieser Befürchtung Anlaß geben müssen. Eine Wirkung, wie sie von den weitgehend überlebensfähigen und deshalb auch zu einem Vergeltungsschlag geeigneten strategischen und eurostrategischen Systemen der NATO keinesfalls ausgeht.

Es ist deshalb unrealistisch, zu glauben, die Sowjetunion würde in den zur Stationierung in Europa vorgesehenen landgestützten Mittelstreckensystemen lediglich die Antwort der NATO auf die SS 20-Aufstellung sehen, nur weil der Westen sein Vorhaben mit diesem Zusammenhang begründet.

Wahrscheinlicher ist, daß die Sowjetunion in der »Nachrüstung« der NATO den Beweis für eine einschneidende Veränderung im nuklearen Kriegführungsdenken des Westens erblickt und sich deshalb zu ebensolchen Veränderungen im militärstrategischen Konzept der Warschauer Pakt-Staaten entschließt.

Bedenklichstes Ergebnis solcher Veränderungen könnte sein, daß ein sowjetischer pre-emptive strike gegen die Stationierungsräume der Pershing 2 und Marschflugkörper in einer Zeit verschärfter Spannung wahrscheinlicher wird. Aber auch wenn die Sowjets darauf verzichten sollten, sich dieses landgestützte Potential der NATO bei drohender Kriegsgefahr durch einen vorwegnehmenden Entwaffnungsschlag vom Hals zu schaffen, muß befürchtet werden, daß bei einem Versagen der

Abschreckung ein Krieg in Mitteleuropa nicht ohne diese Waffen ausgetragen werden würde und deshalb in einem sehr frühen Stadium zum »nuclear war in Europe« eskalieren würde.

Wegen der besonderen Gefährlichkeit der neuen nuklearen Waffengeneration des Westens für die östliche Kriegsmaschinerie wird diesem Potential in der Beurteilung beider Seiten zwangsläufig eine zentrale Bedeutung zukommen. Es wird deshalb nahezu unvermeidbar in das Kriegsgeschehen einbezogen werden, ganz gleich welche Seite der anderen mit einem Ersteinsatz von Nuklearwaffen zuvorkommt.

In dem Maß jedoch, in dem nicht mehr damit gerechnet werden kann, daß nach einem Versagen der Abschreckung ein Krieg in Mitteleuropa ohne alsbaldigen Einsatz von Nuklearwaffen geführt und beendet werden würde, muß sich das Interesse der Europäer an einer so gearteten Verteidigung ihrer Existenz verlieren und anderen Lösungen ihres Sicherheitsstrebens zuwenden.

Wären doch vor allem in den hochentwickelten und darum extrem empfindlichen Staaten Mitteleuropas Verwüstungen einzukalkulieren, die zum Verlust der Fähigkeit führen müßten, als organisierbare Gemeinwesen fortzubestehen.

Es liegt auf der Hand, daß ein solches Ergebnis die Frage, wer schließlich »Sieger« bleiben würde, unwesentlich macht. Deshalb sollen die voraussichtlichen Auswirkungen eines »nuclear war in Europe« auf die Fähigkeit der Supermächte zur Fortsetzung der Kriegführung und auf deren letztendliches Ergebnis hier auch nicht näher untersucht werden.

Doch soll unterstrichen werden, daß alle Überlegungen im Zusammenhang mit eben dieser Kriegsform nur zu dem Ergebnis führen dürfen, ein auf Europa beschränkter Nuklearkrieg muß auch in Zukunft ausgeschlossen bleiben!

Was immer die andere Seite im Frieden tut, im Westen dürfen Nuklearwaffen niemals zum »Führen« eines Krieges entwickelt und bereitgestellt werden. Sie haben wie bisher auch in Zukunft einzig und allein dem Zweck zu dienen, einen Nuklearkrieg mit der Vergeltungsdrohung unmöglich zu machen und in ihrer technischen Auslegung auch unmißverständlich nur diesem Zweck zu entsprechen, solange keine allgemeine Ächtung von Nuklearwaffen ihren Besitz entbehrlich macht.

Jede andere Art der nuklearen Rüstung rückt den »nuclear war in Europe« in gefährliche Nähe. Sie liegt deshalb nicht im Interesse der Europäer, die sich ihr widersetzen müssen, soll Europa nicht eines Tages zum nuklearen Schlachtfeld werden.

Alfred Mechtersheimer

Nein zum NATO-Beschluß – ein erster Schritt zum atomwaffenfreien Europa

Vor 42 Jahren begann der Zweite Weltkrieg. Seit 36 Jahren ruhen die Waffen. Ist aber der Weltkrieg wirklich beendet?

Nein, der Zweite Weltkrieg ist nicht beendet, er ist nur unterbrochen. Zwei Supermächte stehen sich seit 1945 so gegenüber, als wollten sie die Entscheidung, wer die »Nummer eins« ist, doch noch erzwingen, und zwar so, wie das in der Geschichte zur schrecklichen Normalität gehört. Als sei nur ein Film gerissen, stehen sich heute auf deutschem Boden immer noch gewaltige Armeen der Sowjetunion und der USA in hoher Kampfbereitschaft gegenüber, nur hier und nirgends sonst auf der Welt.

Das gesamtdeutsche Versprechen »Von deutschem Boden darf nie wieder ein Krieg ausgehen« ist nutzlos, wenn das Territorium der beiden deutschen Staaten von den Supermächten als Kriegsschauplatz vorbereitet wird. Ist es nicht eine gewaltige Provokation, daß in der Bundesrepublik, d. h. in dem Land, das wie kein anderes auf alle Massenvernichtungsmittel verbindlich verzichtet hat, gewaltige Mengen solcher atomarer und chemischer Waffen lagern? Eine Regierung, die die Bevölkerung völlig ungeschützt inmitten dieser ausländischen Vernichtungswaffen, die immer auch Atomziele darstellen, leben läßt, sollte sich von der Illusion befreien, eine verantwortungsbewußte Regierung eines souveränen Landes zu sein.

Mit dem sicherheitspolitischen Widersinn kann man in der Bundesrepublik nur dann leben, wenn man die Realität verdrängt. Dabei helfen u. a. zwei Selbsttäuschungen, die von der Regierung und den Parteien besonders intensiv kultiviert werden. Der erste Irrtum bezieht sich auf die Besitzverhältnisse. Man fordert für die NATO Atomwaffen und glaubt, daß das damit auch »unsere« Atomwaffen sind. Ob man nun fürchtet, die Atomwaffen würden zu früh oder zu spät eingesetzt, sie werden selbstverständlich dann zum Einsatz kommen, wenn dies nach amerikanischen Interessen notwendig ist. Aus dem Blickwinkel eines anderen Kontinents stellt sich dies ganz anders dar als aus der Sicht der im atomaren Gefechtsfeld wohnenden Menschen. Selbst wenn die Bundesrepublik Teil der Vereinigten Staaten von Amerika wäre, müßte sich dieser amerikanische Bundesstaat wegen seiner prekären militärgeographischen Lage energisch wehren, die Hauptlast eines Krieges zugeteilt zu erhalten. Weil nun aber die 60 Millionen Bürger der Bundesrepublik den amerikanischen Präsidenten nicht mitwählen, muß dieser noch nicht einmal um seine Wiederwahl fürchten, wenn er unverhältnismäßig viele Lasten auf Mitteleuropa verlagert. Die Regierung in Washington redet noch nicht einmal mit Bonn, wenn es um die Produktion der Neutronenwaffe geht; mit Bonn wird kaum jemand reden, wenn es um Krieg oder Frieden geht. Statt der Öffentlichkeit klar zu sagen, wo die Sicherheitsinteressen mit denen der USA identisch sind, und zu sagen, wo sie nicht identisch sind, flüchtet sich die Bundesregierung in die Fiktion einer »territorialen Identität« der gesamten NATO.

Die zweite Selbsttäuschung lautet: »Die Waffen sind nicht zum Einsatz bestimmt, sondern nur zur Abschreckung.« Gelegentlich ist sogar die These zu vernehmen, daß die kriegsverhütende Abschreckung um so größer sei, je zerstörerischer die Waffen sind. Diese weitverbreitete Vorstellung geht von der Annahme aus, ein Krieg würde nur dadurch entstehen, daß einer willentlich damit beginnt. Weil keiner ein zerstörtes Land erobern will, geschweige denn sich selbst vernichten möchte, wird er den Krieg nicht beginnen. Dabei wird übersehen, daß die Kriegsgefahr heute viel weniger aus einer kalkulierten Kriegsabsicht einer Seite, sondern viel mehr aus einer unkontrollierbar werdenden Krise droht. Wie oft in der Geschichte sind Kriege aus politischen Spannungen entstanden, ohne daß geklärt werden konnte, wer den ersten Schuß abgefeuert hat. Auch der jüngste Schußwechsel zwischen amerikanischen und libyschen Flugzeugen im Mittelmeer gehört in diese Tradition. In einer waffenstarrenden Welt genügt zum Krieg jene erhöhte Konfliktbereitschaft, die die Beziehungen zwischen den beiden Supermächten seit Beginn der 80er Jahre immer deutlicher prägt.

Immer wieder gab es in der europäischen Geschichte längere Phasen von Nichtkrieg, wie z. B. die 43 Jahre zwischen 1871 und 1914. Aber dann gab es Krieg, der in der Regel fürchterlicher war als der vorausgegangene. Es ist verhängnisvoll, aus der bloßen Dauer eines Friedenszustandes auf die Zukunft zu schließen. Denn die beiden Supermächte verhalten sich seit Ende des Zweiten Weltkrieges genau so, als wollten sie dieser schrecklichen Regel von Krieg-Frieden-Krieg auch künftig Gültigkeit verschaffen. Statt abzurüsten, hat man immer mehr und immer kriegstauglichere Waffen angehäuft. Die Phase eines durch die unkalkulierbare Vernichtungskraft der Atomwaffen erzwungenen Nichtkrieges wurde zur wirklichen Abrüstung nicht genutzt. Heute gilt es, die Konsequenz dieser vertanen Chance politisch zu bewältigen; und diese Konsequenz heißt Kriegsgefahr.

Von amtlicher Seite wird diese wachsende Kriegsgefahr im allgemeinen geleugnet. NATO und Bundesregierung müßten – ungeachtet ihrer wirklichen Erkenntnisse – dies tun, weil sie für den Fall, daß die Abschreckung versagt, keine akzeptable Antwort geben können. Angst ist sozusagen im Rahmen des herkömmlichen Sicherheitssystems nur als Angst vor dem Gegner akzeptabel, weil nur diese durch Aufrüstung bzw. »Nachrüstung«, beantwortet werden kann.

Solange die beiden Supermächte sich zumindest darum bemühten, eine Risikogemeinschaft zu bilden, d. h. durch Abkommen die Gefahr eines nicht beabsichtigten Atomkrieges zu bannen und ihre Vernichtungsmacht zur gemeinsamen Regelung regionaler Konflikte einzusetzen, war das Abschreckungssystem ein gerade noch erträgliches Verfahren der Kriegsverhütung. Diese Risikogemeinschaft ist aber seit dem Scheitern des SALT-Prozesses aufgekündigt. Über zwei Jahrzehnte wollten beide Seiten mit den Atomwaffen nicht nur die andere Seite, sondern gleichzeitig auch den Krieg mit dem Rivalen abschrecken. Seit einiger Zeit stellen sich nun die beiden Supermächte – bei den USA deutlicher zu erkennen als bei der Sowjetunion – darauf ein, mit ihren Waffen den anderen unter Druck zu setzen. Die Suche nach Handlungsmöglichkeiten zwischen der unerträglichen Alternative von atomarem Holocaust und Kapitulation hat begonnen. Das aber heißt höheres Risiko und das bedeutet gleichzeitig, dieses Risiko zu begrenzen.

Die Waffentechnik hat es möglich gemacht, mit der atomaren Vernichtungskraft immer kalkulierter umzugehen. Die unerwünschten Kollateralschäden können immer weiter reduziert werden, wie z. B. bei der Neutronenwaffe, weil ganz allgemein die Treffgenauigkeit der Trägersysteme rapide verbessert wurde. Auf bestimmte Ziele und bestimmte Regionen begrenzbare Kriege, auch mit Atomwaffen, können immer konkreter gedacht werden. Für die Bundesrepublik werden Konzepte des »integrierten Gefechtsfeldes« erarbeitet, auf dem dann konventionelle atomare und chemische Waffen »im Verbund« zum Einsatz gelangen. Die Regionalisierung eines Atomkrieges auf Europa ist nicht das Ziel amerikanischer Politik, sondern eine unvermeidliche Voraussetzung für die Neudefinition der westlichen Abschreckungspolitik, die keine globale, sondern eine regionalisierte sein soll.

Weshalb sollte eine Politik, die der westlichen Führungskraft mehr Bewegungsfreiheit einräumt und das Risiko einer atomaren Zerstörung der Welt begrenzt, eine Gefahr darstellen? Zum einen deshalb, weil die Begrenzbarkeit eines Atomkrieges, ungeachtet, ob dies tatsächlich auch möglich ist, erkauft wird durch eine höhere Kriegswahrscheinlichkeit. Denn die Instrumentalisierung der regionalen Atomwaffen funktioniert nur bei einer höheren Bereitschaft, sie auch einzusetzen. Der für Europa entscheidende Einwand: Die Menschen in dieser Region trifft die Zerstörungswirkung eines regionalen und eines globalen Atomkrieges gleichermaßen. Wenn dieser Trend, für den es erdrückende Belege gibt, nicht nur die gleiche Gefährdung bedeutet, sondern auch die Wahrscheinlichkeit eines Kriegsausbruchs erhöht, ist die Verweigerung gegenüber dieser Politik keine emotionale, sondern eine rationale Reaktion.

Lange bevor es in der Bundesrepublik eine Friedensbewegung gab, haben Finanzkreise das besondere Kriegsrisiko in Europa erkannt. Zwischen Kapitalflucht und wachsender regionaler Kriegsgefahr gibt es einen Zusammenhang. Aber auch verantwortungsbewußte Eltern fragen sich, ob sie ihren Kindern eine Zukunft zwischen Atomwaffen zumuten dürfen und denken ans Auswandern.

Dies sind die falschen Antworten auf die Gefahr. Die Antwort kann nur heißen: Rüstet endlich ab! Doch die Politiker schaffen dies nicht, wie vieles andere auch. Sie reden von Abrüstung, installieren aber gleichzeitig neues unvorstellbares Vernichtungspotential. Sie reden von Gewaltverzicht, schließen auch Verträge, und richten gleichzeitig durch die Nachrüstungswaffen mehr Zerstörungspotential auf die Sowjetunion, als im gesamten Zweiten Weltkrieg von Hitler-Deutschland dort eingesetzt worden ist.

Aufrüstung wird nicht dadurch entschuldigt, daß man sie nur deshalb betreiben will, um dann abzurüsten. Dies ist bisher noch nie gelungen. Dieser Ansatz ist genau so aussichtslos wie der Versuch, durch die Schaffung von Arbeitslosigkeit die Arbeitslosigkeit zu beseitigen.

Wenn das atomare Wettrüsten nicht gestoppt wird, dann deshalb, weil die Völker zuviel Vertrauen in ihre Regierungen haben. Dies gilt auch im Zusammenhang mit dem sog. Doppelbeschluß. Es gibt keine

Chance, die 572 amerikanischen Atomwaffen der Nachrüstung durch Rüstungskontrollpolitik zu verhindern.

Appelle sind sicher richtig, um die Bevölkerung wachzurütteln; die Regierungen sind damit nicht zu beeinflussen. Sie werden ihren Weg fortsetzen, wenn die Bevölkerung sie nicht daran hindert. Diese Forderung ist in einer vom Konsumdenken deformierten Gesellschaft nicht leicht zu verwirklichen. Wenn es im Text eines Liedermachers heißt »Gebt uns endlich Frieden!«, dann ist das der falsche Ansatz. Niemand wird und niemand kann der Bevölkerung den Frieden geben. Die Menschen müssen sich den Frieden holen. Mißtrauen gegenüber den Herrschenden in Ost und West und folgenreiches staatsbürgerliches Handeln sind Bürgerpflichten geworden.

Wenn bei den künftigen Massendemonstrationen Hunderttausende von Menschen demonstrieren, dann sind das nicht hunderttausend »Agenten Moskaus«, sondern Christen, Gewerkschafter, Sozialisten, Liberale und Konservative in ganz Europa, die sich alle einig sind in dem Willen, nicht in einem künftigen atomaren Schlachtfeld wohnen zu wollen. Das sind auch keine 100 000 Anti-Amerikaner, sondern Menschen, die den amerikanischen Kirchen zustimmen, wenn diese von der Regierung Reagan fordern, die USA zur »Nummer eins« der Literatur, der Hilfe für die Dritte Welt, der Freiheit von Kindersterblichkeit, von Drogenkonsum, Kriminalität und Selbstmord zu machen, aber nicht zur »Nummer eins« in militärischer Überlegenheit.

Es war nicht anti-amerikanisch, wenn früher der Bundeskanzler Helmut Schmidt, Präsident Carter wegen seiner widersprüchlichen Politik getadelt hat. Heute aber soll es anti-amerikanisch sein, wenn man vor der Politik der neuen Administration warnt. Es ist i. ü. sehr bezeichnend, wenn schon derjenige bei uns als anti-amerikanisch diffamiert wird, der nichts anderes tut als die offiziellen Äußerungen in den USA und die Äußerungen der amerikanischen Kritiker hier in der Bundesrepublik zu wiederholen. Auf Dauer liegt es allerdings in der Hand der amerikanischen Regierung, ob Anti-Amerikanismus nicht auch in Europa zu einem gemeinschaftsbildenden Faktor wird, so wie das in vielen Ländern der Welt längst der Fall ist.

Die Sowjetunion ist alles andere als ein Freund der neuen Friedensbewegung. Durch ihre Rüstung hilft sie im Westen denjenigen am meisten, die an Aufrüstung interessiert sind. Aber wenn die Sowjetunion gegen die neuen weitreichenden amerikanischen Atomwaffen in Westeuropa argumentiert, dann ist das noch lange kein Grund, dafür zu sein. Denn Atomwaffen, die bis nach Moskau fliegen können, gefährden nicht nur die Menschen in Rußland, sondern wegen der unvermeidlichen Antwort auch die Menschen in Hamburg, Köln oder München.

Selten gab es eine so günstige Möglichkeit, mit dem starken Arm der Bevölkerung hineinzugreifen in den Automatismus des atomaren Wettrüstens, und diese einmalige Möglichkeit ist die Verhinderung der Nachrüstung. Damit werden nicht nur 572 völlig entbehrliche neue Atomraketen verhindert, es wird damit eine neue eurostrategische atomare und chemische Rüstungseskalation blockiert.

Es ist kein utopisches Ziel, die Atomwaffen aus der Welt zu schaffen. Es ist aber völlig wirkungslos, dies bloß zu fordern, dann aber nichts zu tun. Es ist entscheidend, ob jetzt der richtige erste Schritt getan wird. Fangen wir damit an – ganz konservativ –, den Zuwachs zu verhindern. Das Ziel ist dann die Beseitigung aller landstationierten Atomwaffen aus Mitteleuropa, dann aus ganz Europa. In den Niederlanden gilt das Wort: Schafft die Atomwaffen aus der Welt; fangt damit an in Holland. Und wir sagen: Wir machen weiter in der Bundesrepublik!

Egon Bahr

Frieden retten – Frieden stiften!

SPD und FDP sind unserem Volk schuldig, den Kern ihrer Gemeinsamkeit zu erfüllen, der dritte wichtige Abschnitt muß nun auf militärischem Gebiet getan werden, damit Aussöhnung und Frieden in Europa vollendet werden. Keine andere Parteienkonstellation kann das leisten. Das Programm des Aufbruchs zum Frieden von 1969 ist noch nicht eingelöst. Ein neuer Anlauf, auf der Grundlage der damals festgestellten gemeinsamen Überzeugung, ist erforderlich. Der Wille zur Gestaltung ist wieder gefragt, von denselben Kräften, die sich gerade dazu zusammengetan haben. Das ist ihr historischer Sinn geblieben.

Wer dies überlegt, stößt schnell darauf, daß die Interessen der beiden Supermächte nicht mit unseren übereinstimmen, genauer: Natürlich haben alle Völker denselben Wunsch, Krieg zu vermeiden, aber die beiden Supermächte müssen überlegen, wie sie ihn gewinnen, wenn er denn nicht zu vermeiden wäre. Aber alle Staaten in Europa zwischen ihnen haben das gemeinsame Interesse ihn zu vermeiden; denn wir alle hätten danach nichts mehr zu gewinnen. Das europäische A und O ist, den Krieg zu verhindern. In Washington und Moskau heißt das A: Krieg verhindern und das O: notfalls müssen wir gewinnen können. Ich dächte nicht anders, wenn ich in Washington oder in Moskau säße, und niemand sollte Amerikanern und Russen Vorwürfe machen, wenn sie ihren Interessen folgen. Aber niemand sollte uns einen Vorwurf machen, wenn wir unseren Interessen folgen.

Und damit sind wir beim Risiko. Als das Bündnis begründet wurde, war Europa sicher im Schutze des unverwundbaren Amerika. Inzwischen ist Amerika verwundbar geworden und sieht sich zum ersten Mal in seiner Geschichte einer Situation gegenüber, in der Zerstörung oder gar Vernichtung in sein eigenes Land getragen werden können. Die stärksten Zerstörungspotentiale sind interkontinental. Potentiell liegen dort die größten Risiken. Also haben die beiden Supermächte sich darauf konzentriert, die größten Potentiale mit den für sie größten Risiken mit der größten Anstrengung zu bändigen. Die kleineren haben sie beiseite gelassen, die kleineren Staaten ebenso wie die Waffen. Das hat seine Logik, die wir bejaht haben.

Übrigens haben wir damit einen Schlüssel zu den Diskussionen dieser Monate: Für Amerika und die Sowjetunion geht es um das große globale Gleichgewicht zwischen ihnen. Für beide ist Europa am Rande, für beide ist Europa Vorfeld. Für beide, und nicht nur die Amerikaner, sondern eben genauso für die Russen, sind europäische Mittelstreckenwaffen auch Teile ihres Gesamtarsenals und müssen auch als solche und dürfen eben nicht nur eurostrategisch gesehen werden. Für uns ist Europa Zentrum, was für andere nur das europäische Randtheater ist. Für die Großen sind die großen Waffen strategisch und die kleinen europäische des Schlachtfeldes. Für die Europäer, und zwar alle Europäer, sind die kleinen Waffen die strategischen, weil sie in europäischen Dimensionen groß genug sind in ihrer Zerstörungskraft.

Die Argumente, mit denen Amerikaner der letzten Administration abgelehnt haben, die neuen Raketen seegestützt zu entwickeln, haben mich nicht überzeugt. Landgestützt sind sie sicherer für Amerika, sicherer in dem Sinne, daß im Ernstfall kein sowjetischer Irrtum möglich ist, woher sie kommen. Aber noch vor wenigen Tagen habe ich von einem Russen das bedenkliche Kopfschütteln gesehen über die neue Diskussion, diese Dinger auf die See zu tun. Er meinte, dort seien sie schwerer zu treffen, und er hat Recht. Er will nicht getroffen werden und muß deshalb treffen. Wir wollen nicht getroffen werden und können gar nicht treffen, denn wir verfügen nicht über diese Waffen.

Die Amerikaner halbieren die Flugzeiten, in der sie die Sowjetunion treffen können (durch die beabsichtigten neuen Raketen), und die Russen bereiten sich vor, neue Raketen zu entwickeln, die SS 23, mit einer Reichweite unter 1000 km; mit diesen Raketen kann man die Flugzeit abermals halbieren. Der Wahnsinn hat Methode, weil damit die Vorwarnzeiten halbiert und die Abwehrmöglichkeiten reduziert werden. Wer gewinnen will, muß anfangen. Und wer verhindern will, daß die eigenen Waffen zerstört werden, bevor sie eingesetzt werden können, muß sie eben einsetzen, auf dem europäischen Theater, wie es so schrecklich deutlich genannt wird.

Mit der Verkleinerung der Waffen, der Verkürzung der Warnzeiten beginnt das Denken an die Prämie für den, der zuerst schlägt. Aber auch diese Überlegung gilt natürlich für beide Seiten. Wer bei uns darauf aufmerksam macht, die Pershing II habe vor allem Sinn, wenn sie zuerst benutzt wird, darf nicht übersehen, daß die Sowjetunion die entsprechende Antwort schon hat.

So, wie die Amerikaner die sowjetischen Flugzeiten unterlaufen könnten, wäre die sowjetische Antwort ein Unterlaufen der neuen amerikanischen Raketen. Wer wäre im Ernstfall schneller, wäre die Frage, an der mit letzter Deutlichkeit zweierlei klar wird: 1. kein Europäer könnte mehr gefragt werden, und 2. die Militärtechnik würde entscheidend; bei Flugzeiten von einer halben Stunde, also zwischen den Kontinenten, kann das rote Telefon noch wirken, vielleicht; bei einer Flugzeit von vier Minuten in Europa läuft nur noch alles ab.

Neben den militärischen Folgen darf man die politischen nicht übersehen, die es hätte, wenn sowjetische Mittelstreckenraketen erstmalig in den vorgelagerten Staaten stationiert würden. Die der östlichen Führungsmacht vorgelagerten Staaten würden damit genauso zum Zielgebiet wie die vorgelagerten Staaten der westlichen Führungsmacht. Im Risiko vereint.

Und dieses Risiko ist für die Europäer größer als für die beiden Großmächte. Das ergibt sich nicht nur aus der Geographie. Henry Kissinger hat vor einigen Monaten in Brüssel von dem europäischen Traum gesprochen. Der gehe dahin, daß man natürlich einen Krieg verhindern wolle, wenn er aber doch passiere, dann träumten die Europäer davon, daß er nur in einem großen interkontinentalen Austausch gewissermaßen über ihre Köpfe hinweg stattfinde. Ich glaube, diesen Traum gibt es. Aber es gibt auch einen Traum der Amerikaner und Russen, die der Auffassung sind, daß man Krieg natürlich vermeiden müsse. Aber wenn es schon dazu käme, dann sei es natürlich besser, er findet allein in Europa statt und verschont die heiligen Territorien der beiden Großen. Beide Träume existieren. Davon bin ich überzeugt. Welcher der hoffentlich nie eintretenden Wirklichkeit näher ist, würden zuletzt die entscheiden, die über die Waffen verfügen.

Nun gibt es die bekannte Strategie der NATO, in der wir den Angriff vom Osten vorausetzen mit so starken konventionellen Kräften, daß wir nicht in der Lage sind, konventionell zu halten und den warnenden ersten Atomschlag auslösen. Der könnte gegebenenfalls verstärkt werden bis hin zum interkontinentalen Abtausch. Flexible Antwort wird das genannt. Diese Strategie hat die Schwäche, so zu tun, als würden die

Russen keine Zeitungen lesen, das also nicht wissen und sich im Ernst so verhalten, wie wir uns das vorstellen und wünschen. Ich bezweifele das. Es entspricht jedenfalls gar nicht russischer Mentalität. Ich bin überzeugt, daß die Sowjetunion den Krieg nicht will, wenn sie aber in der Auseinandersetzung mit den USA an den Punkt käme, in die Unterlegenheit oder an die Wand gedrückt zu werden oder sich so zu fühlen, daß sie glaubt, losschlagen zu müssen, dann würden sie kaum in die angekündigten Fallen laufen und mal erproben, wie der Westen reagiert. Dann würden sie nicht ihre Verbände aufreiben und zerschlagen lassen, sondern das, was sie atomar haben, massiv einsetzen; denn dann ginge es um Gewinnen oder Verlieren und Sterben. Das ist der schlechteste Fall, aber wir sollen ja in worst cases denken. Und worst case wäre auch, wenn ein solcher massiver Erstschlag auf die Bundesrepublik Deutschland begrenzt würde, um noch einmal Atem holen zu können, politisch die letzte Chance zu geben.

Ich weiß, die verkündete sowjetische Strategie spricht dagegen, nach der nichts mehr zu bremsen ist, wenn die atomare Schwelle erst einmal überschritten ist. Diese sowjetische Strategie ist in der Theorie eine Garantie gegen das Abkoppeln durch die Amerikaner. Aber nur in der Theorie. In der Praxis dürften auch die Russen eine Stufe in ihrem Denken haben, auch wenn sie klug genug sind, nicht darüber zu schwätzen. Die gleiche Stufe wie die Amerikaner, deren Strategie ja eben geradezu zum Ziel hat, anhalten zu können, bevor sie selbst Ziel werden. Die flexible response ist die Verlagerung des Risikos ins Vorfeld. Das Bündnis lebt von der Solidarität des Risikos. Die flexible response beläßt das größte Risiko bei den USA, aber will davon trennbar zeitlich und geographisch das Risiko nach Europa vorverlegen. Und etwas Entsprechendes muß auch die Sowjetunion wollen.

Beide Supermächte haben ihr Risiko berechenbar gemacht. Sie haben bündnisüberwölbende Vereinbarungen getroffen, unter Erhaltung der Bündnisse. Es geht um bündnisüberwölbende Vereinbarungen unter Erhaltung der Bündnisse für Europa, damit auch für uns das Risiko berechenbar wird.

Das ist das eigentliche Ziel der Verhandlungen, die zu erreichen, die SPD dem Doppelbeschluß zugestimmt hat. Ohne Doppelbeschluß gibt es keine Verhandlungen, ohne Verhandlungen keinen Stopp der sowjetischen Mittelstrecken-Rüstung und keinen Stopp der amerikanischen mit folgender Stationierung. Es bleibt das erklärte Ziel der SPD, die 0-Option zu erreichen. So unwahrscheinlich das von vielen gehalten wird, so wenig das einige wollen, es muß erprobt werden, wieviel der

Sowjetunion daran liegt, amerikanische landgestützte Waffen in Europa zu verhindern, die ihr Territorium erreichen können. Daß Skeptiker sagen, wenn erst mal produziert und das Geld ausgegeben ist, wird auch stationiert, überzeugt nicht. Wie können wir von der Sowjetunion verlangen, Produziertes zu verschrotten, wenn wir nicht auch dazu bereit sind? Wenn Geld für Rüstung da ist, darf es für Rüstungsbegrenzung nicht zu schade sein. Schließlich haben beide Seiten für Anti-Raketen-Raketen schon Milliarden ausgegeben und dann doch darauf verzichtet. Und das ist ein gutes Beispiel dafür, wieviel beiderseitige Sicherheit wert ist. Es ist ein schlechtes Beispiel dafür, daß Technik etwas schafft, was wir auch machen, um zu spät zu erkennen, daß es zu gefährlich ist. Ob die Menschheit nicht daraus lernt, muß gefragt werden.

Aber sollte die 0-Option nicht erreichbar sein, wäre jede Vereinbarung besser als keine Vereinbarung. Weil ohne Vereinbarung jeder weitermachen könnte, so gut, so schlecht, so gefährlich er kann. Je kleiner das Niveau, um so besser, versteht sich.

Einige Zeitungen haben darüber spekuliert, ob die Amerikaner den Bundeskanzler nicht fallenlassen sollten, um mit einer anderen Mehrheit leichter vorankommen zu können. Abgesehen davon, daß hier ein reines Satellitendenken deutlich wird, kann nur gewarnt werden: Wer über die Fragen der Sicherheit und des Doppelbeschlusses die SPD in die Opposition drücken möchte, muß wissen, daß gegen den geschlossenen Widerstand der SPD auf diesem Gebiet die Bundesrepublik Deutschland nicht mehr der stabile Partner bleiben würde, den das Bündnis braucht. Die Union kann zwischen Duldung und Opposition schwanken. Eine Union der Nachrüstung in der Regierung würde unser Volk spalten. Auch deshalb ist die Entspannungspolitik der sozial-liberalen Koalition für das Land erforderlich. Das muß auch denen gesagt werden, die der Bundesregierung in verständlicher kritischer Ungeduld gegenüber stehen.

Als erste Aufgabe sehe ich also, die weitere Rüstung auf dem Gebiet der Mittelstreckenraketen zu stoppen. Wer heute die Atomfreiheit für Europa fordert, verlangt den fünften Schritt vor dem ersten. Realistisch ist für die nächste Phase nur, von Rüstungsbegrenzung zu sprechen, danach erst kommt die Abrüstung.

Zur Rüstungsbegrenzung gehört die zweite Aufgabe. Sie liegt darin, Kriterien zu entwickeln, durch die es möglich werden soll, den Weg neuer Technologien in die operative Einführung zu unterbrechen. Wir müssen erreichen, daß nicht ständig neue Technologien eingeführt werden. Sonst bekommt die Politik die Entwicklung nicht mehr in den

Griff. Die Erfahrung seit dem Atomblitz über Japan zeigt zweierlei. Erstens: Die Abschreckung, sprich die Angst vor dem Inferno, war in den zurückliegenden 35 Jahren wirksam. Zweitens, dort, wo die Abschrekkung nicht wirksam war, waren Kriege denkbar. Sie sind ja auch geführt worden. Auf Europa übertragen heißt das: Wir haben sicher gelebt in der relativen Sicherheit, die es auf dieser Welt nur gibt unter dem Schirm der Abschreckung, unter dem Schirm der Bündnisse, unter dem Schirm des untragbaren Risikos für alle. Wenn das Risiko berechenbar wird, wird es auch wieder Krieg geben können, selbst in Europa. Das ist ja ein Teil der Angst, die berechtigt ist. In bewußter Überspitzung könnte man sagen: Wenn es möglich wäre, einen Pfeil zu entwickeln, der vollautomatisch sein Ziel trifft, ohne sonst Schaden anzurichten, dann wäre das Risiko klein und Krieg denkbar. Die Hochtechnisierung von Waffen, die ganz begrenzt, ganz klein, auf immer weniger Menschen einsetzbar werden, macht Krieg denkbar, weil der Blick in den Abgrund erspart bleibt. Und dann wird man ihn auch führen. Die Abwendung von der massiven Abschreckung, die für nicht mehr glaubwürdig erklärt wurde, führte zu kleineren Waffen, die das Risiko verkleinern und Krieg wieder vorstellbar machen. Wir haben es mit dem Paradox zu tun, das die Verkleinerung des Risikos das Risiko erhöht. Das führt zu der Forderung: Stoppen der weiteren Absenkung der nuklearen Schwelle, stoppen der Einführung neuer atomarer Systeme, das gilt auch für die Neutronenwaffen.

Als Mitglied der Palme-Kommission habe ich vor kurzem gelernt, welche neuen Waffenentwicklungen den Weg vom Reißbrett in die experimentelle Erprobung nehmen. Die Welt, die wir aus Zukunftsromanen kennen, beginnt schon. Mit Strahlenwaffen ist noch in diesem Jahrzehnt zu rechnen. Sie werden die Raketen reif zur Verschrottung machen, übrigens auch die SS 20, aber für den Einsatz auf dem Gefechtsfeld noch längere Zeit brauchen, das heißt, sie werden ebenfalls destabilisierend wirken. Die absolute Präzision der Weltraumwaffen läßt Wissenschaftler ins Schwärmen geraten. Der Weg in den Untergang ist mit Fortschritten gepflastert. Und niemand darf hoffen, daß der Westen ein Monopol haben wird. Und niemand kann wissen, ob nicht der Osten einen technisch relevanten Vorsprung zeitlich begrenzt erreichen kann.

Was folgt aus alledem? Es folgt, daß es Sicherheit nur noch gemeinsam gibt. Ich bin nicht mehr vor meinem Gegner sicher, sondern nur noch mit ihm. Nicht mehr gegeneinander, sondern nur miteinander werden wir sicher sein. Das Nebeneinander organisieren, um daraus ein Miteinander zu entwickeln, das stand am Anfang 1969. Es bleibt zu tun.

Und das heißt, es reicht nicht, über Waffen und Strategien zu verhandeln. Wir müssen darüber sprechen, wie wir zusammen leben wollen. Wir werden den Frieden nur retten, wenn wir Frieden stiften.

Gunnar Matthiessen

Wege zur Abrüstung

Die Abschreckungsdoktrin hat sich als historisch überfällig und heute mehr denn je als höchste Bedrohung für den Frieden erwiesen.

Vor dem Hintergrund geschichtlicher Erfahrung wie aktuell ist die Abschreckungstheorie ein verhängnisvoller Irrglaube und Erbe der alten Denkkategorie des »Si vis pacem para bellum«. Aber es bleibt wahr: ebensowenig, wie sich Frieden auf den Spitzen der Bajonette sichern ließ, läßt er sich auf den Spitzen von Atomraketen balancieren.

– Die Geschichte der atomaren Abschreckung in der Nachkriegszeit war die Geschichte immer neuer, verfeinerter Kriegsdoktrinen und perfektionierter Waffensysteme, die sich wechselseitig bedingten und eskalierten. Spekulationen, mit nuklearen Präzisionswaffen überraschend und erfolgreich einen begrenzten Atomkrieg führen zu können, belegen: die Atomwaffen, die sich vorgeblich zur Kriegsverhütung eignen sollen, sind – was Waffen in der Geschichte immer schon waren – materielle Grundlage und Instrumente der Kriegsführung.

Die technischen Verfeinerungen, wie Zielgenauigkeit, Begrenzung und Kontrollierbarkeit des Schadens, dienten nicht der Kriegsverhütung. Vielmehr waren diese technischen Verbesserungen der Nuklearstreitkräfte verbunden mit der irrationalen Auffassung, daß man, wen auch immer, abschrecken könne, indem man zum Atomkrieg fähig und auch bereit sei. Diese Irrationalität der Abschreckungsdoktrin hat die Bedrohung des Lebens heraufbeschworen, vor denen die Menschheit heute steht.

Die Abschreckungsdoktrin als verhängnisvoll falsche Prämisse der Friedenssicherung darf und kann mithin nicht länger Grundlage der Sicherheit bleiben. Konstruktive Auswege aus dem tödlichen Zirkel des Wettrüstens zu finden, bedarf der Bereitschaft und des Willens zu politischen, nicht mehr länger militärischen Lösungen.

– Gleichermaßen wie die Voraussetzung, daß mit Waffen Frieden zu schaffen sei, ist auch die ihr zugrunde liegende Prämisse des Feindbildes, des Antikommunismus irrational. Ihm ist die Annahme immanent, daß dem ideologischen Konflikt und politischen Unterschied nur in Form militärischer Feindseligkeit zu begegnen ist, wie technisch und unpersönlich sie auch immer dargeboten wird. Die Abschreckungsdoktrin unterstellt einen Feind, dem gegenüber Souveränität zu bewahren und mit dem Partnerschaft zu entwickeln ausschließlich unter den Bedingungen von Waffen und militärischer Konfrontation denkbar ist. Infolgedessen muß letztendlich allgemeine und vollständige Abrüstung der inneren Natur und der Logik dieser Doktrin nach prinzipiell ausgeschlossen bleiben. Unter der Geißel des antikommunistischen Feindbildes wird verkannt, daß ein Überleben heute – in Politik und Wirtschaft, in Wissenschaft und Kultur sowie der Umwelt – nur noch gemeinsam und nicht mehr gegeneinander zu ermöglichen ist. Abschrekkung und Feindbild, die sich wechselseitig verfestigen, lassen wirklichen Friedenswillen unglaubwürdig werden.

Alternative Vorstellungen und Wege zu einem gesicherten Frieden, ohne tägliche Androhung von Terror und Massenmord, werden sich daher nur finden lassen, wenn beide irrationalen und falschen Voraussetzungen des bestehenden Sicherheitssystems überwunden werden.

I.

Die Notwendigkeit, andere Möglichkeiten des Friedens zu erörtern, ist bewußt geworden, selbst in konservativen Kreisen. Bei allen vielfältigen Vorschlägen sind zwei grundsätzliche Tendenzen zusammendfassend festzustellen. Die eine verläßt die Grundlagen bisheriger Feindesideologie und Abschreckungsstrategie nicht, sondern versucht zuerst einmal, durch militärische oder durch nichtmilitärische Neuorientierung die Gefahren eines verheerenden Weltkrieges herabzustufen. Vertreter der anderen Richtung suchen nach grundlegenden Neuansätzen des Sicherheitsbegriffes und einer sie stützenden Politik.

Wenngleich das Abschreckungssystem als unerläßlich für die Beziehung zwischen West und Ost erachtet wird, soll es doch so gestaltet sein, daß in ihm keine Optionen zur Kriegsführung enthalten sind. An die Stelle der »Counter force strategy« – jener Strategie also, die zur Entwicklung immer neuer Erstschlagswaffen geführt hat und Versuche fördert, strategische Überlegenheit herzustellen, um die Waffen der anderen Seite blitzartig ausschalten zu können – soll die Strategie der gegenseitig gesicherten Zerstörung (mutual assured destruction) oder auch die Strategie der »Genügsamkeit« treten. Ihr liegt die Überlegung zugrunde, daß die Abschreckung hinreichend gesichert sei, wenn im Falle eines Überraschungsangriffes genügend Atomsprengköpfe übrig blieben, um einen Vergeltungsschlag zu führen. Nach der Auffassung ihrer Verfechter würde diese Strategie stabilisierend in den Ost-West-Beziehungen wirken, Rüstungskontrollvereinbarungen erleichtern und die Entwicklung von Präzisionswaffen im interkontinentalen wie Mittelstreckenbereich erübrigen, da eine solche Abschreckungshaltung nicht mehr länger Optionen beinhalten müsse, Krieg führen und gewinnen zu können. Auch die perverse Diskussion um ein nach einzelnen Waffengattungen zahlenmäßig austariertes Gleichgewicht entfiele. Die Aufforderung, zur »Massiven Vergeltung« zurückzukehren, zielt, wie mißverständlich auch immer, in diese Richtung.

Ebenso ist der Vorschlag eines »Defensivkonzeptes«, das inbesondere für die Bundesrepublik gelten soll, motiviert durch die Suche nach weniger gefährlichen militärischen Möglichkeiten der Abschreckung.

Unabhängig vom jeweils speziellen Rüstungsverhalten der anderen Seite soll mit dem demonstrativen Verzicht auf Atomwaffen und durch Verteidigungskräfte, deren Organisation und Ausrüstung nur dem Ziel der Verteidigung dienen, dem Verteidigungsbedürfnis der Öffentlichkeit entsprochen werden. Auch in dieser Konzeption wird davon ausgegangen, daß die Entwicklung immer neuer und teurer Waffensysteme, die vorrangig oder zugleich auch offensive Möglichkeiten besitzen, hinfällig würde. Anders als die modifizierte Abschreckungsstrategie im globalen Rahmen versteht sich dieses Konzept in Rücksicht auf öffentliche Bedrohungsängste nur als Übergangsmoment zu einem Prozeß allgemeiner und vollständiger Abrüstung.

Bei der Bewertung dieser modifizierten Abschreckungskonzepte ist als Vorteil zu bestimmen, daß sie die Kriegsgefahr vermindern, da sie strategische Optionen mit Aussicht auf einen erfolgreichen und den eigenen Schaden begrenzenden Erstschlag einschränken, wenn nicht gar unmöglich machen, den Abbau von Rüstungslasten fördern würden und Rüstungsbegrenzungsabkommen erleichtern, unter der Bedingung, daß jeder Versuch aufgegeben würde, strategische Überlegenheit zu erlangen. Die zeitweilige Vorherrschaft der Strategie der gegenseitig gesicherten Abschreckung in den Vereinigten Staaten Anfang der siebziger Jahre hat sich fruchtbar auf die friedliche Koexistenz und Entspannung zwischen den USA und der UdSSR und die Begrenzungsabkommen strategischer Rüstungen (SALT) ausgewirkt. In zwei fragwürdigen Voraussetzungen jedoch finden diese Konzepte ihre Grenze. Fragwürdig zum einen ist, ob die Konzepte realistisch sind. Denn stillschweigend wird unterstellt, daß die Abschreckungsstrategie nicht notwendigerweise auch eine Kriegsführungsstrategie beinhalten muß, sondern beide voneinander beliebig und dauerhaft zu trennen sind. Jedoch liegt beiden Konzepten, wie allen Abschreckungsstrategien, die Vorstellung des »Ernstfalles« zugrunde, die unabdingbar offensive Konzeption hervorbringt: zuvorzukommen, den eigenen Schaden zu begrenzen und den Ausgang positiv für sich zu entscheiden, d. h. zu gewinnen. Da beide Konzepte zudem nicht verursacht sind durch internationale oder nationale Veränderungen, bleibt offen, ob die innergesellschaftlichen Verhältnisse einen solchen Appell an die Vernunft real erscheinen lassen. Die Übernahme der Abschreckungsdoktrin und des Feindbildes, in das die Bevölkerung weiterhin fixiert bleibt, behindert ihren Widerstand gegen eine Rüstungspolitik, die wie schon in der Vergangenheit immer wieder zur strategischen Überlegenheit tendiert.

Der offizielle politische Bewußtseinsstand, den wir gegenwärtig vorfinden und den die Konzepte verfestigen, läßt eher erwarten, daß man das Grauen und die Katastrophe lieber in einem anderen als im eigenen Land sehen möchte, d. h., daß das Kriegsrisiko offensiv verlagert und der eigene Schaden begrenzt wird. Die Folge wäre das, was wir haben. So können beide Konzepte zeitweilig die Milderung der Kriegsgefahr und die Eindämmung des Wettrüstens bewirken; eine grundsätzliche Lösung aber aufzuzeigen, sind sie nicht imstande.

In die gleiche Richtung zielt die soziale oder auch zivile Verteidigung, als die sich notabene auch der Luftschutz und der Atombunkerbau bezeichnet. Allerdings setzt die zivile Verteidigung an die Stelle des »Guerilla-Kampfes« der Defensivkonzeption den gewaltlosen Widerstand im Falle einer Aggression. Unter den Bedingungen eines möglichen Massenmordes und den Bedingungen einer hochentwickelten europäischen Zivilisation und Industrie erscheinen die Voraussetzungen dieser Konzeption fragwürdiger und unrealistischer noch als die der Defensivkonzeption. Erheblicher noch als die Defensivkonzeption verhärtet die soziale Verteidigung das Feindbild und verlängert es in die Friedensbewegung hinein, statt sich zu bemühen, alternative Vorstellungen zur Abschreckungsdoktrin zu entwickeln. Und selbst einmal angenommen, die zivile Verteidigung könnte als reale Alternative denkbar sein, so bleibt im Nebel, wie der Weg dorthin zu finden ist. Denn streng genommen setzt die Situation des gewaltlosen Widerstandes die allgemeine und vollständige Abrüstung zumindest einer Seite oder eines Landes voraus, um dann gleichwohl das Feindbild lebendig zu halten. Dies ist uneinsichtig. Denn ein derart umfassender Abrüstungsprozeß einer Seite ist unter den gegenwärtigen Bedingungen realistisch kaum denkbar, wenn er nicht zugleich ermöglicht wird durch umfassende Vertrauensbildung, Zusammenarbeit, Verständigung, d. h. durch den Übergang aus der militärischen Konfrontation und Feindesideologie in ein wachsendes Miteinander. Der Begriff, das Bedürfnis und auch das Feindbild, die »Notwendigkeit der Verteidigung« würden hinfällig. Der »Widerstand« hätte keinen Gegner mehr. Zivile Verteidigung würde überflüssig. Setzt man andererseits diesen Prozeß nicht als unabdingbar voraus, sondern beläßt es bei der Annahme des existenten Terros durch Atomwaffen einer Seite: eine zivile Verteidigung dürfte sich dabei ebenso hilflos ausnehmen wie die zivile Verteidigung durch Atomkriegsbunker.

Mithin wirkt sich die Konzeption der zivilen Verteidigung in der Suche nach alternativen Möglichkeiten zur Sicherheit durch Abschrekkung eher verwirrend als wegweisend aus. Sie ist erstens nicht möglich und löst zweitens nichts wirklich.

II.

Welche gedanklichen Ansätze und Konzeptionen auch entwickelt werden, kurz- oder langfristig wird eine realistische Perspektive nur zu entwickeln sein, wenn sie sich kritisch mit den beiden falschen Prämissen der Abschreckungsdoktrin auseinandersetzt und politische Strategien entwickelt, durch die diese überwunden und das bislang militärisch bestimmte Sicherheitssystem prozeßhaft abgelöst wird durch ein System politischer Sicherheit. Ansätze und Perspektiven sind im gesamteuropäischen Konsens geschaffen und formuliert, in ihrer Realisierung jedoch im verhärteten Wettrüsten steckengeblieben und, infolgedessen, neu zu beleben nur, wenn diesem zuerst einmal Einhalt geboten wird.

In der Helsinki-Schlußakte der Konferenz für Sicherheit und Zusammenarbeit in Europa, die von 35 Staats- und Regierungschefs unterzeichnet wurde, verpflichten sich die Politiker zu dem Ziel, durch Verhandlung, Dialog, Begegnung, Vertrag und Interessenausgleich über gesellschaftliche und politische Auffassungen hinweg für ein Europa der Zusammenarbeit und Abrüstung zu wirken:

»Die Teilnehmerstaaten anerkennen ihrer aller Interesse an Bemühungen zur Verminderung der militärischen Konfrontation und zur Förderung der Abrüstung, die darauf gerichtet sind, die politische Entspannung in Europa zu ergänzen und ihre Sicherheit zu stärken. Sie sind von der Notwendigkeit überzeugt, auf diesen Gebieten wirksame Maßnahmen zu ergreifen, die durch ihren Umfang und ihre Natur Schritte darstellen, schließlich eine allgemeine und vollständige Abrüstung unter strenger und wirksamer internationaler Kontrolle zu erreichen, und die zur Festigung des Friedens und der Sicherheit in der ganzen Welt führen sollen.«

Um zu beginnen und den langen Weg zu beschreiten, ist unabdingbar, eine weitere, beschleunigte Aufrüstung zu verhindern, das Wettrüsten zu beenden und einen Prozeß der Abrüstung einzuleiten.

Notwendige und zugleich realistische Maßnahmen sind als verbindliches politisches Programm zu entwickeln.

1) Zu beginnen ist konservativ. Ein weiterer Zuwachs an gefährlichen nuklearen Vernichtungswaffen ist zu verhindern. Durch die Einführung neuartiger atomarer amerikanischer Raketen würde die amerikanische Nuklearkriegsstrategie der atomaren Entwaffnungsschläge ins Stadium ihrer Realisierbarkeit gebracht. Da in keiner Vorlage glaubhaft und überzeugend ein atomares Ungleichgewicht in Europa und die neuartigen atomaren Raketensysteme als »Nachrüstung« ausgewiesen werden konnten, sondern sich vielmehr als Versuch bestätigen, atomare Überlegenheit auf dem europäischen Kontinent zu erlangen, muß Nulloption heißen, den Natobeschluß zurückzunehmen, d. h. auf die Stationierung von Pershing II und Cruise Missiles zu verzichten. Mit dem NATO-Beschluß würde in Europa eine so grundsätzlich neue militärische und politische Situation heraufbeschworen, daß seine Rücknahme und die Verhinderung seiner Verwirklichung Angelpunkt für alle künftigen Bemühungen um Entspannung, Zusammenarbeit und Abrüstung auf unserem Kontinent ist. Denn: es geht um das Überleben Europas.

2) Verhandlungen, die in ihrer ersten Phase zur Aufgabe haben, eine weitere Aufrüstung mit atomaren Mittelstreckenraketen in Europa zu verhindern, müssen unabdingbar – je früher, desto besser – zu einem Moratorium kommen, das die Entwicklung, zumindest aber die Dislozierung neuer Atomraketen aussetzt.

Bis spätestens 1983 muß vereinbart sein, daß während der Verhandlungen die Sowjetunion ihre Umrüstung auf die S-20 einstellt und die Vereinigten Staaten auf die weitere Entwicklung und auf die Stationierung neuartiger Atomraketen verzichtet. Die Sicherheitslage beider Seiten und in Europa wäre nicht verändert, das Prinzip der Gleichheit nicht verletzt. Zu erreichen ist damit, daß die Situation auf dem status quo eingefroren wird und Verhandlungen über die Reduzierung der bestehenden Atomwaffenpotentiale in Ost- und Westeuropa ohne den Druck künftiger Stationierung begonnen werden könnte. Dabei müssen in erster Linie die gefährlichsten in und auf Europa gerichteten Mittelstreckenraketen der UdSSR und USA zur Disposition stehen, einerseits die SS-4, SS-5 und SS-20 sowie die Mittelstreckenbomber und andererseits die vorwärtsgeschobenen Systeme der Vereinigten Staaten zu Luft und zu See. Im weiteren Verlauf müssen die französischen und britischen Potentiale zu Land, zu See und zu Luft mit einbezogen werden, schon weil die NATO einwenden könnte, daß diese Nuklearstreitkräfte keine strategisch entsprechende Qualität gegenüber den auf seiten der Sowjetunion zum Ausgleich verbleibenden Mittelstreckenraketen sein könnten. In der letzten Phase dann stünden die Kurzstreckenraketen zur Debatte, die in unerträglicher Dichte vor allem in der Bundesrepublik stationiert sind und denen gegenüber in der DDR und Polen atomar nichts entgegensteht. Da das hier stationierte Kurzstreckenpotential zum Teil auch die Sowjetunion erreichen kann und sie zudem auf ihrem Territorium als Gegengewicht auf Raketen mit entsprechend größerer Reichweite bestehen müßte, um das Prinzip der gleichen Sicherheit zu bewahren, wird eine Bedrohung unseres Landes nur dann umfassend gemindert werden, wenn frühzeitig die politische Bereitschaft zu erkennen gegeben wird, auch dieses massive Potential von Kurzstreckenraketen zur Disposition zu stellen. Diese für die europäische Sicherheit vorrangigen Verhandlungen, die im Vordergrund aller Bemühungen stehen, das Wettrüsten zu beenden, die Gefahren eines Krieges herabzustufen und den Prozeß der Abrüstung einzuleiten, können gleichwohl nicht die einzigen Bemühungen bleiben. Positive Impulse und Erleichterungen, Fortschritte zu erzielen, werden von den Bemühungen um eine atomwaffenfreie Zone im Norden Europas und des Balkans ausgehen. Durch sie könnte der atomare Gürtel an den Rändern aufgebrochen und eine Ausdehnung einer atomwaffenfreien Zone zum mitteleuropäischen Zentrum hin in Gang gesetzt werden. Im Norden könnten weite Regionen der Sowjetunion und Großbritanniens mit einbezogen werden, im Süden ebenfalls Regionen der Sowjetunion sowie neben Bulgarien, Rumänien, Jugslawien, Griechenland, auch der Türkei und des Mittelmeers. Beide Entwicklungen würden die Verhandlungen in Mitteleuropa erheblich erleichtern.

4) Im Ergebnis der vertrauensbildenden Maßnahmen von Helsinki haben sich auf der Folgekonferenz in Belgrad und Madrid die Vorstellungen über die Einberufung und die Durchführung einer gesamteuropäischen Konferenz der militärischen Entspannung und Abrüstung einander angenähert. Anderen Abrüstungsbemühungen zuarbeitend käme dieser Konferenz, zu deren Einberufung die Madrider Konferenz ein Mandat geben muß, in erster Linie und im ersten Schritt die Aufgabe zu, weitergehende vertrauensbildende Maßnahmen zu vereinbaren. Zu ihnen könnten gehören, die Fristen, in denen vorher Manöver anzukündigen sind, zu verlängern, auch geringere Manöver unter 25 000 Mann sowie größere Manöver zu Luft und See einzubeziehen sowie die Beteiligung an Manövern erheblich auf ca. 50 000 Mann zu begrenzen.

Würden die Pershing und Cruise Missiles nicht in Westeuropa stationiert, entfiele ein wesentlicher Kern der neuen US-Nuklearstrategie und damit Pläne und Aktionen, sie durch Optionen konventioneller Kriegsführung zu ergänzen und abzusichern. Denn mit der Verkündung der neuen US-Nuklearstrategie Mitte der siebziger Jahre sind zugleich auch die Manövertätigkeiten in Westeuropa und die Teilnehmerzahlen so sprunghaft auf 350 000 angewachsen, daß sie in dieser Massivität von der Vorbereitung zu einem Krieg kaum zu unterscheiden sind und infolgedessen erhebliches Mißtrauen hervorrufen. Vertrauensbildende Maßnahmen – durch Verringerung militärischer Aktivitäten und ihrer größeren Durchschaubarkeit – tragen dazu bei, die Bedeutung des militärischen Instruments für die politischen Beziehungen in Europa weiter zu relativieren und zu vermindern. Daher ist die Erweiterung der vertrauensbildenden Maßnahmen zu konkreten Abrüstungsmaßnahmen in ganz Europa, an denen alle europäischen Staaten sowie die USA und Kanada teilhaben, der notwendige zweite Schritt von Verhandlungen über militärische Entspannung und Abrüstung. Die Interessenlage keiner europäischen Nation würde durch diese vertrauensbildenden Maßnahmen und gesamteuropäischen Abrüstungsschritte verletzt. Die Regionen aller beteiligten Staaten würden einbezogen werden, um das Recht auf gleiche Sicherheit zu bewahren.

5) Die Bedeutung der Wiener Konferenz über die Reduzierung von Truppen und Rüstungen in Mitteleuropa wird mit diesen neuen Ansätzen nicht geschmälert: Vielmehr sind alle verhandelnden Staaten gefor-

dert, endlich die politische Bereitschaft zu konkreten Maßnahmen und Vereinbarungen aufzubringen. Denn die Verzögerungen sind nicht technischer, sondern politischer Natur. Nachdem die Sowjetunion als Anstoß einseitig 20 000 Soldaten und 1000 Panzer aus der DDR abgezogen hat, die Vereinigten Staaten aber in der Zeit der Verhandlung annähernd 40 000 Soldaten nach Westeuropa verlegten, ohne daß zugleich die beteiligten Staaten zu einem vorwärtstreibenden politischen Signal bereit waren, hat das Beharren auf der Zählerei jegliche Glaubwürdigkeit verloren, zumal sie sich nach Vorlage exakter Zahlen westlicher Institute (z. B. Brooking Institut) als höchst manipulativ erwiesen hat. Vor allem die Bundesregierung muß endlich die politische Bereitschaft bekunden, ihre eigenen Rüstungs- und Truppenkontingente in einer zweiten Phase der Verhandlungen zur Disposition zu stellen. Nach den jahrelangen Vorarbeiten der Wiener Verhandlungen wird jetzt die Glaubwürdigkeit des Abrüstungswillens an schnellen Vereinbarungen gemessen werden müssen, seien sie vorerst einmal auch noch so geringer militärischer Bedeutung. Denn eine weitere Stagnation der Wiener Verhandlungen muß sich negativ auf das Bemühen auswirken, auch die Atompotentiale, die in der Bundesrepublik stationiert sind, mit in die Abrüstungsverhandlungen zwischen den USA und der UdSSR mit einzubeziehen. Wie in den vergangenen Jahren würde sich eine Stagnation bei der Rüstungskürzung im konventionellen Bereich auch in Zukunft als Argument gegen die atomare Abrüstung mißbrauchen lassen, die stets als Ausgleich gegenüber konventionellem Ungleichgewicht gerechtfertigt wird. Im ersten Schritt muß in Wien ein Moratorium vereinbart werden, das die weitere Aufstockung der Truppenkontingente und die Entwicklung zusätzlicher Rüstungsprojekte während der Verhandlungen verbietet. Die Einbeziehung der Luststreitkräfte in die Verhandlungen würde ebenso wie bei SALT II ein wesentlicher Ansatz sein, das gesamte militärische Potential in Mitteleuropa zu einem leichter zu verhandelnden Gesamtpaket zu verschnüren und auf den status quo einzufrieren, um dann in zukünftigen Schritten zu einer umfassenden Reduzierung in allen Bereichen zu kommen. Da die Luftstreitkräfte zumeist Atomwaffenträger sind, würde eine solche Maßnahme sich erheblich erleichternd auch auf die Verhandlung über die atomare Abrüstung in Mitteleuropa auswirken.

6) Die zur Zeit geltende amerikanische Atomkriegsstrategie sieht als Voraussetzung für ihre Funktionsfähigkeit die strategische Überlegenheit im regionalen wie globalen Ausmaß gleichermaßen vor. Begren-

zungen im regionalen Bereich würden sich somit auf die Strategie insgesamt auswirken. Denn fragwürdig würde, ob die strategische Überlegenheit durch Erstschlagswaffen wie den Trident-Systemen und MX-Raketen für die Option in der Counter-Force-Strategie ausreichen, oder ob nicht neue, nicht auf den Erstschlag gerichtete Strategien zu entwickeln seien. Da der Widerstand in den Vereinigten Staaten gegen SALT wesentlich motiviert ist durch den Willen, sich die Erstschlagswaffen der Counter-Force-Strategie nicht begrenzen zu lassen, weder in den USA noch in Europa, könnte der Einbruch in einen wesentlichen Bereich positive Auswirkungen auf die gesamte Strategie bewirken. Durch Fortschritt im europäischen Abrüstungsprozeß entstehen neue politische Möglichkeiten für all jene, die auf eine Rückkehr zu SALT II orientieren. Andererseits bleibt diese Rückkehr zu SALT auch eine wesentliche Voraussetzung für Fortschritte im europäischen Abrüstungsprozeß, da das Festhalten an der strategischen Überlegenheit immer wieder auch den Versuch bedingen wird, regionale Überlegenheit zu sichern. Neben der Beendigung des strategischen Wettrüstens im Rahmen von SALT ist es ebenso eine Förderung der europäischen Abrüstung, wenn die zeitliche Verlängerung des Zusatzprotokolls von SALT I, in dem die Stationierung von bodengestützten weiterreichenden Cruise Missiles verboten wird. Ein zentraler Bestandteil des NATO-Beschlusses vom Dezember 1979 würde damit von vornherein hinfällig. Auch wenn nicht notwendigerweise ein zeitliches Junktim zwischen dem Beginn der Verhandlungen über atomare Mittelstreckenraketen in Europa und über die Begrenzung der strategischen Waffen der USA und UdSSR besteht, so müssen doch auf Dauer beide Bemühungen parallel verlaufen und sich gegenseitig begünstigen. Denn Fortschritte bei der europäischen Abrüstung könnten vor allem durch die militärtechnische Verbesserung der U-Boot-Systeme und Bomberflotte neutralisiert werden, die mit solchen perfektionierten Waffensystemen ausgestattet sind, daß sie zwar außerhalb des europäischen Bereichs, gleichwohl die militärischen Funktionen von Pershing II und Cruise Missile übernehmen könnten. An der existenziellen Bedrohung Europas hätte sich dann wenig geändert.

7) Als begleitende Unterstützung der globalen wie regionalen Abrüstungsbemühungen müßten eine Vielfalt von Vereinbarungen getroffen werden, die die Gefahren des atomaren Krieges zwar noch nicht beseitigen, aber doch erheblich verringern, die Konfrontation herunterstufen und das Vertrauen zwischen Ost und West erhöhen.

– Der allseitige Verzicht auf Forschung, Entwicklung und Produktion neuer Massenvernichtungswaffen, speziell der Neutronenwaffe begrenzt Möglichkeiten, Abrüstungsvereinbarungen auf der einen Seite durch Entwicklung neuer Waffensysteme auf der anderen Seite zu kompensieren. Irrationale und gefährliche Versuche, durch die Entwicklung immer neuer Overkill-Fähigkeiten doch noch strategische Überlegenheit zu erzielen, würden unmöglich.

– Die gleiche Wirkung hätte ein Verbot aller Kernwaffenversuche und der technologischen Verbesserung und Verfeinerung bestehender atomarer Waffensysteme. Beide würden Erstschlagsstrategien eindämmen, die ein gesichertes, jetzt aber nicht mehr zu erprobendes Funktionieren der Waffensysteme voraussetzen.

– Der völkerrechtlich verbindliche Verzicht auf den konventionellen und atomaren Erstschlag würde Spekulationen auf einen begrenzten Atomkrieg in Europa den Boden entziehen und bessere Voraussetzungen schaffen, die in Europa zu stationierenden Erstschlagswaffen bei Verhandlungen zur Disposition zu stellen. Dies gilt gleichermaßen für den konventionellen Rüstungsbereich, in dem zunehmend ein Übergewicht jener Waffensysteme geschaffen wurde, die sich eher für die Offensive als die Defensive eignen. Gegen ein Junktim von konventionellem und atomarem Nicht-Angriff können selbst die Vertreter der abgestuften Abschreckung kein Argument vorbringen, die sich den atomaren Erstschlag bei überlegenem konventionellen Angriff der anderen Seite vorbehalten möchten. Die Antwort der NATO auf diesen Vorschlag ist längst überfällig.

– Die feierliche Verpflichtung, auf keinen Staat Atomwaffen zu werfen, der selbst keine auf seinem Boden stationiert hat, fördert Bestrebungen, atomwaffenfreie Zonen zu schaffen. Die besondere Bedeutung für die Bundesrepublik bestünde darin, daß die hier stationierten atomaren Kurzstreckenraketen leichter zu beseitigen sind, da sie sich gegen Länder richten, die selbst keine Atomsprengköpfe gelagert haben.

III.

Die öffentliche Diskussion und Auseinandersetzung der jüngsten Zeit zeigt: Fragen von Krieg und Frieden, der Rüstung oder Abrüstung können nicht länger als Angelegenheiten der geheimen Diplomatie, der Regierungen, Militärs und Experten behandelt werden. Die zunehmend besorgte Öffentlichkeit duldet nicht länger nichtssagende Friedensbeteuerungen, die nicht einen einzigen Schritt zur Abrüstung, hingegen aber eine derart massive Hochrüstung ermöglichten, daß die Unsicherheit und die Gefahren für den Frieden größer sind als in allen Zeiten zuvor. Statt ständig neue Aufrüstungsprogramme fordert die Öffentlichkeit konstruktive Abrüstungsprogramme, von denen die NATO und die Vereinigten Staaten noch nicht ein einziges vorgelegt haben. Beteuerungen der Verhandlungswilligkeit werden nicht länger als glaubhaft empfunden, wenn nicht auf der Grundlage konstruktiver Abrüstungsprogramme die politische Bereitschaft sichtbar wird, dem Wettrüsten allseitig in all seinen Gebieten ein Ende zu setzen, auf die Entwicklung immer neuer Waffensysteme zu verzichten und Angebote zu Verhandlungen anzunehmen. Die Massenbewegungen für Frieden und Abrüstung kündigen an, daß alle Regierungen, die mit welchem Vorwand auch immer die Hochrüstung fortsetzen wollen, das Vertrauen und die Zustimmung ihrer Bevölkerung verlieren. Mit keinem einzigen stichhaltigen Argument kann eine Regierung länger glaubhaft machen, daß die vorgeschlagenen Maßnahmen der Rüstungsbegrenzung und Abrüstung das Sicherheitsbedürfnis irgendeines Landes verletzen. Der bislang üblichen Taktik des Ja, aber . . ., des Verzögerns und Verschleppens, der Kompensation von Rüstungsbegrenzungen auf der einen Seite, durch Neuaufrüstung auf der anderen Seite, muß und kann durch öffentlichen Druck ein Ende bereitet werden. Die relative Erfolglosigkeit bisheriger Verhandlungen über die Rüstungsbegrenzung und die zur gleichen Zeit beschleunigte Aufrüstung sprechen nicht gegen die Verhandlungen als solche. Die Ursache vielmehr liegt in einem zu großen Vertrauen der Öffentlichkeit gegenüber den verhandelnden Regierungen und der Bereitschaft, diesen das Verhandeln zu überlassen. Ermahnungen, Abrüstungsverhandlungen nicht länger durch öffentliche Aktionen zu »stören«, werden nicht länger akzeptiert, da die Erfahrungen gerade der letzten Jahre zeigen, wohin dies führt, nämlich zu nichts. Die entschiedene politische Bereitschaft, die Verhandlungen durch die Friedensbewegung zu begleiten, ist allerorts sichtbar geworden. Informationen zu vermitteln, ist zwar schwierig, gleichwohl aber unerläßlich. Die Glaubwürdigkeit des Verhandlungswillens wird nicht allgemein und an Phrasen, sondern an konkreten Fragen, Maßstäben und Vorschlägen zu messen sein. Ihnen wird sich auf Dauer, das haben die Regierungen zu lernen, kein Politiker entziehen können.

Die Taktik des Verschweigens ist gescheitert, der Durchbruch in eine umfassende öffentliche Diskussion ist gelungen, der millionenfache

Druck hat dazu gezwungen, mit den Verhandlungen zu beginnen. Damit ist ein Anfang geschaffen, aber noch kein konkretes Ergebnis erzielt. Notwendig wird, in allen gesellschaftlichen Institutionen, vor Ort, regional und bundesweit, die passive Zustimmung zur Friedensbewegung in eine aktive zu verwandeln, die Bedeutung zu vermitteln, die diesen Verhandlungen für eine Wende in der verhängnisvollen Entwicklung in Europa zukommt.

Die Vergangenheit hat gezeigt, daß vor allem der Widerstand jener, die an der Hochrüstung und an der militärischen Überlegenheit festhalten wollen, überheblich und vielfach auch zynisch ist. Millionen Menschen in der Friedensbewegung haben die Schnodrigkeit von Politikern in allen parlamentarischen Parteien gespürt, sich arrogant über die Meinung, die Sorgen und Ängste einer breiten Öffentlichkeit hinwegzusetzen. Die Vergangenheit hat aber zugleich gezeigt, wie brüchig diese Selbstherrlichkeit geworden ist, wie immer weniger Politiker dem millionenfachen Druck auf Dauer standhalten können. Die Blockade zu überwinden, eine Wende herbeizuführen und zügige Abrüstungsschritte durchzusetzen, wird möglich, wenn die Zusammenarbeit der unterschiedlichsten Kräfte in der Öffentlichkeit, in sozial fortschrittlichen ebenso wie in konservativen Kreisen fortgesetzt, auf eine noch breitere Grundlage gestellt und immer mehr Menschen in diesem Lande wie in anderen Ländern in die tägliche Arbeit für den Frieden einbezogen werden. Man kann offiziell versuchen, den Eindruck zu erwecken, daß sich die politischen Institutionen unseres Landes wie Parteien und Parlamente gleichsam außerhalb des Volkes und seines demokratischen Zugriffs bewegen. Aber nur eine Zeitlang. Letztendlich wird sich diese Hoffnung als Irrglaube erweisen, dafür hat die Friedensbewegung zu sorgen.

II

Dialog als Chance der Demokratie

Eugen Kogon

Die Selbstverständlichkeit

Am 15. Juni 1953 hat Martin Niemöller auf der Tagung des Weltfriedensrates in Budapest eine Ansprache gehalten, die er mit den folgenden Sätzen begann: »Wer den Frieden will, muß die Verständigung mit dem Gegner wollen. Das klingt wie eine Selbstverständlichkeit, und es ist die große Selbstverständlichkeit, die am Anfang aller echten Friedensbemühungen steht. Denn: Wenn ich ›Frieden‹ sage und dabei nicht bereit bin, mich mit meinem Gegner zu verständigen, so will ich eben Frieden, objektiv und wirklich, nicht und treibe Mißbrauch mit dem Wort und mit den Menschen, die diesem Wort aus meinem Munde Glauben schenken . . . Wie soll es denn zum Frieden kommen, wenn der Gegner davon ausgeschlossen wird?«

Was Martin Niemöller hier im Bereich des Ostblocks zur Zeit des in Gang gesetzten Kalten Krieges als Selbstverständlichkeit festgestellt hat, setzte Frieden als den normalen Modus des menschlichen Zusammenlebens und somit als Fundamentalprinzip der Politik voraus. Daher der einleitende Satz »Wer den Frieden will . . .« – objektiv und wirklich, nicht nur als täuschende Beteuerung, untergeordnet der eigenen Gewalt, Resultat von Machtverfügung.

Die Meinung, daß die menschliche Daseinsweise auch als höhere Stufe der Entwicklung vom Zwang zum »Kampf ums Dasein« nicht ausgeschlossen sei, ist nicht nur als das Dogma der Sozialdarwinisten, sondern in mannigfachen Abschwächungen verbreitet: wir erhöben uns »letzten Endes« nicht über die determinierte übrige Natur zur Entscheidungsfreiheit unter Konditionen. Den erklärten Sozialdarwinisten freilich ist Krieg in jeglicher Form das Verfahren der »Auslese der Tüchtigen«. Die Qualitäten für diesen Kampf sind ihnen zufolge unabänderlich vorgegeben: zur Herrschaft den einen, zur Dienstbarkeit – allenfalls zur Vernichtung – den anderen. Dialog, das ist sozialdarwinistisch gesehen nichts als eines der Mittel der Auseinandersetzung um Herrschaftserwerb und Herrschaftsbefestigung.

Konsequent denken so die rassistischen Faschisten. Humanität im Sinne der europäischen Aufklärung ist für sie ein defätistischer Irrwahn. Gefestigter, bleibender Frieden kann mit ihnen nicht erreicht werden. Auch Martin Niemöller hat es erfahren müssen.

Der orthodox-marxistische Kommunismus, sagt die Totalitarismus-Theorie, sei, was die Lehre von Bewegungsgesetzen der Geschichte betreffe, dem Faschismus vergleichbar: Die Klassenkämpfe seien bis zum Sieg derer auszutragen, die durch die Erfahrung der Ausbeutung, der sie unterworfen sind, zur Erkenntnis des gegenteiligen Interesses – des wahren Menschseins – gebracht würden. Zwischen den fundamental gegensätzlichen Klasseninteressen gebe es keine Verständigung, also auch nicht Frieden. Ähnlich wie im anderen Fall sei Dialog lediglich ein Mittel der Taktik, Positionsvorteile oder, auf dem und jenem Feld, Waffenstillstand zu erlangen. Nur die Revolution als organisierte Gegengewalt der Ausgebeuteten könne die Bedingungen der Humanität schaffen.

Hier wird der prinzipielle Unterschied zwischen den Faschisten und den Kommunisten deutlich: Jenen ist inhumane Ungleichheit, als deren Folge Unterdrückung und Ausbeutung, das Naturgesetz der Geschichte, diese – die Kommunisten – erstreben die Bedingungen der Humanität mit den ihrerseits radikalsten, wenn ihnen dies in der Auseinandersetzung mit den gesellschaftlichen Gegenkräften als erforderlich erscheint auch inhumanen Mitteln; ihr Ziel, in äußerst-idealistischer Einschätzung der menschlichen Natur, ist unverlierbarer Frieden unter real Gleichberechtigten.

Martin Niemöllers Überzeugung von der Notwendigkeit und der Möglichkeit des Dialogs ist christlich motiviert. Sie geht aus von der Glaubensannahme, daß die Weltgeschichte Entwicklungssinn auf Heil hin hat und der Mensch, als einzelner und als Volk, für den Gang dieses Prozesses moralisch Verantwortung trägt. Davon ist niemand ausgenommen. Die besondere Pflicht, für »das Reich« tätig zu sein, haben die Christen. Nicht mehr in der alten, über die Jahrhunderte hin tradierten – in zähen Resten bis heute vielerorts und weltweit in der Christenheit, wenn auch geschwächt, spirituell nachwirkenden – Weise: daß »die Obrigkeiten«, die als »von Gottesgnaden« legitimiert galten, verordneten, was zu gelten hat, – es war oft genug alles andere als Frieden durch Verständigung. Heute müssen die Mittel und Wege in unablässiger, allgemeiner und gemeinsamer Bemühung, wie immer möglich, gefunden und genutzt werden.

Der Inhalt dieser Auffassung und die Entschlossenheit dazu stehen in Einklang mit den anthropologisch-geschichtsphilosophischen Erkenntnissen, die die europäische Aufklärung erbracht hat. Aus ihnen sind die deklarativen Freiheitsnormen der modernen demokratischen Verfassungen abgeleitet worden. Dialog –, das ist heute, gegen feudale Autorität und gegen jegliche Gewalt, das primäre und universelle Verfahren, die Entscheidungen, derer die Gesellschaft bedarf, objektiv vertretbar und subjektiv zumutbar zu bewirken.

Die emanzipatorische Theorie besagt:

– Von einem bestimmten Reifestadium an besitzt jeder normale Mensch die Fähigkeit, sich zureichend aufklären zu lassen, um am Prozeß der gesellschaftlichen Entscheidungen (zur Bestimmung des Allgemein-Gemeinsamen als der Voraussetzung der Möglichkeit des Besonderen-Individuellen), sei es unmittelbar, sei es mittelbar, teilzunehmen. Jede gesellschaftliche Schicht ist bei gegebener Freiheit der Entfaltung mit jeder Qualität ausgestattet. Erb- und Klassenprivilegien sind Behinderung der Chancengleichheit.

– Das gesellschaftlich Richtige ist das in Übereinkunft jeweils als Zweckmäßigkeit Erkannte. Die Zustimmung dazu darf nicht erzwungen, sie muß durch Bildung und unbehinderte Information erreicht werden. Erstrebenswert ist nicht das Maximum an Erfüllung der Zielsetzungen, das die Tendenz zur mißbräuchlichen Anwendung von Einflußmethoden induziert, sondern das jeweils zureichende Minimum des Erreichbaren als Optimum.

– Die Pluralität der Meinungen und Bestrebungen erlaubt Vergleich und Korrektur. Wissenschaft, Kontakte und Austausch der Erfahrungen ermöglichen den systematischen Abbau von Vorurteilen.

– Unter diesen Voraussetzungen ist anzunehmen, daß die Mehrheit bei ihren Feststellungen und den daraus abgeleiteten Entschließungen im Recht ist. Die Erfahrung indes lehrt auch das Gegenteil: Minderheiten können ihrerseits die besseren, zutreffenderen Einsichten haben. Sie müssen daher die Möglichkeit erhalten, im Wege der Argumentation Mehrheit zu werden. Die Zulassung von Opposition als Aufweis von Alternativen und allenfalls Ablöse der Repräsentanz in den Entscheidungspositionen gehört zum Wesen der emanzipatorischen Demokratie.

– Das pluralistisch zusammengesetzte Parlament ist die zentrale Institution des politischen Dialogs auf die notwendigen Beschlüsse hin, – eines Dialogs, der im übrigen, um rein autoritativ verfügte und allenfalls mit Gewalt herbeigeführte Entschlüsse auszuschließen, in allen Selbst- und Mitbestimmungsbereichen der Gesellschaft zu führen ist.

Die Maxime vom »zureichenden Minimum« hat gegenwärtig eine besonders aktuelle Bedeutung. Sie ist gegen das Perfekte als das Unmögliche und das Zuviel als negative Absicht gerichtet. Die Verfechter einerseits der kapitalistisch-pluralistischen parlamentarischen Demokratie, andererseits des kommunistischen Einpartei-Systems zur Bewahrung der Einheit des Bewußtseins und der Aktionsfähigkeit im Klassenkampf der »Übergangszeit« sehen sich in dem Stadium der Weltentwicklung, in das wir geraten sind, angesichts des Standes der Superwaffentechnik, damit sie sich nicht gegenseitig vernichten, zu Versuchen der Mindestverständigung gezwungen: des Abbaus und der Kontrolle militärischer Rüstung. Die Verfolgung ökonomischer Grundinteressen veranlaßt außerdem zu Kooperationspraktiken. Das Verhandlungsergebnis im einen und im anderen Fall ist, stets an der Grenze von Konfliktausbrüchen, Nicht-Krieg. Diesen Zustand noch immer oder bereits als Frieden zu bezeichnen, ist zwar notgedrungen üblich, doch weiß jedermann, daß er einer allgemeineren, tragfähigen Verständigungsgrundlage entbehrt.

Martin Niemöller ist seit Jahr und Tag nicht müde geworden, in kühnen Einzelinitiativen, die bei vielen traditionell Vorurteilsbefangenen auf Unverständnis stießen, das unmittelbar und vordringlich Notwendige zu fordern, – den Sinn für die ersten Verständigungsschritte zu öffnen. Er hat es aber immer in den großen weltgeschichtlichen Zusammenhängen gesehen, die in christlicher Sicht auch die in Bemühungen und Unterlassungen sich vollziehende Heilsgeschichte sind. Alle seine Predigten und Reden, wenn sie das Thema der menschheitlichen Gefährdung und doch hoffentlich Rettung in seiner einfachen, das Komplexe für jedermann verständlich zusammenfassenden Sprache behandeln, haben diesen Doppelcharakter.

Ich habe miterlebt, wie er – in Irkutsk – bei einer Tischrede, die er zu halten hatte, vor den atheistisch-sowjetischen Systemrepräsentanten vom Frieden sprach, den »unser Herr Jesus« zur Christenpflicht gemacht habe: Verständigung, Interessenausgleich auch und gerade mit dem Gegner. Niemand von den Anwesenden fand es lächerlich, jedermann respektierte den Freimut der Äußerung. Wer nachdenkt, muß finden, daß sie die Vernunft zur Partnerin hat. Die »Bergpredigt« befreit die Ratio aus den funktionellen Zwängen, in die sie verstrickt ist, und erhebt sie zur Souveränität der existentiellen Sicht. Sie fordert die menschliche Freiheit auf das bedingungsloseste zu den notwendigen Entscheidungen heraus. Sie steht, als Motivationsantrieb, in einem ganz besonderen Verhältnis zu heute.

Günter Wirth

Antikommunismus als Mittel der Dialogverhinderung

Ich möchte mit einem anekdotischen Bericht einsetzen: 1977 wurde in Darmstadt der 30. Jahrestag des »Darmstädter Wortes« des Reichsbruderrates der EKD zum Gegenstand einer tiefgehenden Analyse seiner politischen und geistigen Bedeutung gemacht, und es ergab sich auf diesem Treffen ein bemerkenswerter Dialog zwischen den noch lebenden »Vätern« des Worts und der jungen, zumal studentischen Generation. Natürlich hatte es sich Martin Niemöller nicht nehmen lassen, bei dieser Veranstaltung hellwach dabei zu sein (und hellwach: das bedeutete bis tief in die Nacht hinein). Im Verlaufe des Treffens wurde in der Veranda eines Darmstädter Pfarrhauses ein Pressegespräch abgehalten, in das auch Martin Niemöller, provoziert durch Bemerkungen Gollwitzers über den Antisowjetismus, eingriff. Wie es Martin Niemöllers Art ist, hielt er sich nicht lange bei theoretischen Erwägungen auf, sondern ging medias in res der gesellschaftlichen Praxis, d. h. er berichtete über die Erfahrungen in der Zusammenarbeit von Kommunisten und Nichtkommunisten im Komitee für Frieden, Abrüstung und Zusammenarbeit (KFAZ). »Wir im KFAZ«, sagte Martin Niemöller – und in dem Augenblick, da er dies sagte, sah er K.-A. Odin, den Kirchenpolitiker der »Frankfurter Allgemeinen Zeitung«, und unterbrach sich: »Nicht wahr, Herr Odin, unser KFAZ und Ihre FAZ haben wenig miteinander zu tun . . .«

Ich glaube, daß in dieser Anekdote Motive enthalten sind, die in unserem Thema zur Wirkung gebracht werden müßten:

1. Um den Antikommunismus als Mittel der Dialogverhinderung, ja, um ihn selbst zu überwinden, kommt es nicht in erster Linie auf

theoretische Erörterungen an, sondern auf Zusammenarbeit für übergreifende menschendienliche Ziele.

2. In der Zusammenarbeit für solche Ziele entdecken sich die Vertreter humanistischer Überzeugungen in einer wiederum übergreifenden Gemeinsamkeit, aber auch in der Gemeinsamkeit der Distanzierung von Kräften des Antikommunismus. Gleichzeitig entdecken sie die je ihnen eigene Identität weltanschaulicher und allgemeiner gesellschaftlicher Grundpositionen.

Ich bin mir bewußt, daß ich damit das mir vorgegebene Thema zunächst unter gleichsam innenpolitischen Voraussetzungen angegangen bin, also die Probleme der geistigen Auseinandersetzung und der gemeinsamen Positionsfindung der humanistischen Kräfte im jeweiligen Rahmen des politisch-sozialen Lebens in einer vorfindlichen Gesellschaft in den Vordergrund gerückt habe. Dabei ist natürlich einerseits zu beachten, welches »Vorzeichen« diese Gesellschaft hat, und von diesem Vorzeichen hängt ab, welchen Charakter die Zusammenarbeit – als »Volksfront« oder »Nationale Front« – hat. Andererseits gibt es durchaus Gemeinsamkeiten, die sich aus den allgemeinen Gesetzmäßigkeiten des gesellschaftlichen Fortschritts ergeben.

Konkret: Was sich in der Zusammenarbeit von Marxisten, Christen und Liberalen etwa in der DDR an Erfahrungen aus einer 35jährigen Praxis abzeichnet, ist selbstredend grundsätzlich unterschieden von dem, was an Erfahrungen in Arbeitsgemeinschaften, Zusammenschlüssen bündnispolitischer Art in der BRD vorliegt, soweit es um die Zielstellungen im Rahmen der jeweiligen Gesellschaft geht. Aber es gibt eine Reihe grundlegender Gemeinsamkeiten hinsichtlich der Möglichkeit, ja der Notwendigkeit und der Art der Zusammenarbeit von Marxisten, Christen und anderen humanistischen Kräften, die, unabhängig vom Rahmen des jeweiligen gesellschaftlichen Lebens, überall ihre Wirkung zeitigen. Wie sonst wäre es zu erklären, welche Wertschätzung Persönlichkeiten eben wie Martin Niemöller oder Albert Schweitzer in der DDR und auch in anderen sozialistischen Staaten finden?

Weil diese Persönlichkeiten den Teufelskreis des Antikommunismus auf je ihre Weise und in je ihrer Identität durchstoßen haben, weil sie in die praktische Zusammenarbeit mit Kommunisten eingetreten sind, haben sie eine bestimmte Wirkung in den Koordinaten ihrer Gesellschaft, aber sie wirken auch über sie hinaus, und ihre Botschaft kann in ihrem substantiellen Kern auch in anderen Gesellschaften gehört werden.

Nun hat das mir gestellte Thema auch eine »außenpolitische« Dimension, und wenn ich recht sehe, ist diese in seiner Fixierung in erster Linie gemeint gewesen. D. h. mit dem Begriff des Dialogs wird ein Bereich der internationalen Beziehungen, des Umgangs der Völker und Staaten miteinander ins Blickfeld genommen, der dann, reduziert auf das Institut der Verhandlungen, zu greifbaren realen Ergebnissen im diplomatischen Gespräch, sei es bi-, sei es multilateraler Art, führen kann.

Wenn die vorgegebene Thematik unter diesem Aspekt anzugehen ist, wird man freilich von vornherein zu unterstreichen haben, daß die internationalen Beziehungen in einer Klammer stehen, vor der das Vorzeichen des kalten Krieges nicht unangebracht ist. Denn in der Tat ist die Dialogverhinderung durch Antikommunismus Kennzeichen einer Situation, die vom kalten Krieg geprägt ist. Es gab Ende der fünfziger Jahre, in den sechziger Jahren und in der ersten Hälfte der siebziger Jahre (»Genfer Klima«, »Geist von Camp David«, Helsinki) durchaus Konstellationen, die vom Dialog der gegensätzlichen Weltsysteme so charakterisiert waren, daß diese Systeme ihre Eigenart nicht aufgaben (im Gegenteil), aber eben zur Koexistenz bereit waren.

Allein schon diese ganz lapidare Feststellung macht klar, daß es grundfalsch wäre, die Alternative Kommunismus-Antikommunismus anzuerkennen. Die Alternative zum Kommunismus ist der »Nichtkommunismus«, die zum Antikommunismus ist die Koexistenz.

In einem Vortrag am 1. Dezember 1967 in Bremerhaven hat Martin Niemöller diesen Sachverhalt in seinen Worten skizziert.

»Tatsächlich herrschte in Europa ein allgemeiner Hunger nach Frieden, als der Krieg endlich zu Ende war (1945. G.W.). Aber da war in der Tat noch ein großes Land, das nur einen Teil des Krieges miterlebt hatte und den Krieg nicht im eigenen Lande zu erleiden gehabt hatte. Das waren die USA, und die besannen sich bald – Anfang 1947 – darauf, daß sie gemeinsam mit einem *alten Feind – mit der UdSSR* – gekämpft hatten. Was sollte aus dem Verhältnis zwischen ihnen werden? Die Tatsache – ganz gleich, was die Ursache gewesen sein mag – war auf alle Fälle die, daß in den USA *die alte Feindschaft wieder angeheizt* wurde . . . Die USA war damals unbestritten die gewaltigste Großmacht der Welt, die einzige ›Macht‹, . . . die über die Atomwaffen verfügte . . . Kein Wunder, daß die UdSSR vor diesem mächtigsten aller Gegner Angst hatte und aufgerüstet blieb, zumal die USA in der Herstellung und Entwicklung der ABC-Waffen bzw. Vernichtungsmittel fortfuhr und ihre *Anti-Kommunismus-Propaganda* wieder aufleben ließ und verschärfte. Die ganze Welt zitterte von 1947 bis 1954 beim Gedanken an den Ost-

West-Konflikt, zumal er unabwendbar zu einem neuen ›Weltkrieg‹ würde führen müssen . . . 1949 kam dann eine erleichternde Atempause, weil mit der russischen Atombombe die militärische Allmacht der USA erledigt war. Ich erinnere mich deutlich, wie ich damals gerade beim Abflug aus Australien die Nachricht von einem Reporter erhielt und ihm antwortete: ›Nun wird es so ganz leicht keinen wirklichen Krieg zwischen Ost und West geben!‹ Aber es gab den ›kalten Krieg‹ . . . (Es trat dann freilich eine Entwicklung ein), die den Gegensatz Ost-West für beide Seiten als militärisch nicht mehr zu entscheiden klargemacht hat: Es ist das Jahr 1954. Die H-Bombe wurde von den USA und der UdSSR in zeitlich ganz geringem Abstand getestet und ausprobiert . . .« Das habe das »Patt« bedeutet (Martin Niemöller, Reden, Predigten, Denkanstöße 1964–1976, Köln 1977, S. 140ff. – Hervorhebungen von mir. G.W.).

Ganz abgesehen davon, daß mit diesen Bemerkungen ein nicht uninteressantes historisches Licht auf die Frage »Nachrüstung« geworfen wird (es war immer die UdSSR, die seit Hiroshima »nachrüsten« mußte, um relative Gleichheit bzw. relatives Gleichgewicht an atomarer Rüstung zu sichern), ist in dieser Rede Niemöllers (und analog hierzu in vielen anderen Äußerungen von ihm) mit dem Antikommunismus und seinem Feindbild tatsächlich die Ursache für Dialogverhinderung und für Absage an und von Verhandlungen genannt, die Gegenposition zur Koexistenz bestimmt.

Wenn ich es richtig sehe, sind es vor allem drei dem Antikommunismus zuzuordnende Momente, die gegenwärtig – und das heißt im Zeichen von Reagan und Weinberger, Allen und Haig – dialogverhindernd auftreten: 1. die Formulierung exklusiver Vorbedingungen für Verhandlungen bei gleichzeitiger Infragestellung schon erreichter Verhandlungsergebnisse, 2. die Statuierung elementarer bzw. vitaler Lebensinteressen, unabhängig von den Normen des Völkerrechts, insonderheit der Charta der Vereinten Nationen, 3. Streben nach Hegemonie, gründend auf militärtechnischer, rüstungspolitischer Überlegenheit.

Ich möchte diesen, wie ich meine, sofort verständlichen Positionen (man denke mit Blick auf den ersten Punkt nur an SALT II) eine Erläuterung allein zum zweiten Punkt hinzufügen, weil er es gegenwärtig ist, der in den weltweiten wie in je lokalen Konflikten (die allerdings weltweite Konsequenzen haben können) verheerende Wirkungen zeitigt.

Indem schon in der letzten Phase der Carter-Administration, vor allem aber mit Beginn der Reagan-Administration den vitalen Interessen der USA vorrangige Bedeutung hinsichtlich der von den USA zu fällenden Entscheidungen zugemessen wurde und indem, im Zusammenhang mit dem Stützpunkt-System, aber auch mit der Energieversorgung, im Grunde die ganze »erste« und »dritte« Welt zu dieser Sphäre der vitalen Interessen der USA erklärt (und im Zusammenhang mit Polen sogar die »zweite« Welt einbezogen) wird, ergibt sich eben ein globales Bild des im Sinne des US-Imperialismus »alt-bösen Feinds«, und der Antikommunismus erweist sich nicht nur als ideologische Grundlage der »Bedrohungslüge«, sondern als Fundament einer weltpolitischen Reagan-Doktrin. Die Bildung einer »Eingreiftruppe«, deren erste Manöver in Ägypten, das militärische Abenteuer des Versuchs der Geiselbefreiung in Iran, der Zwischenfall in der Großen Syrte – alle diese vordergründigen Erscheinungsformen der Wahrnehmung der »vitalen Interessen« (im Grunde sind sie ja nur die Spitze des Eisberges) führen nun unmittelbar dazu, daß die von den USA besonders begünstigten Regime wie das israelische und das südafrikanische ihrerseits sofort herzhaft dazu übergehen, die Wahrnehmung ihrer vitalen Interessen auf ihre Weise zu exekutieren, Israel in Libanon und mit seinem Luftüberfall auf Irak, Südafrika in der Namibia-Frage, mit seinem Einfall in Angola und mit der Ermordung schwarzafrikanischer Politiker außerhalb Südafrikas (in Simbabwe). Auch diesen Aktionen liegen nicht nur machtpolitische bzw. militärtaktische Kalküls zugrunde, sondern ideologische Schemata, die in ihrer Einheit mit den Kalküls den Ausweis des Antikommunismus aufweisen, bei Begin mit dem zionistischen Vorzeichen göttlichen Rechts in der israelischen Politik, im Falle Südafrikas mit dem rassistischen Vorzeichen der Apartheid.

Gerade an diesem Punkt zeigt sich, daß Antikommunismus heute nicht nur dialogverhindernd wirkt, er wird direkt zum politisch-ideologischen Transportmittel von Diversion und Aggression. (Der für den Überfall auf Bagdad im Englischen gewöhnlich verwendete Begriff »raid« erinnert überdies an Cecil Rhodes, an die Zeit brutaler Kolonialpraktiken.)

In einer Rede am 18. Februar 1975 in Tübingen hat Martin Niemöller einen Gesichtspunkt zur Geltung gebracht, der mutatis mutandis hier zu berücksichtigen wäre:

»Man hat zwar bei uns im Westen in der Zeit des ›kalten Krieges‹ so getan, als müßten wir Christentum und Menschlichkeit gegen den bolschewistischen Kommunismus verteidigen, aber in Wirklichkeit ging es um die Stärkung und Erhaltung einer Wirtschaftsgesellschaft, in der dem Gewinnstreben des Individuums keine oder möglichst wenig Schranken gesetzt werden« (a.a.O., S. 236).

Hier verbindet sich das Streben nach militärischer Überlegenheit damit, »die finanzielle, wirtschaftliche Übermacht als Waffe« zu benutzen; man könne daher »nicht nur Soldaten, sondern Armeen, Regierungen, ganze Staaten« kaufen »und läßt sie Politik und Kriege machen, um den eigenen Einfluß und Machtbereich zu sichern und auszuweiten«.

Auf dem Hintergrund solcher Überlegungen (er hat sie auch bei anderen Gelegenheiten formuliert) hat Niemöller dem Antikommunismus abgesagt, ist er für Dialog und Verhandlungen eingetreten, hat er sich in das KFAZ, in die Friedensbewegung eingegliedert (in die authentische und nicht in die, die Mr. Allen Anfang September 1981 bei seinem Besuch in Bonn als Friedensbewegung ausgegeben hat, nämlich – sic! – die NATO!), ist er zum Mitinitiator des Krefelder Appells geworden.

In diesem Zusammenhang mag über die sozusagen »realpolitische« Seite in der Haltung Martin Niemöllers hinaus wenigstens noch eine Andeutung dazu gemacht werden, daß er in seiner kirchlichen Verantwortung – in Hessen wie in der EKD wie in der Ökumene – sich nie aus solchen von ihm als richtig erkannten Positionen entfernt hat. Seine Reisen in die DDR und seine Kontakte mit Otto Nuschke sowie sein früher Besuch in der UdSSR müssen hier vor allem in Ansatz gebracht werden. Aber auch ein gerade für unser Thema aufschlußreicher Bericht von Prof. Dr. Gerhard Bassarak müßte hier in Betracht gezogen werden:

»Am letzten Tage der Zweiten Allchristlichen Friedensversammlung in Prag, am 3. Juli 1964, kam es bei der Diskussion und Abstimmung über die ›Botschaft an die Kirchen und Christen‹ im Plenum zu einem der Höhepunkte der Versammlung. Ein Abschnitt der Botschaft war dem Bekenntnis der Schuld der Christenheit vorbehalten. In dem Entwurf hieß es: ›Zu oft ist christliche Predigt noch nicht frei von Stimmungen des kalten Krieges, des Antikommunismus und von Slogans der politischen Propaganda.‹ Darüber entstand eine lebhafte Auseinandersetzung. Man suchte nach einer Formel, die sich nicht einseitig gegen den Westen richte. Martin Niemöller griff zweimal in die Diskussion ein und machte geltend, daß – wenigstens in den Kirchen in Deutschland – der Antikommunismus in der Predigt in der Tat die größte Gefahr dafür darstelle, daß die Botschaft des Evangeliums vergiftet werde . . .« (Günter Wirth, Hg., »Antikommunismus und Proexistenz«, Berlin 1965, S. 5).

Damals war Martin Niemöller (1961 bis 1968) einer der Präsidenten des Ökumenischen Rates der Kirchen, und es war wohl nicht zufällig, daß er in eben jener Vollversammlung des ÖRK 1961 in Neu-Delhi in diese Funktion gewählt wurde, in der die Russische Orthodoxe Kirche, zu der er die Brücken geschlagen hatte, ÖRK-Mitglied wurde und in der die Kirchen Asiens und Afrikas in der Ökumene stärker in Erscheinung traten – und als ihr Förderer galt Martin Niemöller ebenfalls schon sehr lange.

Insofern mag es Martin Niemöller als Ausdruck einer seit den sechziger Jahren immer stärker werdenden ökumenischen Tendenz, für Frieden und Abrüstung einzutreten, empfunden haben, daß der ÖRK-Zentralratsausschuß 1981 auf seiner Beratung in Dresden (erstmalig in der DDR tagend) klare und weitreichende Beschlüsse in der Verurteilung der Neutronenwaffe und in der Betonung der Notwendigkeit rascher und effektiver Verhandlungen der Großmächte gefaßt hat. Dabei unterließ es der ÖRK-Zentralausschuß auch nicht, und das war ganz im Sinne Niemöllers, nach den wirtschaftlichen Ursachen von Kriegen zu fragen und sie in Ausbeutung und sozialer Ungerechtigkeit zu finden.

Antikommunismus – wir haben ihn neuerlich als dialogverhindernd, als unmenschlich entdeckt. Gegen den Antikommunismus stellen wir Dialog und Verhandlungen im Interesse der friedlichen Koexistenz, der Abrüstung und anderer menschendienlicher Ziele. Es ist nun, wie ich meine, eine aus dem Nachdenken über Niemöllers Weg organisch sich ergebende Konsequenz, über politische Analysen und theoretische Erwägungen hinaus jenem Menschendienlichen in der ganz persönlichen Haltung des einzelnen größte Aufmerksamkeit zu schenken. »Proexistenz« hat dies der evangelische Theologe Werner Schmauch, ein Vorkämpfer der Christlichen Friedenskonferenz in der DDR, genannt. Ob Niemöller mit diesem Begriff einverstanden ist, weiß ich nicht bei seiner Skepsis gegenüber begrifflichen Fixierungen praktischen persönlichen Zeugnisses. Aber was Schmauch, gerade auch in Absage an den Antikommunismus, begründend festhielt, das steht wohl ganz in Übereinstimmung mit der Haltung unseres Jubilars: »Die Verantwortung der Christen für den Frieden ist zu allen Zeiten und unter allen Umständen eine so unmittelbare und umfassende, daß ihre Existenz als Christen damit auf dem Spiele steht« (hier zitiert nach: Manfred Punge, »Werner Schmauch – Prophetie und Proexistenz«, Berlin 1981, S. 21).

Wolfgang Abendroth

Vom Weg der marxistischen Widerstandskämpfer zum Verständnis für den christlichen Widerstand der »Bekennenden Kirche«

Martin Niemöllers 90. Geburtstag sollte manchen von uns, die wir in der Tradition der alten Arbeiterbewegung vom ersten Tage an den Kampf gegen das Dritte Reich Adolf Hitlers aufgenommen haben, dazu führen nachzudenken. Es ist nicht nur moralisch, sondern auch politisch notwendig zu reflektieren, wie wir damals die geistige und die politische Entwicklung einer großen Zahl von Christen beurteilt haben, die seit der Mitte des Jahres 1933 im werdenden christlichen Widerstand standen, zu den protestantischen Pfarrern, die erst Selbstverteidigung ihres Glaubens und ihrer Verkündigung übten und dann zur Opposition wurden. Wir mußten, langsam genug, zunächst lernen, sie zu respektieren, um dann erst viel später voll zu begreifen, daß sie unsere wichtigsten Bundesgenossen bei der Verteidigung der Humanität geworden waren.

Wir standen, als am 30. Januar 1933 das Monopolkapital und der Staatsapparat die politische Macht an den Faschismus übergeben hatten, fest in der Tradition des Marxismus, in welcher Modifikation auch immer. Sie war unsere selbstverständliche Denkgrundlage. Wir waren deshalb Atheisten, und die aktivsten von uns waren in Freidenkerverbänden organisiert. Häufig waren wir darin Funktionäre. Seit sich die Kirchen in der Volksentscheid-Kampagne über die Fürstenenteignung 1925/26 politisch eindeutig gegen uns und gegen die Demokratie gestellt hatten, hatte sich diese Bindung noch verstärkt. So standen wir christlichem Denken voller Mißtrauen gegenüber, gleichgültig, ob es von den protestantischen Landeskirchen oder den katholischen Bischöfen formuliert wurde. Dies Mißtrauen hatte sich in den ersten Monaten des

Dritten Reiches noch vergrößert. War es nicht Dibelius gewesen, der den »Tag von Potsdam« begeistert begrüßt und mit »ausgerichtet« hatte? Waren es nicht die Bischöfe, die bald darauf sogar die politische Partei des deutschen Katholizismus, das Zentrum, feierlichst auf dem Altar ihres neuen weltlichen Herrn geopfert hatten?

Das hieß keineswegs für alle von uns – auch für mich nicht, obwohl ich zum Kreisvorstand einer sozialistischen Freidenkerorganisation gehört hatte, bis sie dem nationalsozialistischen Staat zum Opfer fiel –, daß dieses unser Vorurteil den Christus des Neuen Testaments und manche für unsere Begriffe wichtige historische Aussagen des Alten Testaments umfaßt hätte, für die sich allerdings die große Mehrheit unserer Genossen kaum interessierte. Nicht nur ich selbst, auch manche anderen hatten sich durchaus damit beschäftigt, daß die großen sozialen Rebellionen des Mittelalters, die Bauernkriege (nicht nur die deutschen), dann aber ebenso erste Formen aufbegehrender Kritik an der Lage der Arbeiterklasse im Früh-Industrialismus in den Formen an die Heilige Schrift anknüpfender Vorstellungen verlaufen waren. Wir wußten auch – wenn man die neueste Geschichte und darin insbesondere die Geschichte der deutschen Arbeiterbewegung zum Maßstab seines Denkens machte –, daß im wilhelminischen Obrigkeitsstaat Christoph Blumhardt als pietistischer Pfarrer die Kraft gefunden hatte, die politische Option seiner Landeskirche zu durchbrechen: Es war ihm gelungen, von Karl Marx und Friedrich Engels ökonomisches und historisches Denken zu lernen, um dadurch Sozialdemokrat, und zwar keineswegs Revisionist zu werden, ohne seinen Glauben aufzugeben. Wir hatten in der Weimarer Republik erst kritisch, dann anerkennend verfolgt, wie die Gruppierung der »religiösen Sozialisten« entstanden war. Gewiß war nach unserer Meinung deren Mehrheit in »nur« pazifistischen oder doch rechts-sozialdemokratisch-reformistischen Positionen steckengeblieben, ohne die bevorstehende große Krise und deren Alternativen zu durchschauen. Aber sie waren doch in der Auseinandersetzung um die Fürstenenteignung trotz der eindeutigen Stellungnahme ihrer kirchlichen »Obrigkeiten« an unserer Seite geblieben, wie übrigens auch kleinere katholische Gruppen. Ihre Motive waren dabei, wie wir wohl wußten, von ihren Folgerungen aus dem Christentum bestimmt, wie sie es interpretierten. In der Krise, als dann die Spitze der Sozialdemokratie erst vor den Forderungen des Kapitals an Hermann Müller und dann vor Brüning und seiner Preisgabe des demokratischen Rechtsstaats der Weimarer Verfassung immer wieder kapitulierte, waren einige von ihnen bei den politischen (und menschlichen) Haltungen geblieben, die sie bei ihrer Hinwendung zum Sozialismus eingenommen hatten. Ob sie wie Emil Fuchs konsequente Pazifisten waren oder wie Erwin Eckert die Folgerung zogen, daß die Arbeiterklasse revolutionäre Aktionen beginnen müsse, um dann in die KPD einzutreten (und dadurch das Pfarramt zu verlieren) – sie hörten (wir wußten und akzeptierten es) nicht auf, ihr Denken mit dem Evangelium zu begründen. Sogar die meistens so dogmatische KPD wurde nun bereit, das hinzunehmen und ausdrücklich anzuerkennen, daß Eckerts Bekenntnis zum christlichen Glauben seiner Mitgliedschaft in ihrer »leninistischen« Partei nicht entgegenstehe.

Aber gerade in der Krise hatte sich die Identifikation der protestantischen Kirchenführungen – gleichgültig, ob sie nun theologisch liberal oder orthodox, pietistisch oder (wenn auch nur selten) durch die dialektische Theologie beeinflußt waren – mit ihrer reaktionären monarchistisch-obrigkeitsstaatlichen Tradition wieder verstärkt. Sie hatten sich immer entschiedener gegen Sozialismus und Demokratie gewandt. Deshalb war unsere Skepsis gegenüber dem Christentum trotz unserer Achtung vor den »religiösen Sozialisten« insgesamt wieder größer geworden, zumal die noch immer politisch im Schlepptau der rechtsbürgerlichen Parteien marschierende Mehrheit der Pfarrer den Einbruch der nationalsozialistischen »Deutschen Christen« schon vor dem 30. Januar 1933 entweder gelassen hinnahm oder begrüßte. Der Teil der »religiösen Sozialisten«, der nicht wie der Kreis um die »Neuen Blätter für den Sozialismus« sich nur im professoralen Bereich wohlfühlte oder gar mit dem rechten Flügel der Sozialdemokratie Kapitulationspolitik gegenüber der Politik Brünings betrieb, war nach unserer Meinung die Ausnahme, nicht die Regel. Wir neigten allzu leichtfertig dazu, diese Anpassungsideologie auf religiöse Denkschranken zurückzuführen.

Der 30. Januar 1933 und der wachsende Terror des Dritten Reiches, dessen erstes Ziel die Vernichtung der Arbeiterbewegung und nach der Reichstagsbrand-Notverordnung das Ende aller demokratischen Freiheitsrechte war, mußte aus allzu leicht verständlichen psychologischen Gründen unsere Zurückhaltung abermals wiederbeleben, auch die gegenüber den »religiösen Sozialisten«. Ihr vorher wichtigster theologischer Professor, Georg Wünsch in Marburg a.d.L., war politisch zu den Anhängern Hitlers übergelaufen. Nicht nur die Spitzen der Kirchen, auch die Mehrheit derjenigen Pfarrer, die bis dahin zwar nationalistisch und reaktionär, aber keineswegs terroristisch-faschistisch gedacht hatten, folgten der Flut der Begeisterung aller bürgerlichen Schichten für die große »Volksgemeinschaft«, die nun dank des »Führers« entstanden sei und die gewisse »Ungerechtigkeiten« bei ihrer Entstehung ertragen und hinnehmen solle, wie das Dibelius in Potsdam gesagt hatte.

Deshalb schien den meisten von uns die beginnende Abwehr des Pfarrernotbundes dagegen, daß die »Deutschen Christen« nun auch die letzten Reste früherer christlicher Überzeugungen und Traditionen antasten und beseitigen wollten, zunächst eine nicht sehr wichtige Auseinandersetzung unter unseren Feinden zu sein, die sich bald wieder einigen würden und die politisch vom Willen zur Verteidigung der Humanität, um den es uns ging, gleich weit entfernt bleiben würden. Es sei zwar notwendig – so dachte unsere Mehrheit noch lange –, daß einige von uns, gleichsam als Spezialisten, diese Diskussionen der Christen untereinander aufmerksam verfolgen, um sie taktisch ausnutzen zu können, aber den vollen Gehalt dessen, was sich im Kirchenkampf anbahnte, hatten wir noch längere Zeit nicht verstanden.

Nur – in diesen Jahren hatten wir auch etwas anderes lernen müssen, daß wir nämlich den Rückhalt in großen Teilen unserer eigenen früheren sozialen Basis zu verlieren begonnen hatten. Das hatte die Mehrheit der marxistischen Widerstandskämpfer nicht in diesem Ausmaß vorher erwartet. Die Kapitulation der Spitzen erst der Gewerkschaften und dann auch der Sozialdemokratie (man denke an die »Friedensresolution« des Reichstags für Hitler am 17. Mai 1933) war zwar keine übermäßige Überraschung für uns alle gewesen, wohl aber die politische Neutralisierung der Mehrheit der Arbeiter, die dann später – nach der langsamen Wiederherstellung der Vollbeschäftigung im Dritten Reich – sogar in halbe Unterstützung des neuen Regimes hinüberglitt und uns die Zustimmung der Volksmassen zu unserer Arbeit des Wiederaufbaus antifaschistischer Kader für lange Jahre entzog. Wir, die wir fest blieben (und viele Zehntausende sind es bis zum letzten Tage geblieben), lernten dadurch mehr als früher, welchen hohen Wert Charakterfestigkeit und Stetigkeit der Überzeugung hat, die keineswegs so selbstverständlich sind, wie wir vorher geglaubt hatten, und denen gegenüber die lediglich rational, durch die Vernunft gebotene Analyse zwar nicht ihre Bedeutung verliert, auf die man sich aber nicht, wie wir einst angenommen hatten, allein verlassen kann.

Diese Wandlung in der Einschätzung unserer eigenen Arbeit half uns, den Widerstand von Christen gegen die Auflösung ihres Glaubens in der nationalsozialistischen Flut auch dann anders zu bewerten, wenn er zunächst noch keineswegs mit konsequenter antifaschistischer Stellungnahme gegen das Dritte Reich und seine Politik des unmenschlichen Imperialismus verbunden war. Die Verhaftung und dann der Prozeß des Pastors Niemöller (und auch die Standfestigkeit vieler anderer Pfarrer) wurden uns zum Lehrstück dafür, daß Mut und charakterliche Treue nicht unser Privileg waren und daß der christliche Glaube dem Menschen Rückgrat verleihen kann. Wir fingen an zu verstehen, daß ihre Tradition (und diejenige ihrer Kirchen) viele Christen vorher in eine politische Position geschoben hatte, die von uns aus gesehen auf der anderen Seite der Barrikade war, und daß es für sie deshalb schwer sein mußte, das Problem des politischen Kampfes der Arbeiterklasse für Menschenrechte und Frieden zu erkennen und sich in diesem Kampf für Sozialismus und Humanität einzureihen. Wer aber wie sie – wenn vorab noch in welchen traditional bestimmten Grenzen auch immer – seinen Grundüberzeugungen treu blieb und gegen die Anmaßungen der faschistischen Staatsgewalt trotz aller Schikanen und allen Terrors weiter für sie eintrat, der mußte dann in dem harten Kampf, der ihm aufgezwungen worden war, anfangen weiterzudenken. Darum mußten die Schranken, die frühere Kämpfe auch in unserem eigenen Denken errichtet hatten, durchbrochen werden, gleichgültig, wie lange der Prozeß der Umwandlung ihrer charakterlichen Zuverlässigkeit und ihres menschlichen Mutes, der diesen Teil der bekennenden Kirche – in viel geringerem Maße nur wenige in den »intakten« Landeskirchen – ausgezeichnet hat, in politische Einsicht bei der Einschätzung des faschistischen Staates und seiner Funktion noch andauern würde und wie häufig er noch in sich widerspruchsvoll bleiben würde. Es war – so dachten jetzt viele, nach einigen Jahren alle von uns – unsere Pflicht geworden, uns dabei in sie einzufühlen und ihnen, soweit es uns möglich war, durch unseren Rat, aber ohne eigene Überheblichkeit und Rechthaberei zu helfen. Wir hatten zu akzeptieren und zu begreifen, daß es ihr christlicher Glaube war, der ihnen – den Pfarrern und ihren Freunden – die Stärke gab, gegen alle Anfechtungen in Richtung auf Unterwerfung und Kompromiß standzuhalten. In unserer Isolierung gegenüber den breiten Massen, auf die wir uns einst stützen konnten, gab auch uns ihr Beispiel neuen Mut.

So war es keineswegs nur ein taktisch »kluges« Verhalten, das uns nötigte, »bekennende« Pfarrer und ihre Gemeinden zu unterstützen, weil wir selbstverständlich an jede Regung anknüpfen wollten, die in Konflikt mit der nationalsozialistischen Staatsgewalt geriet. Es war mehr. Wir hatten gelernt, anders zu bewerten, als wir es einst gewohnt gewesen waren.

Änderungen des Denkens und erst recht Änderungen der Mentalität vollziehen sich nicht von einem Tag zum anderen und ohne Rückschläge, auch bei uns, den marxistischen antifaschistischen Widerstandskämpfern nicht. Solchen Rückschlägen gab auch in jenen Jahren, in denen derjenige, der hier schreibt, hinter Gittern saß, manches Verhalten protestantischer Pfarrer, die wir alle bereits als tapfere Männer anerkannt hatten, neue Nahrung – obwohl es objektiv in deren eigener geistiger Entwicklung an sich noch so begreiflich war und die Qualität, um die es hier ging, die Selbstverteidigung des Gewissens, das für seine eigene Vorstellungsweise von christlicher Nächstenliebe und dem Glauben bestimmt war, keineswegs aufhob. Hier sei an ein charakteristisches Beispiel erinnert: Zu Beginn des Zweiten Weltkrieges drang das Gerücht zu uns, Martin Niemöller, den wir schon lange anerkannt und bewundert hatten, habe sich freiwillig als U-Boot-Kommandant dem Dritten Reich angeboten. Es folgten lange und wilde Debatten unter uns »Illegalen«, den politischen Gefangenen eines Zuchthauses, die fast ausnahmslos aus der Arbeiterbewegung kamen und sehr genau wußten, daß Hitler diesen Krieg noch weit barbarischer führen würde, als einst der erste Weltkrieg geführt worden war, über diesen »Rückfall« eines Mannes, von dem viele angenommen hatten, sein politisches Denken sei schon viel weiter entwickelt. Dabei fielen manche bitteren Worte. Und doch war es dann unserer Mehrheit möglich, zu der Einsicht zu kommen, daß dies Verhalten aus Niemöllers persönlicher Tradition heraus wie aus der Tradition der politischen Identifikationen der protestantischen Kirchen, wie sie sich in langen Jahrhunderten ergeben hatte, leicht zu verstehen sei, und daß es also die Qualität seines Charakters und darum auch diejenige seiner Lernfähigkeit, wie sie ihm langfristig sein Glaube gebot, nicht verändern würde.

Die Geschichte hat uns recht gegeben. Nach dem Ende des Zweiten Weltkrieges war es nicht nur der Pastor Niemöller, sondern war es die Bewegung, die mit seinem Namen verknüpft ist, die auch in den bittersten Zeiten des kalten Krieges allen Verteufelungen durch die jeweiligen Anhänger des McCarthy-Kurses der USA und ihre Trabanten in der BRD standhielt. Sie hat die Kriegsvorbereitungen und die Restaurationsideologien zunächst in den drei westlichen Besatzungszonen, dann in der Bundesrepublik immer wieder bekämpft. Der antikommunistische Wahn, das Anti-Volksfront-Geschrei des angeblich so sehr den »Menschenrechten« (man denke nur erst an Algerien, bald darauf an Vietnam und jetzt an Nicaragua und El Salvador, an die Türkei) verpflichteten »abendländischen Westens«, das vor jeder neuen Aufrüstungswelle, die jetzt »Nachrüstung« heißt, ertönt, ist von den wirklich der Menschlichkeit verpflichteten Christen stets abgelehnt worden, gleichgültig, ob sie – wie in den vielen Jahren seit dem Korea-Krieg (und dem wirtschaftlichen Aufschwung der BRD) – gemeinsam mit uns, den Resten der alten Arbeiterbewegung, in der »öffentlichen Meinung« isoliert waren oder – wie heute – von einer breiten Stimmung mitgetragen oder unterstützt wurden. Daß es zu der großen Friedensbewegung seit 1980 gekommen ist, die 1981 zu der Bonner Kundgebung der 300 000 führte, die zunächst von allen herrschenden Kräften verketzert wurde und die man, nachdem sie so machtvoll geworden ist, durch angebliche »Diskussionsbereitschaft« – aber bitte auf dem Boden der weiteren Rüstungssteigerung – wieder auseinandertreiben möchte, war nur möglich, weil jenes Bündnis auf der Grundlage der Standhaftigkeit beider Seiten durch die langen Jahrzehnte seit 1945 erhalten geblieben ist, das im Dritten Reich in der Gemeinsamkeit zuerst nur der Charakterfestigkeit bestand. Die gegenseitige Anerkennung und Achtung und das gemeinsame Wirken von konsequenten Christen und konsequenten Marxisten dürfen nicht mehr zerbrechen. Der begeisterte Beifall, den die Demonstranten in Bonn den Grußworten Pastor Niemöllers gewährt haben, sollte das jedem bezeugen, der nicht seine Ohren verstopft und seine Augen verschließt.

Ulrich K. Preuß

Die Transformation der Rechtsordnung in eine Wertordnung

I.

Die politische Kultur des sich emanzipierenden Bürgertums findet ihren formellen Ausdruck in den Prinzipien des liberalen Rechtsstaates, der eine grundlegend neue Beziehung des Einzelnen zum politischen Gemeinwesen hervorgebracht hat: er wird aus den Gemeinwesen ausgegrenzt und von ihm nur nach Maßgabe vorher bestimmter Regeln – der Gesetze – in Anspruch genommen. Diese Ausgrenzung setzt ein System gesellschaftlicher Selbstkoordination durch individuelle Freiheit frei, in dem der Einzelne keine Verantwortlichkeit für die gesellschaftlichen Folgen seiner individuellen Handlungen trägt und er insoweit von den sozialen Folgen seines privaten Verhaltens entlastet ist. Die Haftung des Einzelnen für die sozialen Folgen seines individuellen Verhaltens ist nicht eine Funktion von gesellschaftlichen Lagen, Situationen, Gefahren, Krisen, sondern ausschließlich seiner individuellen Handlungen, die zudem als präzise Tatbestände gesetzlich umschrieben sein müssen. Die Kongruenz von autonomer Handlungsfreiheit und individueller Verantwortlichkeit bestimmt die Logik der rechtsstaatlichen Strukturen: das Individuum haftet für die Folgen seiner in Freiheit gesetzten Handlungen nur in dem Maße, in dem er sie selbst individuell beherrscht, wobei das Kriterium der Beherrschbarkeit die Kategorie der Schuld ist. Für alle darüber hinausgehenden Wirkungen seiner Handlungsweise ist er nicht verantwortlich, z. B. der Fabrikherr nicht für die gesundheitlichen, sozialen oder ökologischen Folgen des Betriebes einer Fabrik oder für die Versorgungslage der Bevölkerung, wenn er sein Produktionsprogramm umstellt oder sein Kapital in einen ganz anderen Produktionsbereich steckt.

Nach dem Modell des liberalen Rechtsstaats gibt es einen spezifischen Mechanismus, der die gesellschaftlichen Folgen individueller Handlungen verarbeitet, sie in Kongruenz zueinander bringt und auf diese Weise gesellschaftliche Harmonie stiftet: es ist der Markt als die Sphäre der Konkurrenz individueller Freiheit auf dem sich, wie Marx es ausdrückte, hinter dem Rücken der Individuen ein befriedigender gesellschaftlicher Zustand herstellen soll. Der individuellen Verantwortung des Einzelnen für die von ihm beherrschten Handlungen – ausgedrückt durch die Kategorie der Schuld – entspricht die Anonymität des Marktes, auf dem niemand verantwortlich ist, weil der Marktmechanismus selbst die gesellschaftliche Koordination und Harmonie herstellt.

Insofern ist die liberale Freiheit auch ein Verteilungsprinzip: sie stellt den vorhandenen gesellschaftlichen Reichtum an Bodenschätzen, Produkten und Arbeitskraft dem freien Zugriff aller Individuen zur Verfügung in der Annahme, daß sich jedes Individuum wiederum das aneignet, was es benötigt. Das Marktprinzip beruht auf der Vorstellung, daß das anarchische Durcheinander beim Kampf eines jeden gegen jeden um einen möglichst großen Anteil am gesellschaftlichen Reichtum, d. h. daß also die Vielzahl der privaten Handlungsweisen, die von jeglicher gesellschaftlicher Folgenreflexion entlastet sind, sich gewissermaßen im statistischen Durchschnitt dergestalt ausgleichen, daß daraus vernünftige gesamtgesellschaftliche Folgen resultieren. Wenn also oben gesagt wurde, daß die liberale Freiheitskonzeption dadurch gekennzeichnet sei, daß sie keinerlei Verantwortung für die gesellschaftlichen Folgen privater Handlungsweisen statuiert, so ist dies nur eingeschränkt richtig. Nach der liberalen Theorie braucht zwar der Einzelne keine Folgenreflexion anzustellen und keinerlei gesellschaftliche Verantwortlichkeit in seinem privaten Handeln anzuerkennen, aber dank einer nach Adam Smith glücklich gefundenen Formulierung gibt es eine »invisible hand«, die eine gesamtgesellschaftliche Harmonie herstellt. Die öffentliche Gewalt stellt in Gestalt des Parlaments lediglich diejenigen Regeln auf, nach denen sich jedes Individuum zu verhalten hat und setzt damit lediglich äußere Grenzen für die private und individuelle Aneignung des gesellschaftlichen Reichtums.

Die gesellschaftliche Güterordnung ist also vorpolitisch organisiert, und das liberale Modell vertraut auf das regulative Prinzip des Marktes, das die gesellschaftlich erwünschten Folgen des privaten Freiheitsgebrauchs aus sich hervorbringen soll. Insofern impliziert dieses Konzept auch die Vorstellung einer gesellschaftlichen Normalität, insofern durch den Freiheitsgebrauch der vielen privaten Individuen stets auch die gesellschaftlichen Funktionsbedingungen der privaten Konkurrenz reproduziert werden.

Wie die Erfahrung der letzten 100 Jahre gezeigt hat, ist dies nun keineswegs der Fall. Die private Eigentumsfreiheit und die mit ihr verbundene Vertragsfreiheit haben zunehmend zur Konzentration bis hin zur Monopolisierung von Eigentum in Gestalt von Produktionsmitteln geführt, woraus Kartellierungen und private Machtzusammenballungen entstanden sind, die ihrerseits das Prinzip der Konkurrenz auf weiten Bereichen des ökonomischen Lebens außer Kraft gesetzt haben.

Das liberale Grundrechtskonzept bedarf also zusätzlich zu dem selbstregulativen Prinzip des Marktes sowie der schrankensetzenden öffentlichen Gewalt als weiteres Prinzip den Ausnahmezustand, d. h. außerordentliche Machtbefugnisse des Staates, um gewissermaßen von einem exterritorialen Gebiet des konstitutionellen Staates aus die Normallage wiederherzustellen, innerhalb deren allein das liberale Prinzip der Grundrechtsausübung aufrechterhalten werden kann.

Im Ausnahmezustand verwandelt sich die »invisible hand« in die »visible hand« von Polizei und Militär, die unmittelbar und zweckgerichtet die gesellschaftliche Ordnung gewaltsam wiederherstellen. Die gesellschaftliche Ordnung ist nicht länger Funktion der freien Konkurrenz der Individuen auf dem Markt, sondern umgekehrt werden die Individuen zur Funktion der gewaltsam hergestellten Ordnung.

Mit anderen Worten: die Dialektik von Normalität und Ausnahmezustand bestimmt die Struktur des liberalen Verfassungsmodells und der in ihr umfaßten verfassungsrechtlichen Institutionen, zu denen insbesondere als permanente subkonstitutionelle Ausnahmezustände die sogenannten besonderen Gewaltverhältnisse gehören, wie der Status der Strafgefangenen, des Schülers, des Beamten etc. Die liberalen Freiheitsrechte stehen also gewissermaßen permanent unter dem Damoklesschwert des Ausnahmezustandes, der durch das Funktionieren der liberalen Freiheit selbst notwendig heraufbeschworen wird.

II.

Auch unter dieser permanenten Drohung des Ausnahmezustandes hat das liberale Verfassungsmodell wichtige und unverzichtbare rechtsstaatliche Errungenschaften hervorgebracht, von denen ich in bezug auf das Strafrecht nur einige kurz erwähnen möchte: das oben erwähnte Prinzip der individuellen und limitierten Verantwortlichkeit des Einzelnen findet seinen Niederschlag in dem Satz »nulla poena sine lege«, nach dem Handlungen der Einzelnen nur dann durch die öffentliche Gewalt strafrechtlich sanktioniert werden dürfen, wenn die Strafbarkeit der Handlung vor der Tat präzise tatbestandlich definiert war; der Einzelne darf also nicht für die allgemeine gesellschaftliche Gefährlichkeit oder Tätlichkeit von Handlungen belangt werden. In diesen Zusammenhang gehört auch die sog. Unschuldsvermutung, d. h. das Prinzip, daß niemand für die Folgen seines Tuns strafrechtlich belangt werden kann, solange nicht eindeutig festgestellt worden ist, daß er die gesetzlich definierten Tatbestandsmerkmale erfüllt hat. Hierzu gehört ferner das Recht der Verteidigung, d. h. das Recht, auf den Prozeß der Wahrheitsfindung selbst einzuwirken, und sei es auch nur durch Schweigen. Schließlich, damit zusammenhängend, der formelle Wahrheitsbegriff, d. h. die Maxime, daß nur das als wahr in einem Strafprozeß festgestellt ist, was nach den Regeln der Strafprozeßordnung als Erkenntnis gewonnen worden ist. Hierbei handelt es sich um eine zentrale Errungenschaft des rechtsstaatlichen Strafverfahrens, weil der Staat damit den Anspruch aufgibt, die Wahrheit zum obersten Prinzip des Strafverfahrens zu machen und statt dessen das Subjekt und die Anerkennung seiner Personalität in den Mittelpunkt des Strafverfahrens rückt. Die Verwirklichung des Prinzips der materiellen Wahrheit im Strafverfahren kann konsequenterweise nur bedeuten, daß einzig das Geständnis des Angeschuldigten als Erkenntnisquelle anerkannt werden kann, denn nur dieser kann wissen, ob er die Tat begangen hat oder nicht. Rückt aber das Geständnis des Angeschuldigten in den Mittelpunkt der Erkenntnissuche, so können alle Mittel eingesetzt werden, die zu diesem Geständnis führen können: Folter, Hexenprozesse und Inquisition. Der Verzicht auf einen materiellen Wahrheitsbegriff impliziert also vor allem den Verzicht auf ein mit Zwangsmitteln herbeigeführtes Geständnis, oder umgekehrt: die Anerkennung der freien Subjektivität des Individuums auch im Strafprozeß bedeutet notwendigerweise den Verzicht auf einen materiellen Wahrheitsbegriff und damit auf eine Funktionalisierung des Einzelnen für staatliche Zwecke, und seien sie – wie die materielle Wahrheit – noch so hehr.

III.

Trotz der Aufnahme der klassischen liberalen Grundrechte in die bundesrepublikanische Verfassung entspricht diese weder ihrer theoretischen Struktur noch ihrer Praxis nach diesem Modell. Das System der privaten Aneignung der gesellschaftlichen Ressourcen im Medium einer anarchischen Konkurrenz hatte schon im 19. Jahrhundert, in verstärktem Maße in der ersten Hälfte des 20. Jahrhunderts zu ökonomischen und in ihrem Gefolge gesellschaftlichen Krisen geführt, so daß das Vertrauen in die selbstregulative Kraft des Marktes schon lange allgemein als unbegründet angesehen wird. Der Begriff des Interventionsstaates kennzeichnet die neue Lage: durch permanente Regelungen und Steuerungen des prinzipiell nach wie vor vorpolitisch organisierten gesellschaftlichen Produktions- und Reproduktionsprozesses übernimmt der Staat eine immer größere Rolle in der Umverteilung und Verteilung der gesellschaftlichen Ressourcen und grenzt damit das Individuum nicht mehr aus dem Gemeinwesen aus, sondern integriert es in das gesellschaftliche Ensemble. Er übernimmt damit nicht mehr nur in einem Ausnahmezustand, sondern in der Normallage die Verantwortlichkeit für das Gelingen der gesamtgesellschaftlichen Synthesis, ohne allerdings selbst über die hierzu erforderlichen grundlegenden Voraussetzungen zu verfügen: er entscheidet nicht über Kapitalinvestitionen, er hat nur einen bedingten Einfluß auf Währungsströme, er kann nicht selbst oder nur in sehr eingeschränktem Umfange Arbeitsplätze schaffen etc. Es besteht also eine Inkongruenz zwischen staatlicher Verantwortung einerseits – z. B. bezahlt er eine hohe Inflationsrate, Arbeitslosigkeit oder sonstige ökonomische Disparitäten mit einem Legitimationsverlust – und den beschränkten Handlungsmitteln, mit denen er einer derartigen Verantwortung gerecht werden könnte.

Eine bemerkenswerte Parallele zu dieser Inkongruenz findet sich in der bundesrepublikanischen Verfassung insbesondere in zwei Grundgesetzartikeln, den Artikeln 18 und 21 GG. Nach diesen Vorschriften ist es möglich, einzelnen Individuen ihre grundrechtlichen Freiheiten wegen deren Mißbrauchs abzuerkennen bzw. politische Parteien wegen ihres Kampfes gegen die »freiheitliche demokratische Grundordnung« zu verbieten. Bemerkenswert an diesen beiden Artikeln ist, daß eine staatliche Sanktion an ein legales Verhalten angeknüpft wird, denn es handelt sich bei diesen Vorschriften ausdrücklich um solche, die die Legalität des politischen Verhaltens der Individuen bzw. der politischen Parteien voraussetzen. Die Sanktion richtet sich auf die politische Gefährlichkeit des Grundrechtsgebrauchs von Individuen und politischen Parteien, m.a.W. die staatliche Sanktion knüpft an eine bestimmte Einschätzung von Lagen, Situationen, Krisen und Gefahren an, die dem Gemeinwesen drohen. Der Unterschied zu dem klassisch-liberalen System staatlicher Sanktionen ist deutlich: dieses knüpft an ein individuell zurechenbares, zuvor in gesetzlichen Regeln tatbestandlich definiertes

Verhalten an, das sich als illegal darstellt. Die Anknüpfung staatlicher Sanktionen an die politische Gefährlichkeit hingegen sieht von alledem vollständig ab und richtet sich allein nach der politischen Opportunität.

Gibt es irgendeinen systematischen Zusammenhang zwischen den beiden hier referierten Inkongruenzen, d. h. der Inkongruenz zwischen der staatlichen Verantwortlichkeit für ökonomische Stabilität und Wachstum und seinen unzulänglichen Handlungsmöglichkeiten einerseits, der Inkongruenz zwischen staatlicher Sanktion für politisch gefährliches Verhalten und der Legalität des sanktionierten Verhaltens andererseits? Die erwähnten Grundgesetzartikel gehen von »einer präventiven statt reaktiven Vorstellung der Krisenbewältigung aus« (vgl. B. Schlink: Zwischen Identifikation und Distanz. Zur Stellung des Beamten im Staat und zur Gestaltung des Beamtenrechts durch das Staatsrecht, in: Der Staat Bd. 15[1976], S. 335ff., 347). Ihre Funktion, legales politisches Verhalten einer staatlichen Sanktion zu unterziehen, ermöglichen sie dadurch, daß sie den Tatbestand des Mißbrauchs von Grundrechten schaffen, der wiederum nicht durch spezifische Verhaltensweisen tatbestandlich definiert ist, sondern sich von den politisch gefährlichen bzw. als gefährlich angesehenen Folgen dieses Verhaltens definiert. Der Einzelne bzw. die politischen Parteien werden also mit den gesellschaftlichen Folgen ihres legalen politischen Verhaltens belastet und jedenfalls dann sanktioniert, wenn diese Folgen als politisch gefährlich eingeschätzt werden. Die Folgen der strukturell bedingten staatlichen Unfähigkeit, sozialgestaltend eine krisenfreie gesellschaftliche Entwicklung zu gewährleisten, werden auf die Agenten des politischen Prozesses abgewälzt; der politische Prozeß ist die Sphäre, aus der heraus durch die Arbeit von politischen Parteien, Gewerkschaften und sonstigen Vereinigungen das System der privaten Verfügung über die gesellschaftlichen Ressourcen angegriffen werden kann und in der Tat angegriffen wird. Indem der Staat die latente Krisenhaftigkeit der durch die kapitalistische Ökonomie bestimmten gesellschaftlichen Struktur in Restriktionen des politischen Prozesses umwandelt und gewissermaßen durch die Definition von politischen Feinden konstitutionell Sündenböcke produzieren kann, vollstreckt er gewissermaßen die repressive Tendenz einer auf der privaten Aneignung des gesellschaftlichen Reichtums beruhenden gesellschaftlichen Ordnung.

Letztlich enthalten die erwähnten Artikel 18 und 21 des Grundgesetzes über den Mißbrauch von Grundrechten den Aufruf an das Individuum und an die politischen Parteien, ihre Freiheit in einem sozial verantwortlichen Sinne zu gebrauchen. Hierin scheint ein Fortschritt gegenüber der liberalen Konzeption der bürgerlichen Freiheit zu liegen. Aber es ist doch folgendes zu bedenken: ein wesentliches Kriterium materieller Gerechtigkeit ist die Reziprozität von Leistung und Gegenleistung, Verantwortung und Haftung, Beherrschbarkeit und Verantwortung, kurz: von Recht und Pflicht. Die modernen Verfassungen versuchen diesem Prinzip in verschiedener Weise Genüge zu tun; so entspricht z. B. unter dem Grundgesetz der Gewährleistung des Privateigentums die soziale Verpflichtung des Eigentümers, dem Genuß staatsbürgerlicher Rechte die Verpflichtung zur Zahlung von Steuern und zur Erbringung des Wehrdienstes oder, ganz allgemein, das Bezeugen staatsbürgerlichen Gehorsams gegenüber den Gesetzen. Die soziale Verantwortung des Eigentümers resultiert aus dem ihm gewährleisteten Herrschaftsrecht über Sachen und Rechte, und nur insoweit er hierüber verfügen kann, kann ihm eine soziale Verpflichtung auferlegt werden. So ist er z. B. nicht verantwortlich und kann dementsprechend nicht in Pflicht genommen werden für den Konkurs eines Konkurrenten, weil insoweit ein anonymer ökonomischer Selektionsmechanismus wirkt, der seine eigene Verantwortungsfähigkeit übersteigt. Andererseits aber kann der Eigentümer z. B. für die städtebaulichen und damit zusammenhängenden sozialen Folgewirkungen der Nichtbebauung eines städtischen Grundstücks verantwortlich gemacht werden, weil sich seine Sachherrschaft über das Grundstück in gesellschaftlich folgenreicher und von ihm auch beherrschbarer Weise auswirkt. Im Interesse städtebaulicher Entwicklung kann daher auch eine Sozialbindung des Eigentums dergestalt geltend gemacht werden, daß er zur Bebauung gezwungen wird. Hier ist also eine Reziprozität von Folgeverantwortung und Herrschaftsmacht gegeben.

Unter dem Gesichtspunkt der Reziprozität müßte der in den erwähnten Artikeln 18 und 21 statuierten sozialen Verantwortlichkeit der Staatsbürger eine Herrschaftsmacht über die sozialen Folgen ihres Handelns entsprechen. Oberflächlich betrachtet ist dies auch der Fall, wenn man nämlich die gesellschaftliche und politische Krise in ihrer Erscheinungsform als Agitation, öffentliche Versammlungen, Demonstrationen, Unruhe etc. ansieht. Aber aufgeklärten Geistern ist mittlerweile längst klar, daß es sich hierbei lediglich um Erscheinungsformen der Krise handelt. Die Krise selbst liegt in der ökonomischen Sphäre, in Über- oder Unterinvestitionen, Außenhandelsungleichgewichtigkeiten, Währungsdisparitäten etc. Diese ökonomische Sphäre aber ist der demokratischen Verfügung entzogen, so daß die soziale Verantwortung des Freiheitsgebrauchs keinen realen Gegenstand hat, an dem sie sich bewähren könnte. Er wird zur buchstäblich inhaltslosen Verpflichtung des Einzelnen auf das Gemeinwohl und ermöglicht dem Staat, diese Verpflichtung nach seinen Definitionen von Gemeinwohl auch zu vollstrecken.

IV.

Mit diesen Instrumenten einer asymmetrischen sozialen Verantwortung der Bürger für politische Krisen war der Grundstein für die Verankerung des permanenten Ausnahmezustandes in die Verfassung der Normalität gelegt. Die Inanspruchnahme der verfassungsmäßigen Freiheit gerät unter den Vorbehalt ihres Mißbrauchs, der von staatlichen Organen definiert wird. Die Freiheit wird damit praktisch staatlich konzessioniert und zugeteilt, und dies aus Gründen politischer Opportunität.

Nun ist die Zuteilung und Konzessionierung von Freiheit ein Widerspruch in sich, da das zentrale Element der Freiheit die individuelle oder kollektive Selbstbestimmung ist. Definiert eine fremde Macht Art und Umfang der Ausübung meiner Freiheit, so genieße ich keine Freiheit mehr, meine Handlungen sind zur Funktion der Definitionsmacht des Dritten geworden.

Es hat daher auch in der Verfassungsgeschichte der Bundesrepublik sehr bald eine Umformulierung des Freiheitsgehalts der Grundrechte gegeben. Nach der vom Bundesverfassungsgericht vertretenen Rechtsprechung ist das Grundgesetz eine Wertordnung, in der die freie Persönlichkeit und ihre Würde als höchster Rechtswert fungiert. Damit findet eine bezeichnende und folgenreiche Umformulierung einer liberal-demokratischen Verfassung statt. Denn durch die Zentrierung aller grundgesetzlichen Vorschriften, insbesondere der Grundrechte, um einen höchsten Rechtswert – die menschliche Würde – erhalten alle diese Vorschriften eine einheitliche Ausrichtung auf diesen zentralen Wert und finden nur vor ihm ihre verfassungsrechtliche Berechtigung. Die menschliche Würde findet nicht mehr ihren Ausdruck, wie das für eine liberale Verfassung konstitutiv ist, in der individuellen und kollektiven Selbstbestimmung, sondern umgekehrt erhält die individuelle und kollektive Freiheit ihre Legitimation durch ihre Beziehung auf die individuelle menschliche Würde.

Auch hierin scheint eine positive Fortentwicklung des klassischen liberal-demokratischen Verfassungsstaates zu liegen. Aber es ist nicht zu verkennen, daß die individuelle Freiheit sich vor einem unterschiedlich interpretierbaren, weil äußerst diffusen Begriff menschlicher Würde zu legitimieren hat und dadurch eine Relativierung erfährt. Es wird hiermit eine verfassungsrechtliche Legitimation dafür geschaffen, daß nicht mehr das Individuum oder Kollektive selbst im Rahmen der Gesetze Art und Ausmaß ihres Freiheitsgebrauchs definieren, sondern daß diejenige (staatliche) Macht, die das Definitionsrecht über das hat, was als menschliche Würde zu bezeichnen ist, damit implizit auch definiert, wie die Freiheit zu gebrauchen ist; es ist damit mit anderen Worten ein Konzessions- bzw. Verteilungsmechanismus für individuelle und kollektive Freiheit geschaffen worden.

Im Zusammenhang mit dieser Zentrierung der Freiheitsrechte um die menschliche Würde steht etwas anderes: durch die Imprägnierung aller Freiheitsrechte mit dem Personalismus der menschlichen Würde des Art. 1 des Grundgesetzes erfahren alle Grundrechte eine gewisse Nivellierung insofern, als sie nunmehr als Ausfluß ein und derselben Substanz erscheinen, nämlich der Personalität des individuellen Menschen. Die unterschiedlichen Grundrechte einerseits des Eigentums, der Gewerbefreiheit oder der Berufsfreiheit, andererseits der Meinungsfreiheit, der Freiheit der Versammlung, der Vereinigung und andere politisch fungible Grundrechte sind lediglich Konkretisierungen ein und derselben verfassungsrechtlichen Substanz, obwohl ihre Durchsetzung in historischen Kämpfen und ihre gesellschaftliche Funktion z. T. diametral entgegengesetzt sind. Die Vereinigungsfreiheit in Gestalt der Koalitionsfreiheit richtet sich z. B. gegen das Privateigentum an Produktionsmitteln, die Meinungsfreiheit hat die Funktion der Kritik sowohl privater wie öffentlicher Herrschaft und ist daher ebenfalls als ein Antipode der Eigentumsfreiheit aufzufassen. Diese Unterschiede werden dadurch eingeebnet, daß in Konsequenz der zentralen Stellung der menschlichen Würde in Art. 1 GG, der die freie Entfaltung der menschlichen Persönlichkeit sichert, eine allgemeine, d. h. konturenlose, durch keine konkrete Zielrichtung bestimmte allgemeine Handlungsfreiheit interpretiert wird (Art. 2 Abs. 1 GG), die als »Muttergrundrecht« für all die folgenden Einzelfreiheitsrechte fungiert. Alle Freiheitsrechte haben gewissermaßen dieselbe Substanz, die wie Gallert ihre gemeinsame Identität bestimmt und sie im Wege der Abstraktion von ihren konkreten sozialen Zusammenhängen nivelliert.

Die Parallele zum Wert der Waren ist auffällig: ihre Gebrauchswerte sind höchst unterschiedlich, aber ihre gesellschaftliche Substanz als Vergegenständlichungen von abstrakter Arbeit macht sie untereinander vergleichlich und damit tauschbar.

Ebenso verhält es sich mit der Abstraktion der jeweils konkreten historisch-politischen und polemischen Funktion der einzelnen Grundrechte zu einem freiheitlichen Universale; die Grundrechte werden miteinander kommensurabel und können gewissermaßen gegeneinander abgewogen werden, die einzelnen Freiheiten sind in ihrer Substanz gleichwertig, so daß es einer Entscheidung bedarf, wann im Falle von Kollisionen der eine Wertvorrang vor dem anderen hat. Ein Beispiel: macht jemand von seinem Recht der freien Meinungsäußerung Gebrauch, indem er zum Boykott eines bestimmten Films aufruft, so steht seine Meinungsäußerungsfreiheit gegen das Eigentumsrecht des Filmverleihers. Faßt man die beiden Grundrechte als Konkretisierungen ein und derselben Substanz, d. h. als Werte auf, so bedarf es einer Instanz, die entscheidet, welchem dieser beiden Werte im gegebenen Kollisionsfalle der Vorrang gebührt. Die Meinungsfreiheit wird also nicht mehr in den Kontext einer kritischen Öffentlichkeit gestellt, sondern von dieser völlig abstrahiert, ebensowenig wie das Eigentum als gewissermaßen geborener Adressat herrschaftskritischer Öffentlichkeit verstanden wird.

Wird das gesamte Grundgesetz zur Wertordnung uminterpretiert, so werden nicht nur die einzelnen Freiheitsrechte zu jeweils unterschiedlichen Konkretisierungen ein und derselben Wertsubstanz, sondern alle staatlichen Einrichtungen werden nunmehr gewissermaßen zu Erscheinungsformen der menschlichen Würde. Auch hier findet eine Abstraktion von gesellschaftlichen Herrschaftsbeziehungen unter jeweiligen konkreten politischen Funktionen von Grundrechten im Rahmen eines polemisch gegen demokratisch nicht legitimierte Herrschaftspositionen zu interpretierenden demokratischen Verfassungsstaates statt: der Staat ist nun nicht mehr primär Adressat von polemisch gegen ihn gerichteten Freiheitsrechten, sondern staatliche Einrichtungen und individuelle bzw. gesellschaftliche Freiheitsrechte sind Erscheinungsformen ein und derselben Substanz, so daß auch hier beliebige Präferenzen zwischen Grundwerten und Gemeinschaftswerten aufgestellt werden können. So hatte nach der Rechtsprechung des Bundesverfassungsgerichts die Funktionsfähigkeit der Bundeswehr Vorrang vor der politischen Diskussion von Soldaten, die Leistungsfähigkeit des Handwerks hatte Vorrang vor der Berufsfreiheit, die Funktionsfähigkeit der Strafrechtspflege hatte Vorrang vor einer Verteidigung des Angeklagten nach seinen eigenen Vorstellungen. Ganz beiläufig wurde in dem zuletzt genannten Beispiel der Wahrheitsanspruch der staatlichen Strafverfolgung zu einem Wert materialisiert, demgegenüber individuelle strafprozessuale

Rechtspositionen des Angeklagten nicht mehr durchschlagen können. Die Tendenz zu einem materiellen Wahrheitsbegriff im Strafprozeß, der durch die Errungenschaften der liberalen Strafrechtslehre im 19. Jahrhundert als endgültig überwunden geglaubt wurde, ist in der Bundesrepublik unverkennbar. Um der Erforschung der Wahrheit willen sind fundamentale Rechte der Verteidigung des Angeklagten beschnitten bzw. vollständig abgeschafft worden, und es ist vielleicht kein Zufall, daß ein amtierender Ministerpräsident eines deutschen Landes öffentlich über die Möglichkeit der Legitimierung der Folter nachdenkt. Nach einem vorliegenden Entwurf für ein einheitliches Polizeigesetz der deutschen Länder soll es sogar möglich werden, im Interesse einer effektiven polizeilichen Aufgabenerfüllung das menschliche Leben selbst durch die Einführung des Todesschusses zu vernichten.

Die Subsumtion individueller und kollektiver gesellschaftlicher Freiheiten unter einen zentralen Wert und die damit verbundene Konzessionierung und Lizensierung von Freiheit bedeutet also im Ergebnis eine erhöhte politisch-autoritative Verfügbarkeit dieser Freiheit und damit tendenziell ihre Aufhebung. So wie ein scheinbar unangreifbarer materieller Wahrheitsbegriff im Strafprozeß mit Notwendigkeit zur Folter führt, so muß ein zentraler materieller Verfassungswert zur staatlichen Militanz, zur Streitbarkeit führen, da Werte durchgesetzt werden wollen und notwendigerweise niederrangige Werte gegenüber höherrangigen zurückstehen müssen. Staatlich-autoritative Verfügbarkeit von Freiheiten und staatliche Militanz gehen also Hand in Hand.

Dies ist der Kern der sog. streitbaren Demokratie des Grundgesetzes, der freilich bestimmte sozialökonomische Grundlagen hat. Ihre repressive Tendenz bezieht sie, um es zu wiederholen, aus der Inkongruenz der ökonomischen Ursachen gesellschaftlicher Krisen und der staatlichen Mittel, diese Krisen an ihren Ursachen zu bekämpfen, da der Staat nicht über die zentralen ökonomischen Entscheidungen verfügt. Die Wertordnung ist gewissermaßen ein konstitutioneller Abwälzungsmechanismus bei der Bearbeitung dieser latenten, teilweise auch manifesten Krise, insofern die Masse der Bevölkerung zur sozialen Verantwortung aufgerufen wird, ohne indessen über ihre eigenen zentralen Lebensbedingungen zu verfügen. So hat sich ein konstitutionelles System etabliert, in dem zwar einerseits durch permanente staatliche Interventionen (Währungs-, Wirtschafts-, Arbeitsmarktpolitik etc.) in den vormals vorpolitischen ökonomischen Bereich eingegriffen wird, ohne daß allerdings zentrale Entscheidungen über die Investitionen davon berührt werden. Der Markt wird zunehmend durch ein System politischer Bewertungen abgelöst, und dieses System macht es erforderlich, permanent politische Prioritätenentscheidungen hinsichtlich von Ansprüchen gesellschaftlicher Gruppen vorzunehmen. Die Wertordnung ist insofern in ihrem materiellen Gehalt tendenziell durchaus eine Ordnung der Verteilung und Umverteilung von gesellschaftlichen Ressourcen geworden. Juristische Wertabstraktion hat hierbei die Funktion, die Dispositionsmöglichkeiten der politischen Agenturen zu vermehren. Die rechtsstaatliche Funktion der Legalität als Verteilungsprinzip zwischen individueller Freiheit und politischer Gewalt ist zu wenig opportunistisch, um die durch permanente ökonomische, soziale und politische Konflikte und Zuspitzungen herausgeforderten ad-hoc-Interventionen des politisch administrativen Apparates determinieren zu können. Die Legalität setzte gewissermaßen die gesellschaftliche Normalität voraus, und wo sie gestört war, war sie von dem archimedischen Punkt eines exterritorialen Gebietes des Rechtsstaates wiederhergestellt: im Belagerungs- bzw. Ausnahmezustand.

Die Wertordnung dagegen muß gewissermaßen die Verteilung gesellschaftlicher Ressourcen nach Situationen je neu organisieren, weil sie auf einen vorpolitischen selbstregulativen Verteilungsmechanismus immer weniger bauen kann. Die Individuen und gesellschaftlichen Gruppen werden auf diese Weise gewissermaßen zu Funktionen von gesellschaftlichen Lagen, Gefahren, Krisen, Opportunitätserwägungen, ihre gesellschaftliche Situation muß also politisch-administrativ disponibel sein. Man könnte insofern von einem »demokratischen Maßnahmestaat« sprechen. Er unterscheidet sich vom faschistischen dadurch, daß er die private Aneignung der gesellschaftlich geschaffenen Werte nicht quasimilitärisch, d. h. durch unmittelbare Gewalt gewährleistet, sondern durch ein politisch hergestelltes Marktmodell, in dem die Äquivalente politisch definiert werden. Dies setzt die Abstraktion der Arbeiterklasse als Lohnfaktor, des Kapitals als Preisfaktor voraus, und nach diesem Abstraktionsvorgang kann man ihnen in Gestalt eines Tarifvertragssystems ein ihnen eigenes Marktsystem zur Verfügung stellen. Während aber die Abstraktion der Arbeiterklasse zum Lohnfaktor tendenziell ihre gesellschaftliche Entmachtung und Entrechtung bedeutet – d. h. mit der Einschränkung ihrer Organisations- und Handlungsmacht verbunden ist –, bedeutet die Abstraktion der Kommandogewalt des Kapitals zum Preisfaktor die politische Garantie kapitalistischer Verwertung, da die Abstraktion des Wirtschaftens von allen konkreten Lebensbedürfnissen die Existenzbedingung des Kapitals ist.

Wir stehen also vor dem Ergebnis, daß die konstitutionelle Domestizierung des Ausnahmezustandes nur um den Preis einer permanenten Disziplinierung der Staatsbürger erkauft werden konnte.

V.

Unter diesen Bedingungen einer »wertekommunistischen« Verfestigung des gesellschaftlichen status quo ist es nicht verwunderlich, daß der politische Prozeß zu einem wesentlichen Teil aus wechselseitigen Ausgrenzungen aus der jeweiligen ›réligion civile‹ besteht. Der Weg, die soziale Ethik herrschaftlich zu organisieren und mit vielfältigen verfassungs- und strafrechtlichen Sanktionen zu bewehren, führt zur Zuspitzung fast jedes sozialen Konfliktes zu »letzten Fragen«, d. h. zu Auseinandersetzungen von existentieller Qualität. In dem Maße, in dem die Möglichkeiten einer demokratischen Verfügung über die gesellschaftlichen Lebensverhältnisse eingeschränkt werden, zentriert sich jede politische Frage früher oder später auf das Problem, ob die verfügten Grenzen des Zulässigen eingehalten worden sind; politische Fragen werden buchstäblich zu Grenzfragen, die mangels Gelegenheit zu gesellschaftlicher Praxis sich am Ende auf eine einzige abstrakte Frage zuspitzen, deren Beantwortung einen Konflikt nur noch zu entscheiden vermag: auf die Frage der Gewalt.

Es liegt in der Dialektik dieser Entwicklung, daß die Degenerierung des Politischen zur Wertverwirklichung wieder zu dem Ausgangspunkt des modernen Staates zurückführt, der durch den Verfassungsstaat überwunden werden sollte: die Hobbes'sche Maxime des Friedens und der Ordnung schlechthin als ein Zustand gewaltsam garantierter Gewaltlosigkeit immunisierte sich gegen jede Vorstellung eines durch Recht und befriedigende soziale Verhältnisse sozial gesicherten Friedens und wurde dadurch – wie die Vorliebe Carl Schmitts für diesen ersten Theoretiker des bürgerlichen Staates bezeugt – zum Gehäuse für die unterschiedlichsten Formen sozialer Hegemonie. Wenn wir heute erleben, daß gegen neue soziale Bewegungen (Ökologiebewegung, Hausbesetzer) das Gewaltmonopol des Staates als Garant von Recht und innerem Frieden beschworen wird, so schließt sich der Kreis: in der scheinbaren Inhaltslosigkeit von Ordnung und innerem Frieden schlechthin manifestiert sich das Herausdrängen sozialer Inhalte aus dem Begriff des Politischen als die Kehrseite seiner werthaften Substantialisierung in einer ›réligion civile‹.

Helmut Ridder

Dialog der Menschen und der Bürger – Dialog der Völker, Staaten und Systeme

I.

Dieses Glückwunschblatt für Martin Niemöller schreibe ich nieder am 15. November 1981, am »Volkstrauertag« in der Bundesrepublik Deutschland. Das ist der Tag, an dem der Toten gedacht wird, die vormals, in der Ära der miteinander rivalisierenden europäischen Imperialismen des 19. und frühen 20. Jahrhunderts, der nachzutrauern nicht angezeigt ist, »Helden« hießen (und der entsprechende Tag hieß denn auch früher, auch in der Republik von Weimar, »Heldengedenktag«). Die Mehrzahl dieser Toten hat niemals Held sein wollen; sie wollten auch nicht sterben sondern leben, und wäre es auch ganz schlicht und unheldisch gewesen. Sie waren Opfer, Opfer von Kriegen, die von aufgehetzten Völkern gegeneinander, und das heißt in Wahrheit: von ihren Regierungen wie gegen fremde Völker so auch gegen sie selbst geführt worden sind. Die Emanzipation vom Heldengedenken jener Ära ist noch jung. Sie ist ein großer humanitärer, politischer und ideologischer Fortschritt, nicht zuletzt einer Nachhut der deutschen Arbeiterbewegung zu danken, die mit dem bezeichnenden Datum des »Antikriegstags«, des 1. September, ganz konkret festgemacht hat, wer den über unseren Kontinent hinausgreifenden und seine zivilisatorischen Grundlagen erschütternden grauenhaftesten dieser Raubkriege begonnen und bis zum selbst für die Angreifer bitteren Ende geführt hat.

Aber dieser Schritt genügt nicht. Dem Trauern fehlt es an der Tiefe, in der auch die Aufarbeitung der Vergangenheit und das Einstehen für nationale Verantwortung zusammenfließen und die dem Tod der Opfer Sinn geben kann. Nur dann sind sie »nicht umsonst gefallen«, wie es im Ritual der konventionellen Totenehrungen heißt. Weil das nicht begriffen wurde und dieses Nichtbegreifen der Kriegsflamme frische Luft zuführte und deren Wächtern kräftig aufhalf, ist die deutsche Nation nicht nur in zwei Staaten mit sich konfrontierenden und untereinander immer noch dialogunfähigen Gesellschaftsordnungen aufgespalten. Ihr westdeutscher Teil hat sich selbst – mit unvermeidlich weittragenden Folgen für die politische Ordnung bei seinen »Brüdern und Schwestern« – zur inneren Dialogunfähigkeit verdammt. Das Wichtigste geschah unmerklich leise; es wurde wiederum nicht begriffen und erfüllte kaum mehr verheimlichte unheimliche Sehnsüchte. So von den ungeheuerlichen Geschichtsfälschungen die ungeheuerlichste: das Löschen der geschichtlichen Wahrheit über jenen Krieg aus dem Bewußtsein der überlebenden Generation, indem die Kriegsauszeichnungen des »Dritten Reichs« nach »entbräunender« Umgestaltung freigegeben wurden. Und Jahre danach wurde auch einem CDU-Politiker flugs der Knebel in den Mund geschoben, als er die Frage nach den Zusammenhängen zwischen den wohl oder übel nicht zu leugnenden Kriegsverbrechen und dem vermeintlich blanken Schild der Wehrmacht (und damit auch von Staat und Volk) zu stellen wagte. Und natürlich kroch auch er zu Kreuze; die Dialogunfähigkeit schafft gerade die Themen weg, über die in einer Demokratie gesprochen – und auch, zuhörend und antwortend, gestritten – werden muß . . .

Auf meinem Tisch liegen die letzten Zeitungsausgaben. Ich lese da in der unanstößig konformen Presse eine kurze Notiz über das II. Forum der »Krefelder Initiative« am 21. November und sehr viel über den Besuch von Leonid Breschnjew in Bonn, der am 22. November beginnen soll, und in einer nicht dem etablierten Gehege angehörenden Wochenzeitung ein Interview mit dem früheren sowjetischen Botschafter in Bonn über den sog. NATO-Doppelbeschluß.

Die Notiz zum II. Forum der »Krefelder Initiative« steht in einer längeren Schreibe – anbiedernd, überheblich, spalterisch – über die »Friedensbewegung«, über die dort engagierte Jugend, mit der man ja unbedingt »sprechen« will, aber gefälligst ohne die »ganz anderen Zwecken« (versteht sich: »verfassungsfeindlichen« Zwecken) verpflichteten »Mitläufer« (die paradoxerweise das Ganze doch in Gang gesetzt haben sollen). Was haben sie getan, diese »Mitläufer«? Nichts anderes, als von ihren grundrechtlich verbürgten Freiheiten Gebrauch gemacht, deren Sinn die Zusammenführung aller Dialoge zum großen öffentlichen Meinungsprozeß ist. Was tut man mit ihnen? Man glaubt, ihnen den Mund stopfen zu können, weil man ihnen die Klugheit der Kinder dieser Welt unterstellt, die Konformismus, Opportunismus und Adaption gebietet. Das ist die »geistige Auseinandersetzung« mit denen, die sich der Dekretierung und Exekutierung von Wertsetzungen durch die inquisitorischen Instanzen einer Staatsreligion widersetzen.

Mit Leonid Breschnjew soll über vieles gesprochen werden, entnehme ich der Zeitung. Ein Regen von Themen! Also ein Strauß von Anregungen für den Dialog zwischen den Staaten und Völkern, deren Repräsentanten dafür ein, zwei Tage zusammen sein werden? Weit gefehlt! Es besteht doch immerhin die »Gefahr«, daß ein Gespräch von einander Zuhörenden über das Thema, das alle anderen Themen in den Schatten stellt, zustande kommen könnte: darüber nämlich, was zur Abwendung der nuklearen Bedrohung des Friedens in Europa geschehen könnte. Und dahin, zu diesem Gespräch, wird es erst gar nicht kommen, wenn innenpolitische Pressionen nachrangige Fragen auf die Tagesordnung bringen. Gesprächsanregungen, die das Gespräch verhindern sollen! Die Meute will, daß gebellt, nicht daß zugehört und gesprochen wird. Sie wittert Morgenluft im Westen: Victory is possible! Sie bewacht das friedensfeindlichste aller Wortmonopole, das »Abschreckung« heißt.

Ich lese den Schluß des Falin-Interviews: »Wir müssen uns aneinander anpassen und gegenseitig Zugeständnisse machen. Anfangs der 70er Jahre haben wir mit dieser Politik begonnen. Das Gewonnene dürfen wir nicht wieder verlieren . . .«. Herr Hupka, der durch Gespräche, die jetzt nicht zu haben sind, das Gespräch verhindern will, gehört zu den »christlichen Demokraten«. Ob Herr Falin ein Christ ist?

Ich denke an Martin Niemöller, den Patrioten, den so gänzlich unschlauen Christen, der zu den wenigen Deutschen gehört, die in den ersten Nachkriegsjahren den Deutschen die Türen zur Welt wieder öffnen konnten und geöffnet haben und dessen Werk die arrivierte Schlauheit sich angeeignet hat, um es zu zerstören. Aber das ist nicht so leicht, denn es gründet auf einem zweitausendjährigen Fundament. In dem Buch der vielen Gleichnisse. Wo auch das Gleichnis steht von dem Weizen und dem Unkraut auf dem Acker, auf ein und demselben Acker. Wo der Hausvater, milde gegenüber dem eifernden Unverstand der Knechte, diesen die ihrem Horizont gerade noch faßbare Weisung erteilt, das nachgewachsene Unkraut stehenzulassen – »auf daß ihr nicht zugleich den Weizen mit ausraufet, so ihr das Unkraut ausjätet«. Daß der Hausvater es noch besser weiß, enthüllt Jesus den Jüngern durch die Deutung des Gleichnisses: Der Acker ist die Welt, die Geschichte. Die Ernte ist das Ende der Welt, der Geschichte. Und erst am Ende der Welt, der Geschichte, wird das Unkraut gesammelt, gebündelt und verbrannt. Und die das tun, sind nicht die Knechte, sondern die Schnitter, die Engel, die allein von ihm wissen, was denn eigentlich das Unkraut und was der Weizen ist. So wissen die Christen, daß die Kinder des Reichs der Weizen und die Kinder der Bosheit das Unkraut sind, daß sie aber nicht wissen (können), wer die Kinder des Reichs und wer die Kinder der Bosheit sind.

So geht der Christ Martin Niemöller ohne Argwohn auf die Freunde und die Gegner zu, um sich mit ihnen zu verständigen, um zum Frieden zu kommen. Und dieses Zugehen der Menschen, die immer auch Bürger sind, aufeinander ist nicht nur ein Paradigma für das Zugehen der Völker, Staaten und Systeme aufeinander; es steckt auch immer in dem letzteren, denn auch wenn die Völker, Staaten und Systeme einander begegnen, sind es Menschen, die diese Begegnung vollziehen.

II.

Das deutsche Elend der inneren und sich nach außen wendenden und der äußeren und sich nach innen wendenden wortreichen Sprachlosigkeit und, je nach den politischen Systembedingungen, in Repression oder ideologische Verführung umschlagenden Dialogunfähigkeit hat alte, bis ins Mittelalter zurückreichende Wurzeln, von denen hier nicht gehandelt werden kann.

Im Deutschland nach dem II. Weltkrieg setzt der stärkste Schub mit der Vorbereitung und Realisierung der staatlichen Spaltung ein, mit dem Nichterkennen und der Zurückweisung der vollen Verantwortung für das Handeln in der Vergangenheit, mit der Zurückweisung der aus solcher Verantwortung folgenden Aufgaben, deren Annahme aus dem Brandherd zweier Weltkriege den Kern einer europäischen Friedenszone hätte machen können. Der Westen wurde restauriert. Der zur Revolution nicht minder unreife Osten wurde revolutioniert. Bürgerliche Demokratie, Neutralismus und Pazifismus erstickten im westdeutschen »Wirtschaftswunder«, über dessen Kosten nicht geredet und nachgedacht wurde (und auch heute wird dem zwischen den vorhandenen und kommenden Abschußrampen lebenden Publikum erst ein Teil der Rechnung sichtbar). Die westdeutschen Kommunisten, »bloßgestellt« durch ihren Widerstand gegen die Gründung des Separatstaates und ihre ideologische Verschwisterung mit den in der entstehenden DDR ihre Position staatlicher Macht ausbauenden, wurden als Staatsfeinde stigmatisiert und mit Hilfe der ideologischen Transformation des Grundgesetzes zu einer die jeweiligen Schritte in den kalten Krieg nach außen und in den juridifizierten Bürgerkrieg nach innen heiligenden Verfassung als »Verfassungsfeinde« behandelt.

Von der »Währungsreform« des Jahres 1948 bis zum Ende der ersten Regierung Adenauer im Jahre 1953 waren die letzten Weichen gestellt – und auch schon passiert. Die mit »christlich-abendländischem« Flitter geschmückten Tore zur parlamentsfreien Herrschaft des »europäischen« business waren durchschritten. Der »gesamtdeutsche« sozialdemokratische antikommunistische Chauvinismus war fortwirkend eingebunden. Das Umarmungsspektakel des Herbert Wehner und Godesberg waren bereits symbolischer Nachvollzug – und Anmeldung von Honoraransprüchen (über deren Begrenztheit im Durchgang durch die Große Koalition entschieden wurde). –

Thomas Manns Wort vom Antikommunismus als der »Grundtorheit« unseres Jahrhunderts mag ein wenig abgenutzt erscheinen. Es sind – verständlicherweise – die Kommunisten, die diesen notorischen bürgerlichen Nicht-Kommunisten gern zitieren, der ein entschiedener, kompromißloser Gegner des Antikommunismus geworden ist. Seine wichtigsten und ernstesten politischen Aussagen hat Thomas Mann im Exil und aus dem Exil heraus gemacht. Nur leise klingt an, daß für die Deutschen der Antikommunismus noch mehr als eine kapitale Torheit, daß er eine Torheit am Arm des Verbrechens ist. Die Konstellation des den II. Weltkrieg verlängernden Kalten Krieges zeigt den Frontwechsel des Auseinanderbrechens der »Weltbürgerkriegskoalition« gegen die vom deutschen Faschismus dirigierten Achsenmächte und ihre Trabanten: Aus den Kriegsverbündeten der Sowjetunion wurden Verbündete der Bundesrepublik Deutschland, die sich ideologisch in die Identität mit dem untergegangenen Deutschen Reich eingekrallt hat. Der Tausch ist ihr ex post Bestätigung – und Absolution – geworden für das Verbrechen des Überfalls auf die Sowjetunion. Bestätigung für die besinnungslose These des »linken« Revanchismus, der von »rot lackierten Nazis« sprach und dessen innenpolitisches Gegenstück in dulci jubilo die demokratischen Institutionen drosselte und verkürzte, weil sie angeblich den Nazis die »Machtergreifung« ermöglicht hätten: Faschistische Machtergreifung als Folge eines Zuviels an Demokratie, während in Wahrheit gerade das Zuwenig es gewesen ist, das den Übergang, der keine »Zäsur« ist, vom Zuwenig zum Nichts ermöglichte.

Die unerhörte ideologische Verwirrung eines auch in seinen demokratisch gesonnenen Teilen zur Revolution unfähigen Volkes muß in Rechnung gestellt werden, will man die Einzigartigkeit und Durchschlagskraft des alle Erträge idealistischen Philosophierens, von Aufklärung und Frühliberalismus auslassenden missionarischen Feldzugs ermessen, den das Regime der Bundesrepublik auf der Basis ökonomischer Konsolidierung beginnen konnte. Er nahm die »verfassungsfeindlichen« Kommunisten ins Visier, nicht um sie auszutricksen (wie es allenthalben im Westen« geschieht und entsprechende Reaktionen hervorruft), sondern um sie zu ächten, um ihre Opfer unter der Naziverfolgung zu diskreditieren. Aber es ging, unter ständiger Rechtsverschiebung des Gesamtpolitikums, obwohl es gegen sie ging, in der objektiven Wirkung nicht um sie, sondern um die Republik und gegen die Republik. Am Ende der Epoche steht die nominelle Republik ohne Kommunisten, Sozialisten, Liberale und Konservative, steht als »Regierung« das abgehobene Krisenmanagement eines ökonomischen Systems smarter »Europäer«, das dem Volk und seiner Jugend die vaterländische Behausung und der Demokratie ihre Verwirklichung durch politische Praxis vorenthält – ein sich in unendliche Gegenwart verlängerndes Trauerspiel.

III.

Offe und Narr haben in ihrem Beitrag zu dieser Festschrift als »eigentliche und einzige Leistung« der zur Regierung gelangten sozialliberalen Koalition deren »Ostpolitik« bezeichnet. Noch ist das eine Vorwegnahme. Noch ist diese »Ostpolitik« (einschließlich der »Deutschlandpolitik«) voller Doppelzüngigkeit. Zwar liegen hier Verträge vor, die durchaus der Normalisierung und der Entspannung der Beziehungen zu den Vertragspartnern dienen könnten. Die Verträge ermöglichen, erleichtern und fördern den Dialog. Aber all das steht unter dem innenpolitischen Druck jener unsäglichen Gemeinsamen Resolution aller Bundestagsfraktionen, in denen diese am Frieden bauenden Verträge heruntergestuft werden zu »Kriegsverträgen«, zu Waffenstillständen im Kalten Krieg nämlich, zu »modi vivendi«, angeblich, um den großen »Friedensvertrag« nicht zu präjudizieren, von dem niemand sagen kann, ob und wann er kommen wird, und von dem jeder weiß, daß er nach den Entwicklungen in 35 Nachkriegsjahren gar nicht mehr kommen kann. »Frieden« wird vorgeschützt, um Frieden zu inhibieren. Der »fortexistierende gesamtdeutsche Staat« ist der Knüppel im Sack, mit dem für alle Fälle gedroht wird. Was soll da aus dem Dialog zwischen den Staaten und Völkern werden? Und vollbracht wurde dieses böse Meisterwerk der Selbstverhinderung auf der Basis von Konsens-Demonstration, »repräsentativ«, so wie »Repräsentation« hier verstanden wird, nämlich im Alleingang der von ihren demokratischen Auftraggebern losgekoppelten Mandatsträger. Wer den Dialog nach innen nicht will und kann, macht sich unfähig zum Dialog nach außen.

Die »Ostverträge« waren im internationalen Zusammenspiel ein notwendiger Schritt auf dem Weg nach Helsinki. War Helsinki eine »historische Wende«, wie die Schlußredner in Helsinki gesagt haben? Noch ist das eine Vorwegnahme. Noch transferiert sich in den »Geist von Helsinki«, was dem Ungeist jener »Gemeinsamen Resolution« affin ist und dem »gesamtdeutschen« Knüppel im Sack durch nukleare Knüppelgarden Rückhalt zu verschaffen scheint.

Noch wird mehr geahnt als gewußt oder begriffen, daß Helsinki als »historische Wende« einem Neuen Europa das Nacheinander von Epochen als Gleichzeitigkeit im Dialog erfahrbar machen kann. Ein Neues Europa, das mit seinen ein und demselben zivilisatorischen Grund entstammenden »Häresien« so leben kann, wie die gesamte Christenheit mit den ihren, hat greifbare Konturen angenommen. Die Sowjetunion, von der die ersten KSZE-Initiativen ausgegangen sind, hat in der Tat damit etwas Neues begonnen, sie hat einen Schritt auch aus dem ideologischen Kerngehäuse gewagt, das in der langen und tragischen Geschichte ihrer Umzingelungen hart geworden ist. Ein dialogischer Weg ist sichtbar geworden, ein Weg der Verständigung zwischen den Systemen über die Gebote der Menschenwürde. Er kann gegangen werden, wenn er nicht mit Finten, »Abschreckung« und Erpressungen beschritten wird. Dazu haben die Christen etwas einzubringen.

Er muß beschritten werden, weil die Alternative das Ende der zivilisierten Menschheit ist. Die Menschheit darf aber ihre Geschichte nicht zu Ende bringen, bevor sie ihr Ende erreicht hat; das wissen die Christen, die das Buch mit den vielen von IHM für die verstockten Herzen gesprochenen Gleichnissen wirklich gelesen und seine Botschaft begriffen haben, vielleicht noch besser als die Nicht-Christen.

Wolf-Dieter Narr/Claus Offe

Zwei Begriffe des Politischen – oder zum programmierten Mißverständnis etablierter Politik und sozialer Bewegung

1. Politik als Staatsgeschäft – Wenn es im Grundgesetz heißt, Parteien wirkten bei der politischen Willensbildung mit (Artikel 21, Abs. 1), dann scheint klar und eindeutig zu sein, was unter politischer Willensbildung zu verstehen sei. Politische Willensbildung hat zu tun mit der Mobilisierung für die Teilnahme an Wahlen, mit der Wahl bestimmter Parteien, mit der Teilnahme am Parlament, mit Einfluß, Mehrheitsbildung, Machtausübung, Entscheidung und schließlich zuletzt und an der Spitze mit Regierung und Exekution politischer Entscheidungen. Teilnahme an politischer Willensbildung meint hierbei immer zugleich ein Doppeltes: zum einen die Fixierung und die Verengung darauf, was man in Deutschland nicht untypischerweise Staatspolitik nennt, und zum anderen das Setzen auf das Prinzip der Repräsentation. Politik wird also verengt auf ein Feld, das sich in der Regierung oder, wiederum deutsch gesagt, im Staat zuspitzt, und Politik wird zugleich den jeweils dafür Auserwählten überlassen.

Auf diese Modi der Politik haben sich in der Bundesrepublik früh alle Parteien und Großorganisationen eingelassen. Auch diejenigen, die zunächst die CDU-Formeln der Macht nicht ungeprüft akzeptieren wollten. Die sozialdemokratische Partei hat sich schon während der Formulierung des Grundgesetzes, ja auch in der Art, wie sie sich wiedergründete, auf einen exekutivisch überschatteten Parlamentarismus als Form ihrer Politik beschränkt. Sie stimmte zu, daß die »plebiszitären« Möglichkeiten des Grundgesetzes dezimiert wurden und daß das politische Verfahren als Stellvertreterpolitik ohne Einschränkung konzipiert wurde. Die von der SPD – übrigens gemeinsam mit den anderen Parteien –

gegen das »plebiszitäre« Element gerichtete verfassungspolitische Praxis war von einem demokratischen Anspruch aus nicht nur aufgrund historischer Erfahrungen, sondern auch verfassungssystematisch durchaus verständlich. Befördern doch Plebiszite in einem großen Flächenstaat ohne entsprechende Infrastruktur permanenter politischer Beteiligung alle möglichen politischen »Rattenfänger« und eröffnen im Gegensatz zu ihrem Anspruch gerade einer unverantwortlichen, »charismatisch« operierenden politischen Führung Tür und Tor. In der Opposition gegen das plebiszitäre Element kam und kommt aber mehr zum Ausdruck als das Mißtrauen gegenüber Abstimmungen über einzelne politische Probleme durch unvorbereitete Massen.

Vielmehr tat sich darin ein Dreifaches kund, das auch die Politik der Sozialdemokratie bis heute bestimmt: zum einen das eingeengte Verständnis politischer Beteiligung, ja ihr beengtes Verständnis von Politik überhaupt. Politik und demgemäß der politische Willensbildungsprozeß waren nur für einen verfassungsgemäß ausgegrenzten Raum zuständig, der Bereich des formell Privaten blieb vor allem in Sachen Ökonomie nahezu uneingeschränkt »vorpolitisch«. So verstand es sich auch fast von selbst, daß der eingeschränkte Katalog der Grundrechte als klassische liberale Abwehrrechte gegenüber dem »Staat« verstanden wurde, als Garantien ohne direkte Geltung in formal »privaten« Bereichen. Zum zweiten äußerte sich im unqualifizierten Mißtrauen gegenüber allen Arten von Plebisziten und der entsprechenden Fixierung auf den bürgerentfernten Parlamentarismus mit exekutivischer Krone ein Mißtrauen gegenüber allen Arten »verwirrender«, »nichteffektiver« bürgerlicher Beteiligung außerhalb der etablierten Kanäle der vorgegebenen Willensbildung. Kein Wunder, so gesehen, daß gerade der etablierte politische Willensbildungsprozeß zum Kernelement der verfassungsrichterlich festgelegten und u. a. im Berufsverbotsurteil von 1975 umgesetzten FdGO-Formel wurde. Wer das Wort Rätedemokratie auch nur erwägend in den Mund nimmt, stellt sich außerhalb des herrschenden und verfassungsschützerisch überwachten, schulisch eingepaukten Verfassungsverständnisses. Diese »demo-autoritäre« Formulierung des Grundgesetzes (Karl Loewenstein) und mehr noch die radikalisierende Umsetzung in eine autoritär-repräsentative Verfassungspraxis kam – drittens – den Herrschaftsinteressen der Parteien und der organisationsfähigen Interessen zugute, und entsprach nicht zuletzt der organisatorischen Tradition der Sozialdemokratie. Sobald sie sich um die Jahrhundertwende als Großorganisation ausgebildet hatte, wurde ihr das Geschick dieser Organisation als solcher zum zentralen politischen Bezugspunkt. Demgemäß wehrte sie sich gegen jegliche innerparteiliche Unruhe und entsprechende Konflikte und versagte sich, seit ihre »Massenstreikdebatte« ausgestanden war, jede über das »normale Verfahren« qua Wahlen u. ä. m. hinausgehende politische Mobilisierung. Nicht ordnungsgemäße Bewegungen traf parteiamtlicher Fluch. Nicht ohne Grund in ihrer eigenen Tradition und nicht allein aufgrund ihres nach »Regierungsverantwortung« dürstenden Opportunismus hatte deswegen die SPD schon während der 50er Jahre Schwierigkeiten mit Massenbewegungen, die sich auf die SPD bezogen und sich mit ihrer Hilfe ins Parlament und in die parlamentarische Entscheidungsbildung hineinverlängern wollten. Die SPD-Führung fing jeweils frühzeitig damit an, diese Massenbewegungen, etwa die gegen die Wiederaufrüstung oder die gegen die Ausrüstung der Bundeswehr mit taktischen Atomwaffen (»Kampf gegen den Atomtod«), zu bremsen und versuchte, sie parlamentarisch einzuhegen. Das Mißverständnis des Ende der 60er, Anfang der 70er Jahre propagierten Vorschlags der Jungsozialisten, eine Doppelstrategie zu verfolgen, nämlich den parlamentarischen Weg zu gehen und gleichzeitig durch parteiliche Organisation Interessen zu motivieren und zu mobilisieren, ergab sich nicht nur aus der spezifischen Angst aller Großorganisationen gegenüber allem, was nicht in organisatorische Stiefel eingeschnürt ist; darin drückte sich auch die Borniertheit im abgehobenen, stellvertretenden Parlamentarismus aus.

Nicht nur die Sozialdemokratische Partei, der man in den Anfangsjahren zu Unrecht eine Fundamentalopposition gegenüber dem sich etablierten CDU-Staat und seinen Formen nachsagte bzw. zutraute, auch die andere potentiell oppositionelle, in jedem Fall zunächst im Schatten des CDU-Staats angesiedelte Großorganisation, die Gewerkschaften, ließen sich früh auf die Schienen der parlamentarischen Schmalspurbahn setzen. Ausdruck der Resignation im Parlamentarismus, eine Resignation, die bald als eigene Position ausgegeben und gegen eigene unruhige Mitglieder verteidigt wurde, ist der bekannte Briefwechsel zwischen dem Bundeskanzler Adenauer und dem damaligen DGB-Vorsitzenden Christian Fette (1951). Fette erklärte sich in der Kontroverse über die Mitbestimmung schließlich dazu bereit, dem Parlament das Geschäft des Gesetzemachens zu überlassen und auf jeden politischen Streik der Gewerkschaften zugunsten ihrer Interessen zu verzichten. Die Gewerkschaften akzeptierten also die herrschende Form der Arbeitsteilung. »Politik« wird in Bonn gemacht. Dort, wo gewerkschaftliche Interessen gesetzesförmlicher Fixierung bedürfen, nehmen die Gewerkschaften die für Verbandsinteressen vorgesehenen

Kanäle wahr, die Formulierung der Gesetze zu beeinflussen. Diese Kanäle sind aber nicht so gebaut, daß sie mobilisierte Massen aufzunehmen und in ihren Interessen weiterzuleiten vermöchten. Je mehr die konfligierenden Interessen von Lohnarbeit und Kapital in ihren Konfliktformen und auch in einem Gutteil der Konfliktinhalte gesetzlich formuliert (verrechtlicht) wurden, wurden umgekehrt gewerkschaftliche Aktivitäten solche parlaments- oder bürokratiebezogenen Lobbyismus: der »Kanzlerbrief« des Vorsitzenden, so der unfreiwillige Sarkasmus eines DGB-Funktionärs aus dem Jahre 1980, sei eben das wichtigste Machtmittel der deutschen Gewerkschaftsbewegung. Dementsprechend stärkte die aufgezwungene, allzu rasch angenommene Form der Politik die Hierarchie innerhalb der Gewerkschaften, deren Vertreter ihrerseits an einer die Mitglieder der Gewerkschaften mobilisierenden Politik wenig Interesse haben können. Denn sie würde nur Unruhe und unkalkulierbare Folgen zeitigen. Die Möglichkeiten und auch das Interesse der gewerkschaftlichen Organisationen an politischer Mobilisierung wurden konsequenterweise durch die arbeitsrechtlich-mitbestimmungsrechtlichen Formulierungen und vor allem die arbeitsrichterliche Interpretation der »Friedenspflicht« und der betrieblichen Interessen zusätzlich beschnitten (vgl. vor allem die Judikatur des Bundesarbeitsgerichts während der 50er Jahre). So erklärt sich, daß die Gewerkschaften in der Form, wie sie den von ihnen repräsentierten Interessen der Arbeiter, Angestellten und Beamten nachgehen, das herrschende Politikmuster bestätigen und von innergewerkschaftlichen wie von außergewerkschaftlichen Initiativen, ähnlich den etablierten Parteien, unangenehm überrascht werden. Unnötig zu sagen, daß diese von den Gewerkschaften angenommene und selbstverstärkte Form politischer Auseinandersetzungen auch die Inhalte ihrer Politik in starkem Maße bestimmte, wie dies auch für die Parteien, zumal sozialdemokratische Reformpolitik galt. Außerdem wurde der Typus des unpolitischen Gewerkschafters, des oft berufenen Kollegen an der Basis, mitproduziert, der, aus Angst um seinen Arbeitsplatz und fixiert auf verrechtlichte Lösungen von Interessenkonflikten, das jeweilige Betriebs- und Organisationsinteresse verinnerlicht hat.

So wurde zusammen mit der Entstehung der Bundesrepublik und der Restauration hergebrachter Institutionen ein Politikbegriff institutionalisiert, der in der staatlichen Entscheidung für eine Gebietseinheit und ihrer Administrierung seinen exklusiven Bezugspunkt findet. Dieser Politikbegriff wurde dem neugewonnenen Parlamentarismus gleichsam übergestülpt, oder – anders gewandt – das Parlament wurde in diesen

Politikbegriff und die entsprechenden Verfahren eingemeindet. Die Bundesrepublik fixierte sich nicht nur von Anfang an auf ein politisches Verfahren, das seinen Fixpunkt im »Staat« (der ideologisch und institutionell erhöhten Exekutive) und dem ihm vorgelagerten Parlament fand. Dieses abstrakte, auf Stellvertreterpolitik angelegte, im Entscheidungsbegriff gipfelnde Verfahren fand seine inhaltliche Füllung im Freund-Feind-Schema und seiner innenpolitischen Verlängerung. Der Antikommunismus diente dazu, die Politik insgesamt zu simplifizieren und zu schematisieren. Selbst wer sich dem Antikommunismus unterwarf bzw. ihn offensiv vertrat wie die SPD wurde den Verdacht nicht los, eine »fünfte Kolonne des sowjetischen Kommunismus« zu bilden, da ihre politische Terminologie Begriffe enthielt, denen man gleichsam kommunistische Kontaktschuld meinte nachweisen zu können, z. B. den Begriff der Planung. Der letztlich kriegerische Begriff des Politischen, in dem auch die Innenpolitik zur Funktion der Außenpolitik gerät, und der die Außenpolitik nur im Entweder-Oder, im Bündnispartner oder im Feind zu deklinieren vermag, erfüllte die negative Identität der Bundesrepublik. Diese negative Identität ist die BRD bis heute nicht losgeworden. Geradezu idealer Ausdruck ihrer Formeln und Ausgrenzungen, ihrer Perspektive und ihrer Perspektivlosigkeit, ist die Frankfurter Allgemeine Zeitung. Man muß heute nur deren Berichterstattung über Friedensinitiativen, Friedensdemonstrationen u. ä. lesen, man muß nur dort nachblättern, was über »Nachrüstung« oder sowjetische Bedrohung gesagt wird, um das Nivellement der Innenpolitik zugunsten einfacher Formeln verfolgen zu können, und um zu begreifen, was diesen Politikbegriff im Kern ausmacht. Ein ungebrochener Ordnungsstaat, der sich allenfalls zu seinen friedlichen Bürgern als seinen Klienten, sprich Schutzbefohlenen, neigt.

Über den Inhalt (Freund-Feind) und die Form (Fixierung auf Stellvertreterpolitik) des Bonner Politikbegriffs, der selbstverständlich auch in anderen Ländern seine Parallelen findet, wurde die Innenpolitik der 50er Jahre kanalisiert und gelähmt zugleich. Die Oppositionsparteien und Oppositionsgruppen würden entweder bis ins Gedankliche hinein ausgesondert und zerschlagen, an den Rand gedrängt und abgeschoben, oder aber dazu gezwungen, sich soweit anzugleichen, soviel von Farbe und Struktur des CDU-Staates zu übernehmen, daß sie zu Teilen desselben wurden. Ersteres läßt sich an der KPD, am KPD-Verbotsurteil und an der weiteren Verfolgung aller sozialistisch-kommunistischen Oppositionsbestrebungen demonstrieren, letzteres an der Geschichte der SPD illustrieren. Als die SPD schließlich die Macht errang, war sie zu einem Teil des CDU-Staates geworden. Das Versprechen eines »SPD-Staates« konnte nicht eingelöst werden. Dazu war zuvor zu viel Gepäck abgeworfen worden. Vor allem die Sozialdemokratie hatte sich zu stark an die herrschenden Formen und Formeln der Politik gewöhnt. Deswegen konzipierte sie Reformpolitik, wenn man von der Ostpolitik, der eigentlichen und einzigen Leistung der kleinen Koalition absieht, auch nur als Neuverteilung fiskalischer Wachstumsrenditen; sie war mit ihrem Reformlatein sobald zuende, wie die in naivem Optimismus erwarteten Wachstumsraten ausblieben.

Die Summe der herrschenden Auffassung und Praxis von Politik gründet sich in einem kontrafaktisch durchgehaltenen und kanonisierten Vertrauen einerseits, in einem fundamentalen Mißtrauen andererseits. Das Vertrauen gilt der überlegenen politischen Vernunft eines parlamentarisch-parteilichen politischen Prozesses, der von der Exekutive überschattet und an diese parteistrategisch angebunden ist. Das komplementäre Mißtrauen gilt allen Arten und Formen kollektiver Aktion, die über symbolische Inszenierungen hinausgehen (Wahlkämpfe, Massenversammlungen usw.). Gerade weil der herrschende Glaube des wirklichen Fundaments so weitgehend entbehrt, müssen Ungläubige verdammt und unterdrückt werden. Kaum wird das herrschende Politikverfahren angezweifelt, ist »der Staat in Gefahr«, und es muß demgemäß aus- und abgegrenzt werden. So erklärt sich auch, daß das Bundesverfassungsgericht in seinem bekannten Urteil von 1975 zum Radikalenerlaß vor allem antizipatorisch argumentierte: die Bundesrepublik soll in ihren Beamten – und wer ist in diesem Sinne nicht Beamter? – für denkbare Krisen aller Art krisensicher gemacht werden. Deswegen darf man als öffentlich Bediensteter, aber auch als in sicherheitsempfindlichen Industrien Arbeitender oder in kirchlichen Organisationen Beschäftiger . . . zwar allenfalls eine Meinung haben, aber dieselbe keinesfalls äußern. In die Argumentationsstapfen dieses Urteils und seiner nicht rechts-, aber politikerheblichen Begründung tritt das jüngste Urteil des Bundesverwaltungsgerichts in Sachen des bisherigen Postbeamten Peter. Weil Peter für eine politisch nicht genehme Partei, die DKP, aktiv war, muß er laut Gerichtsspruch nun als Beamter aussortiert werden. Denn was »verfassungsfeindlich« ist, bestimmen die einstellenden Behörden, die sich auf den bundesrepublikanischen Definitionsmeister Verfassungsschutz berufen können.

2. *Die Kehrseite* – Mehr als in irgendeinem anderen Lande Westeuropas ist die politische Öffentlichkeit der Bundesrepublik von Staatsorganen

eingehegt und von den mit einem staatlichen »Willensbildungsmonopol« faktisch ausgestatteten drei politischen Parteien auch medienpolitisch unter Kuratel gestellt. Darin hat Habermas schon Anfang der 60er Jahre eine »Refeudalisierung« der Öffentlichkeit gesehen. Nicht trotz, sondern wegen der vielfältigen Anstrengungen der Staatsorgane der Bundesrepublik, die Bürger auf ein von ihnen konzipiertes politisches Weltbild, sei es durch »politische Bildung«, sei es durch die in manchen Tätigkeitsbereichen auf Schritt und Tritt zu absolvierenden ideologiepolitischen Gepäckkontrollen festzulegen, bildet sich eine politisch-kulturelle Gegenreaktion, die mit einer scharfen Formel als »passiver Anarchismus« (Theunissen) gekennzeichnet worden ist. Das profunde Mißtrauen, welches die Organe der Staatsgewalt den Bürgern und ihren politisch relevanten Assoziations- und Äußerungsformen in Gestalt von Radikalenerlaß, Anti-Terrorismus-Kampagnen und der periodisch aufflammenden Debatte über das »richtige« Demonstrationsstrafrecht entgegenbringen, beruht auf Gegenseitigkeit. Der geduckte Zynismus derer, die vom Staat einerseits »alles verlangen«, ihm andererseits aber auch »alles zutrauen«, ist unter den Stichworten »Anspruchsdenken« bzw. »Staatsverdrossenheit« seit langem zum Diskussions- und sogar Forschungsthema geworden. Ein oft genug von der Realität eingeholter Alptraum der Parteimanager: stell dir vor, es ist Wahlkampf, und keiner geht hin. Der 10. Oktober 1981 ist nicht nur deshalb ein wichtiges Datum, weil an ihm die größte Massendemonstration in der Geschichte der Bundesrepublik, die Friedensdemonstration in Bonn, stattfand; er ist auch deshalb symptomatisch, weil ihm zwei Wochen pausenloser und konzertierter Anstrengung von Parteien, Bundestag und Regierung vorausgegangen waren, die Kundgebung durch vorsorgliche Diskreditierung und Diffamierung ihres befürchteten Effekts zu berauben. Insofern hat diese Demonstration auch die partielle Unmaßgeblichkeit der selbstherrlichen Arrangeure der öffentlichen Meinung demonstriert, die sich nicht scheuten, durch den absehbaren Mißerfolg ihrer Negativ-Kampagne ihren eigenen Anspruch auf politische Vernunft und »Realismus« diskreditieren zu lassen. Regierung, Parteien und Parlament waren plötzlich in der blamablen Situation dessen, der mit einer Münze bezahlen will, die schon längst nicht mehr im Umlauf ist.

Das ist indes allenfalls ein Grund zur Schadenfreude, nicht zur Beruhigung. Denn die politische Kultur derer, die sich aus der etatistischen Meinungsführerschaft der etablierten Parteien und ihres Regierungspersonals ausgeklinkt haben, um sich in eine Gegenöffentlichkeit des Protests zu begeben, trägt die Mängel jener Strukturen an sich, als deren

Antithese sie sich versteht. Während die etablierte Öffentlichkeit durch und durch »politisch«, d. h. mit dem Erwerb und der Erhaltung institutioneller Machtpositionen befaßt ist, ja auf jede Frage und jedes Problem mit Wahlkampfreflexen und Personalpolitik reagiert, ist die Gegenöffentlichkeit des Protests fast ebenso ausschließlich »kulturell«, d. h. mit dem expressiven Ausleben kultureller Stile und moralischer Gesinnungen beschäftigt. So problematisch und einschränkungsbedürftig sich ein solches Analyseschema im Einzelfall auch immer ausnehmen mag, so unübersehbar sind doch die Anzeichen für ein »nurkulturelles« (Miß)Verständnis von Politik, welche die rasch angewachsene innen- und außenpolitische Protestbewegung (Friedensbewegung, Anti-AKW-Bewegung, Hausbesetzer usw.) kennzeichnet. Im Mittelpunkt stehen die Aktualisierung von Subjektivität und der Selbstgenuß der Militanz. Nicht nur, daß für Antworten auf die Frage, »was man denn eigentlich wolle«, sowohl die theoretischen Orientierungspunkte wie die organisatorischen Verfahren fehlen, durch die man zu solchen Antworten allenfalls kommen könnte; ihr Fehlen wird nicht einmal als Mangel erlebt. Die Regeln und Kennzeichen der Zugehörigkeit sind ästhetischer Art: Musik, Kleidung, Haartracht, Sprachstil. Gegen Institutionen und ihre Konsistenz-Anforderungen besteht ein geradezu methodischer Argwohn, eine Berührungsangst, welche die eigene Forderungs- und Verhandlungsunfähigkeit ungerührt in Kauf nimmt. Mit welchem Recht man auch immer davon ausgehen kann, daß die herrschende politische Praxis den elementaren Argwohn gegen Institutionen geradezu zwangsläufig auf sich gezogen hat, so steril bleibt doch im Ergebnis das bloß antithetische Verhältnis von staatlich arrangierter politischer Öffentlichkeit auf der einen Seite und kultureller Protestöffentlichkeit auf der anderen: der Pflasterstein in der Kaufhausscheibe bestätigt nur mimetisch und im Kleinformat diejenige Gewalt und Zerstörung, deren Mittel – von der Abrißbirne bis zur Pershing II – die Staatsgewalt handhabt; und das kindisch-wehleidige »no future« der antipolitischen Kultur äfft unbewußt den Zynismus derer nach, die tatsächlich darauf eingestellt sind, unter die Geschichte der zivilisierten Welt gegebenenfalls einen atomaren Schlußstrich zu ziehen. Dieses mimetische Verhältnis zeigte sich am deutlichsten in den Aktionsformen der RAF oder der sklerotischen Stellvertreterorganisation der K-Gruppen, es tritt aber auch in der scheinbar spontanen Abkehr von aller (herrschenden) Politik zutage, wie sie beispielsweise in einem Graffiti an der Wand eines instandbesetzten Hauses in Berlin zum Ausdruck kommt: »Lieber eine kaputte Bewegung als eine integrierte Bewegung.« Die Kritik daran, daß sich Oppositionsgruppen negativ auf die herrschenden Formen fixieren und sie wie die RAF nur mit umgekehrter Stoßrichtung gerade in den Gewaltmitteln übernehmen oder sie dadurch bestätigen und stabilisieren, daß sie sich, an den Rand abgeschoben, als Randgruppe benehmen, reicht nicht aus. Man muß zuerst begreifen, wie es dazu kommt, daß oppositionelle Gruppen derart in das »herrschende Messer« rennen bzw. als bürokratisch Marginalisierte handeln. Der Toleranzspielraum herrschender Politik und ihrer Formen war vom Anfang der BRD an ungeheuer gering und ereignete sich nur in einigen nicht vom Schlagschatten des Antikommunismus erreichten Nischen. Oppositionsbewegungen mußten entweder, sich selbst enteignend, auf ihre oppositionelle Politik weitgehend verzichten (vgl. die Geschichte der SPD) oder sie wurden in verschiedenen Formen ausgebürgert. Der schmale Innenhof politischer Auseinandersetzungen, von Verbotswänden umstellt, verschob sich zwar im Laufe der Zeit, sichtbar insbesondere Mitte und Ende der 60er Jahre, entsprechend veränderten sich auch die Verbotstafeln und der Fächer der Sanktionen. Das Grundmuster aber blieb. Der Studentenbewegung und der Devise des »Marsch durch die Institutionen« (Rudi Dutschke) antwortete man u. a. mit dem Berufsverbot, einer seither aus der Bundesrepublik nicht mehr wegzudenkenden Institution. Den Aktivitäten und Gruppen, die gar nicht mehr in die herrschenden Institutionen hineinwollen, die sich wie viele Bürgerinitiativen allenfalls noch auf sie beziehen oder die sich gar selbst in einem Raum der Autonomie auszugrenzen beabsichtigen, wie die Instandbesetzer, begegnet man politisch vor allem so, daß man die Polizei vorschickt. Auch dort, wo diese Gruppen jeglicher »Militanz« abhold sind, also gewalthafte Auseinandersetzungen mit der Polizei oder anders interessierten Bürgern und Institutionen scheuen, werden sie geradezu auf die Ebene gewaltförmiger Auseinandersetzungen gezwungen. Das war am 28. Februar in Brokdorf nicht anders als am 22. September in Berlin, als dortselbst auf einen Schlag 8 Häuser geräumt wurden mit nur einem ersichtlichen Motiv: Gewalt zu demonstrieren, »öffentliche« Gewalt – staatliche »Propaganda der Tat«. Und das jüngste Exempel, an dem zu studieren ist, wie man in diesem Lande Politik versteht, bietet der hessische Weg, den Frankfurter Flughafen zu erweitern und auf unbürgerlich-polizeiliche Weise durchzusetzen. Die polizeiliche Bekämpfung und Zerschlagung kollektiver Aktionen leitet aber bei einem Teil der Träger der letzteren die »Erkenntnis« ein, daß weder das legitime und wohlbegründete Interesse ausreiche, noch man damit weiterkomme, keine anderen denn Mittel gewaltfreier Demonstrationen zu verwenden. Vielmehr müsse man der herrschenden Gewalt die Gegengewalt entgegensetzen, sich verteidigen und zerstörerisch zeigen, daß die etablierten Institutionen mit ihrer (Un-)Politik nicht so einfach durchkommen. Sieht man genauer hin, wird deutlich, daß dieser negative Lernprozeß, der heute vor allem Gruppen trifft, die ihre durchaus problematische, fast bürgerliche Ruhe haben wollen, von den Vertretern herrschender Institutionen durchaus gewollt wird. Denn hinter der Gewaltwolke verschwinden die gegen die herrschende Politik artikulierten und mobilisierten Interessen, die gegebenenfalls politisch gefährlich werden könnten, weil etablierte Positionen in Ökologie, Stadt- und Verkehrsplanung u. ä. m. zu räumen wären. Vor allem aber kann man den gewaltigen Einsatz der Polizei, kann man faktische und gegebenenfalls auch rechtliche Einschränkungen der Freiheit zu demonstrieren, sich zu organisieren, auch sich zu wehren, vor der entsprechend jahrzehntelang in Apathie und Angst geschulten Mehrheit der Bevölkerung und insbesondere der Medien legitimieren. Und schließlich bleibt die Vertreterin des staatlichen Monopols physischer Gewaltsamkeit auf ihrem ureigenen Felde allemal Sieger.

Kurzum: das von uns kritisierte mimetische Verhalten von Oppositionsgruppen läßt sich nur verstehen, wenn man nachvollzieht, wie diese Verhaltensformen noch herrschaftlich produziert werden. Der eingangs gekennzeichnete enge Begriff des Politischen wird sperrigen Begriffen und praktischen Ansätzen solange und notfalls repressiv übergestülpt, bis sie sich auf ihn einlassen und so das Mißtrauen bestätigen, das ihnen seitens der Behörden immer schon galt. Um so wichtiger freilich für alle aus dem Ruder herrschender Politik laufenden Bestrebungen, diesen mimetischen Zwangszusammenhang zu bedenken und fortdauernd in Konzeption und organisatorischer Praxis zu überlegen, wie man demselben einigermaßen zu entrinnen vermag. Eine Chance für solches Entrinnen besteht nur dann, wenn man sich zum einen nicht unüberlegt herrschender Politikformen bedient, als handele es sich da um Flaschen, die man mit beliebigem Inhalt zu füllen vermöge. Zum anderen aber führt auch eine puristische Berührungsangst und eine alle Organisation verteufelnde (Un-)Politik nicht weiter, weil sie dem Scheinglück der in dieser Republik nicht möglichen Oase nachjagen läßt und bevor man sich versieht, von den herrschenden Formen mit Haut und Haaren »gefressen« wird. Politik, die der herrschenden zuwiderläuft, die andere Bedürfnisse neu zu artikulieren und zu organisieren unternimmt, so daß die Bedürftigen auch beteiligt sind, bleibt somit in Form und Konzeption notwendig zwiespältig und prekär.

3. Reminiszenz – Das statische Aufeinandertreffen von Institutionen und Autonomieforderung, von Staatspolitik und Protestkultur ist, wie man an der Endphase der Studentenbewegung 1969 studieren kann, ein Zustand, dessen Reiz sich jedenfalls damals rasch verbraucht hat. Drei »Ausgänge« standen zur Verfügung: die Rückkehr in den Schoß einer etablierten politischen Partei, die sich damals anschickte, mit reformpolitischen Offerten das Ende des »CDU-Staates« zu besiegeln und dies gewiß nicht ohne die Kräfte hätte erfolgreich tun können, welche ihr aus einer Studentenbewegung zuflossen, die ihren eigenen Mangel an Themen, Orientierungen und akzeptierten organisatorischen Verfahren als schädlich zu empfinden begann. Zweitens der Ausweg in die klassischen Organisationsformen und Gewißheiten von Parteien, die sämtlich mit einem »K« in ihrem Namen auf (nach außen) klare Fronten und (nach innen) geordnete Verhältnisse Aussicht machten. Und schließlich drittens der Ausweg in militärische Phantasien eines bewaffneten Geheimbundes, deren Umsetzung in der doppelten Isolation des Strafvollzuges und der politischen Sprachlosigkeit, wo nicht im gewaltsamen Tode endete. Mit anderen Worten: Es handelt sich um drei Sackgassen, um »Auswege«, von denen heute weithin evident und erinnerbar ist, daß sie nicht weit führen. Die Institutionen, Symbole und Orientierungen, über die sich irgendein »geordneter Rückzug« aus der Erfahrung der unproduktiven Konfrontation antreten ließe, stehen heute, anders als am Ende der sechziger Jahre, nicht zur Verfügung, weil sich nicht nur die »vor Ort« für diesen Zweck vorhandenen Möglichkeiten (d. h. die Sozialdemokratie), sondern auch die aus der Geschichte (»KPD«) bzw. dem Ausland (»Guerilla«) herbeizitierten verbraucht und blamiert haben. Wie zur Bestätigung dieser desolaten Lage beginnen denn auch einzelne Intellektuelle, ihre eigenen Ansprüche und Antworten zu veralbern und sich bei einer bloßen »Politik des Bauches« (vgl. Spengler in Kursbuch Nr. 65) anzubiedern, die sie nach 1969 noch auf irgendeine revolutionäre Linie oder jedenfalls mitteilbare politische Perspektive zu bugsieren trachteten.

4. Entscheidungsprozesse auf Tauchstation – Die Dilemmata oppositioneller Gruppen, die dazu führen können, daß sich Opposition nur noch ästhetisierend im modischen Rock zeigt, haben mit den Mängeln des etablierten Institutionsgefüges zu tun. Die zentralen Institutionen der liberalen Demokratie, wie sie auch im Organisationsteil des Grundgesetzes festgelegt sind (Art. 21 ff.), kommen ihren ihnen zugewiesenen Aufträgen nicht (mehr) nach; sie können sie, von der Systematik gegebener Bedingungen aus gesprochen, gar nicht (mehr) erfüllen. Weil aber diese Institutionen als Kristallisationspunkte von sichtbarer und durchsichtiger Herrschaft und Opposition gegen dieselbe weitgehend ausfallen, »franst der Staat aus« (H. Wollmann) in eine Vielzahl nicht mehr greifbarer Vorgänge und hintergründiger institutioneller Vorkehrungen und vermag Opposition fast nur in einem institutionellen Niemandsland stattzufinden. Die Krise der Institutionen der liberalen Demokratie reduziert nicht nur deren Funktionieren auf ein nahezu nur noch symbolisches Minimum (Wahlen, Parlamentsdebatten und dergleichen), sie entfremdet und enteignet auch die oppositionellen Strömungen und nimmt ihnen die kristallisations- und organisationsfähigen Institutionen und Verfahren.

Am deutlichsten wird das funktionelle Defizit, das aber nicht nur einen mehr oder minder leicht behebbaren Mangel darstellt, sondern auf ein institutionelles (strukturelles) Defizit weist, an den Parteien. Denn daran, daß das Parlament als Institution zum Widerschein der Exekutive geworden ist, haben sich selbst beflissene Parlamentsreformer in der Zwischenzeit gewöhnt. Die Kreation des CDU-Staates, selbstverständlich mit Kontinuitäten in den Faschismus und zu den »Integrationsparteien« (Neumann) der Weimarer Republik zurück, sind die »Volksparteien« gewesen; Parteien, deren Profil, wie dies zuerst für die sich langsam organisierende CDU galt, in der Profillosigkeit bestand, Parteien, die – im herrschenden ideologischen Rahmen versteht sich – alle Interessenten zu sich einzusteigen einluden und daher auch »Omnibusparteien« genannt worden sind. Dieser von der CDU, einem lose organisierten, an der Regierung festgemachten Bündel von Interessen »vorgelebte« Parteitypus übte während der 50er und der 60er Jahre geradezu eine Sogwirkung aus. Auch die FDP, die bis heute an die Honoratiorenpartei des 19. Jahrhunderts erinnert, konnte sich diesem volksparteilichen Strudel nicht entziehen. So erfolgreich in der Geschichte der Bundesrepublik dieser volksparteiliche Typus gewesen ist, so sehr hat er sich schließlich in Form eines Pyrrhus-Sieges durchgesetzt. Die drei oder die zweieinhalb Volksparteien, denn auch gerade die Sozialdemokratie rühmt sich heute stolz ihrer »Volksparteilichkeit«, waren ausweislich der Wahlen und ihrer permanenten Regierung bzw. dauernd unter Beweis gestellten »Regierungsfähigkeit« so erfolgreich, daß sie zwar die »politische Macht« gewannen, aber, pointiert gesagt, das Volk verloren. Die Konstitutionalisierung der Parteien in der Verfassung, so oft als Fortschritt gepriesen gegenüber der Parteienverdrossenheit deutscher Tradition, rächte sich. Die Parteien wurden zu Staats-

Organen sans phrase. Mäße man die Parteien – und so sind sie entstanden, so wurden sie auch noch verfassungssystematisch begründet – an ihrer Fähigkeit, Interessen zu artikulieren, neue Bedürfnisse wahrzunehmen, Konflikte in sich auszutragen und auf Entscheidungen hin zu kanalisieren, mäße man die Parteien daran, ob sie Kapillaren zur »Welt« der von ihnen angeblich organisierten Bevölkerung besitzen – diese Volksparteien würden als blutleere, artikulationsarme und zur Wahrnehmung von anderen als Positionsinteressen fast unfähige Massenorganisationen erscheinen. Wie anders wären die an den Parteien vorbeigehenden Bürgerinitiativen zu erklären, wie anders der Sachverhalt, daß sich die hauptsächlichen Konflikte von der Rüstungs- und Friedensdiskussion bis zum Wohnungsbau zunächst außerhalb der Parteien artikulieren und von denen allenfalls sekundär aufgenommen und vor allem im Sinne ihrer Funktion als Quasi-Staatsorgane stillzustellen versucht werden. Was die Fähigkeit zur Problematisierung gesellschaftlicher Machtfragen und die Bereitschaft zum Nachdenken über ihre gerechte Lösung angeht, so erscheint heute jede Landeskirche und jeder Kirchentag, die Wissenschaft, die Literatur, ja die Gewerkschaft »politischer« als irgendeine politische Partei mit ihrem um so verzweifelter verteidigten Alleinzuständigkeitsanspruch für staatliche Politik.

Solche Feststellungen über die Volksparteien, die gerade auch dort, wo sie »hart« auftreten, sich »machtvoll« artikulieren, einen eher hilflosen, ja tollpatschigen Eindruck machen – die Bundestagsdebatte vom 8. 10. 1981, einen Tag vor der Friedensdemonstration in Bonn lohnte in dieser Hinsicht der Interpretation – sind nicht neu. In Flächenstaaten mit der Informations-, Regelungs- und Steuerungsdichte der Bundesrepublik sind, sollen Elemente liberaler Demokratie noch eine Chance besitzen, kleinere Politikeinheiten unabdingbar – im Gegensatz zur Gigantomanie der Regierungs-, Gebiets- und Verwaltungsreform der Jahre um 1970.

Die notwendige Schwäche der gegenwärtigen Volksparteien zur »Massenintegration« – im Extrem in den USA zu beobachten –, bestimmt auch die oppositionellen Strömungen. Diese werden von den Volksparteien einerseits freigesetzt und verfügen dadurch über einen erklecklichen Spielraum. Ihnen fehlt aber andererseits eine anerkannte institutionelle Form, ein Forum der Artikulation und des legitimen Konflikts, der ihren eigenen Aktivitäten Bezug und Richtung gäbe. Zuweilen erwecken denn auch die Aktivitäten oppositioneller Gruppen den Eindruck von Kindern auf einem vom Jugendamt hergerichteten Abenteuerspielplatz, in dem man an vorgesehenen Stellen zündeln darf.

Die Schwäche des gegenwärtigen Parteiensystems kommt schließlich auch darin zum Ausdruck, daß die verquollenen und verquasten Programme und Organisationsmuster mit den wirklich erheblichen politischen Entscheidungen nichts (mehr) zu tun haben. Weder ihrer Programmstruktur nach noch hinsichtlich ihrer internen Entscheidungs- und Kompromißverfahren sind unsere Parteien in der Lage, auch die wichtigsten Hauptmarkierungen und Leitlinien der Regierungspolitik in glaubwürdiger, konsistenter und dauerhafter Weise zu definieren. Der Konflikt und die Einigung über politische Entscheidungsthemen wird, je wichtiger diese werden, zunehmend auf den Schleichwegen der Personalpolitik und der demoskopie-hörigen Selbstentmündigung der Parteien umgangen. Der oben erwähnte Pyrrhus-Sieg wird perfekt. Auch das Regierungsland, das die Parteien scheinbar besetzt haben, indem sie das Volk verloren, entzieht sich, gerade weil sie nichts mehr zu bieten haben, ihrem Zugriff – entsprechend eindrucksvoll sind die Geländegewinne, die von »korporatistischen« Formen der nicht-öffentlichen und außerinstitutionellen Abstimmung zwischen Exekutive und organisierten Interessen verzeichnet werden.

Die Absichten bürgerlichen Rechts und bürgerlichen Rechtsstaats sind es gewesen, dem methodischen Prinzip des »distincte et clare« gemäß Herrschaft, wo sie denn erforderlich ist, sichtbar, greifbar, berechenbar und verantwortlich zu gestalten. Deswegen kam es auf das politische Verfahren, auf den »due process of law and government« besonders an. Politik wurde geradezu mit Verfahren gleichgesetzt – Verfahren verstanden als ein Riegel, der alten und neuen arcana imperii vorgeschoben werden sollte. Heute liefe man freilich erheblich in die Irre, suchte man den Ablauf relevanter Entscheidungen anhand der förmlich für sie vorgesehenen Institutionen nachzuvollziehen. Informelle Beziehungen im Staatsapparat und außerhalb desselben, »Frühstückskartelle« aller Art, »konzertierte Aktionen«, ohne daß man diesen Terminus gebraucht hätte, zwischen Spitzenvertretern formell privater und formell öffentlicher Institutionen hat es, seitdem man überhaupt von einem modernen Staat und einem bürokratisch-verteilenden Unterbau reden kann, immer schon gegeben. In der deutschen Tradition bedarf es für den staatlichen Bereich nur des Hinweises auf das große Gebiet, für das die Formel der »besonderen Gewaltverhältnisse« galt, dort also, wo exekutivische Instanzen schalten und walten konnten, ohne sich ausweisen zu müssen, oder auch des Verweises auf den schon früh gezimmerten »Solidarprotektionismus« (Hans Rosenberg) zwischen Staat und mächtigen Verbänden während der zweiten Hälfte der Bismarck-

Ära. Im Bild gesprochen könnte man sagen: die Entscheidungsprozesse gehen auf Tauchstation, auf förmlich dafür vorgesehenen Umschlagplätzen wird mit leeren, symbolischer Befriedigung dienenden Kisten gehandelt oder werden schon entscheidungsfertig geschnürte Pakete der Form halber noch einmal zeremoniell verschnürt. Politik wird in diesem Sinne bürgerlich unverantwortbar; niemand ist »eigentlich« und »letztlich« zuständig. So erklärt sich wohl auch, jenseits des Versuchs, sich der Kritik zu entziehen, das wiederholte Argument des Bundeskanzlers, der Weltmarkt oder die Nato oder die private Wirtschaft oder . . . seien für diese oder jene Misere verantwortlich.

5. *Frontenverkehrung* – Angesichts der angedeuteten Mängel und Schwächen der herrschenden Institutionen sind das institutionelle Mißtrauen und die institutionelle Abstinenz oppositioneller Gruppen erklärlich und verständlich. Für die Dauer und die mittel- und langfristige Wirkung dieser oppositionellen Gruppen wäre es jedoch verhängnisvoll, wenn sie sich zur Herrschaft zerstörter und/oder öffentlich nicht zugänglicher Institutionen weiterhin nur komplementär verhielten. Vielmehr wäre es, kontrafaktisch, erforderlich, daß gerade alle Arten von Widerstand gegen die herrschenden politischen Formen und ihre Inhalte ein neues, ein eigenes Verhältnis zur Institutionalisierung von Interessen, zur Organisation des Politischen fänden – und damit auch eine veränderte Politik. Richtig ist, daß man sich der herrschenden parteilich-parlamentarischen Formen, aus denen die strategischen Eliten selbst gleichsam desertiert sind, nicht einfach bedienen kann. Richtig ist auch, daß die Einsicht in die Ursachen des Parteienversagens beispielsweise deutlich macht, daß der neue Ruf nach »Autonomie« wichtige Hinweise auf andere politische Formen enthält. Versteht man das Schlagwort »Autonomie« nicht als Forderung nach ausgegrenzten Oasen, sondern in Richtung realer Dezentralisierung und realer, realisierungsfähiger bürgerlicher Beteiligung an einer Fülle für sie relevanter Entscheidungen, dann ist hier ein Kernbereich neuer institutioneller Formen gegeben. Gleichzeitig aber wäre es u. E. falsch, die herrschende Entwicklung von »links« bloß zu ratifizieren und die Institutionen der herkömmlichen liberalen Demokratie nun auch oppositionellerseits zu stoßen, damit sie weiter fallen. Vielmehr gilt es, im einzelnen Fall genau zu prüfen, wo inwieweit, zu welchen Zwecken und unter welchen Voraussetzungen sie wirksam sein könnten, sie revitalisiert werden könnten, um die Institutionen der liberalen Demokratie gegen die herrschende Entwicklung zu erhalten, neu und verändert zu gebrauchen.

Die »linke« Protestkultur in der Bundesrepublik hat notorische Schwierigkeiten damit, die Ambivalenz von Institutionen im Gedächtnis zu behalten und ernstzunehmen. Diese Ambivalenz besteht, kurz gesagt, darin, daß einerseits Institutionen wie die der Parteienkonkurrenz und des Parlamentarismus (was sehr wohl gesehen wird) einen ausgrenzenden und repressiven Charakter aufweisen, daß aber andererseits Institutionen auch Verständigungsverhältnisse schaffen und Machtpotentiale enthalten, die zur Überwindung genau jener Repressivität der politischen Herrschaft unerläßlich sind – eine Tatsache, die im Namen von Autonomie, Subjektivität und Spontaneität auf der Linken in der Bundesrepublik systematisch verdrängt und ignoriert zu werden tendiert. Institutionen können nur auf institutionellen Wegen verändert und überwunden werden – anderenfalls droht die historisch unproduktive wechselseitige Befestigung von etatistisch verschanzten Machtpositionen und bloß expressivem Protest. Gewiß ist damit nur ein Problem bezeichnet, nicht dessen Lösung. Eine Lösung wird auch um so weniger selbstverständlich, je weiter die beiden oben beschriebenen Prozesse fortschreiten: der Prozeß, in dem sich traditionale und/oder in anderen Weltgegenden bewährte Formen der organisatorischen Konsolidierung des Protests verbrauchen und unplausibel werden; und der Prozeß, in dem die öffentliche Herrschaft aus den für sie vorgesehenen Formen sozusagen auswandert und sich auf informelle Praktiken der Abstimmung, des Aushandelns und der außerinstitutionellen Pressionen verlagert, wobei nicht nur die Institutionen der parlamentarischen Demokratie, sondern auch die des liberalen Rechtsstaats von »Filzokratie«, administrativer Maßnahmen-Willkür und opportunistischer Bedenkenlosigkeit angefressen werden. In einer solchen Situation erlangen bereits die Eckwerte eines konservativ-liberalen Minimalprogramms, wie etwa das Insistieren auf Grundrechts- und Menschenrechtsschutz, Rechtsförmigkeit der Verwaltung, Öffentlichkeit staatlicher Entscheidungen usw., eine ebenso beachtliche wie überraschende Sprengkraft. Gelänge es, die Herrschaftspraxis des bürgerlichen Staates auf seine eigenen offiziellen Formprinzipien wirksam festzulegen, indem etwa, um nur zwei beliebige Beispiele herauszugreifen, der Beweismanipulation in politischen Strafverfahren durch selektive Aussagegenehmigung ein Riegel vorgeschoben oder der militärisch-bürokratisch-industrielle Komplex gezwungen würde, schlichte haushaltstechnische Regeln und die Rechte des Bundestages und seiner Ausschüsse zu respektieren, dann wäre bereits Erhebliches gewonnen. Je weiter die Praxis der Ausübung staatlicher Gewalt von ihren eigenen Formprinzipien opportunistisch bzw.

»pragmatisch« abrückt, desto unverdächtiger werden diese als institutionelle Verständigungsformen, auf welche die Linke schon deshalb nicht verzichten kann, weil sie selbst keine ernsthaften Alternativen für das institutionelle Gerüst ihrer Politik mehr vorzuweisen hat.

Uta Gerhardt

Dialog als Therapie?

Die soziale Kontrolle der Andersdenkenden und Außenstehenden, die sich den gängigen Normalitätsvorstellungen nicht fügen, ist in den letzten hundert Jahren mehr und mehr eine Domäne staatlicher Sozialpolitik geworden. Im Auftrag oder als Teil der Gesellschaftspolitik, die die Erhaltung eines labilen Gleichgewichts zwischen Gleichheit und Ungleichheit in der Gesellschaft anstrebt, ist die Sozialpolitik und die Sozialarbeit zugleich dem Bewußtsein breiter Gruppen in der Bevölkerung verpflichtet, die vom Staat erwarten, daß die Ausgrenzung der nicht oder nicht mehr Normalen, der Fremdsprachigen oder Andersartigen sicherstellt. Die Aufgabe der Sozialarbeit ist dabei, daß sie die Bedürftigkeit der Randgruppen für »Hilfe« festschreibt, und daß diese Hilfe zum Ziel hat, jede Person – gleichgültig wie weit vom gängigen Normalitätsmaß entfernt – letztlich auf den Arbeitsmarkt zurückzuverweisen oder in anderer Form »zum Arbeitssubjekt zu machen« (Offe/Lenhardt 1977). Die Gewährung von staatlicher Hilfe hat also auch die Funktion – geknüpft an die Bedingungen, unter denen Fürsorgezahlungen, Wohngelder, Eingliederungshilfen oder andere Versorgungsleistungen vergeben werden –, jene Randgruppen an die Arbeitsgesellschaft zu binden oder in sie hereinzuholen, die aufgrund ihrer Andersartigkeit zugleich von vielen Rechten und Privilegien in unserer Gesellschaft ausgeschlossen (Piven Cloward 1972), also sozial benachteiligt sind.

Seit Mitte der sechziger Jahre hat sich das Spektrum erweitert, das als »Hilfe« im Sinne der Eingliederung oder Wiedereingliederung in die Arbeitsgesellschaft verstanden werden kann. Psychisches Leiden ist seit

1967 als Erkrankung anerkannt, für dessen psychotherapeutischer Behandlung – zumindest für bis zu zwei Jahren – die gesetzliche Krankenversicherung finanziell aufkommt. Während diese Regelung lange Zeit nur für ärztlich ausgebildete Psychotherapeuten galt, liegt dem Bundestag ein Gesetzentwurf vor, der auch Psychologen das Recht einräumt, psychisch Leidende auf Krankenschein zu behandeln. Damit wird der Kreis der Helfer erweitert, die im Rahmen der gesetzlichen Krankenversicherung dazu beitragen sollen, daß Störungen im Arbeits- und Zusammenleben der Menschen durch individuelle Behandlungsleistung behoben werden, und es wird sicherlich auf lange Sicht dadurch auch der Kreis der Bedürftigen, die diese Hilfe in Anspruch nehmen, ganz wesentlich größer werden. Schon die 1975 publizierte, vom Bundestag 1969 in Auftrag gegebene »Enquete zur Lage der Psychiatrie in der Bundesrepublik Deutschland« stellte einen auffälligen Mangel an Behandlungsmöglichkeiten für psychisches Leiden fest. Die in der Enquete dokumentierte Ansiedlung der niedergelassenen Nervenärzte vorwiegend in den städtischen Ballungszentren und Wohnbereichen zeigt zudem, daß ganze Landstriche hinsichtlich des Zugangs zu den vorhandenen Behandlungsmöglichkeiten für psychisch Erkrankte ganz deutlich benachteiligt sind (Enquete . . .), und die Großkrankenhäuser – deren therapeutische Funktion zu Recht umstritten ist – sind oft hundert und mehr Kilometer vom Wohnort der Erkrankten entfernt.

Seit in Italien durch das Beispiel Görz und Triest dokumentiert worden ist, daß psychiatrische Großkliniken sich »von oben« selbst auflösen können, und seit zudem ein Gesetz vom Mai 1978 die Schließung aller psychiatrischen Krankenhäuser verfügte und ein Gesetz vom Dezember desselben Jahres diese Maßnahme in die Neuordnung des italienischen Gesundheitswesens einbezog (Hartung 1980, Simons 1980), ist das Problem der Behandlung psychischer Leiden neu ins Blickfeld des öffentlichen Interesses getreten. Die Gründung sogenannter psychosozialer Arbeitsgemeinschaften oder Arbeitskreise in den Standardversorgungsgebieten der SPD-regierten Bundesländer und die Einrichtung von gemeindenahen Diensten zur psychiatrischen Versorgung – teilweise nach dem Modell der Sektorversorgung in Frankreich (Koeppelmann-Bailleu) –, schließlich die Umstrukturierung zahlreicher psychiatrischer Großkrankenhäuser im Sinne der Reformvorstellungen von der »offenen Anstalt« haben dazu beigetragen, daß die individuelle Definition und Behandlung des psychischen Leidens durch Psychotherapie oder Beratung (je nach dem Stand der Erkrankung) jenen Stellenwert im System der Gesundheitsversorgung erhält, den sie lange Zeit verloren zu haben schien. Die Reformbestrebungen im Zusammenhang mit der Anti-Psychiatrie bringen es mit sich, daß den Fragen der Bedürfnisse und Bedürftigkeit des einzelnen – und damit seiner Behandlung als eines individuellen, nach Individualität suchenden Menschen – wieder (oder erstmals?) soviel Priorität eingeräumt wird, daß der Mangel an zugänglichen und kompetenten Beratungs- und Behandlungspersonen und -institutionen um so schmerzlicher auffällt.

In diesem Zusammenhang ist eine Bewegung in den letzten Jahren geradezu modisch, die Abhilfe verspricht. Selbsthilfegruppen, die ohne professionelle Leitung oder Beratung funktionieren, gibt es – etwa im Umkreis der Berliner Kinderläden – schon seit den sechziger Jahren; ihr Modell sind die in den dreißiger Jahren entstandenen »Anonym. Alkoholiker«. Aber ihre massenhafte Verbreitung und ihre Nutzung für die verschiedensten Leiden und Problemkreise – von der Bewußtseinsbildung von Frauen über den Erfahrungsaustausch bei werdender Elternschaft, physische Behinderung oder nach Herzinfarkt oder Mammektomie bis hin zu »Emotions Anonymous« und den »Overeaters Anonymous« – ist eine Erscheinung der letzten Jahre. Seit die Weltgesundheitsorganisation in ihrer Erklärung von Alma Ata (1976) der Primärversorgung der Bevölkerung eine Priorität eingeräumt hat und diese 1980 in ihrem Programm »Gesundheit für alle im Jahr 2000« nachdrücklich bekräftigt hat, sind die Selbsthilfegruppen auch auf der Ebene der nationalen und internationalen Gesundheitspolitik hoffähig geworden. Auf dem Gesundheitstag 1981 in Hamburg schien es in den Diskussionen manchmal, als ob viele Anhänger der sogenannten Alternativmedizin meinen, man könne medizinische Versorgung insgesamt durch Selbsthilfe ersetzen.

Sozialarbeit, Sektorversorgung und Selbsthilfe beruhen ganz wesentlich auf dem *Dialog* als Medium, das zur Hilfe oder Behandlung eingesetzt wird. Dieser Dialog wird entsprechend der sozialen Rollen derer, zwischen denen er stattfindet, in zwei unterschiedlichen Konstellationen wirksam. Zum einen geht man von der Gleichheitsannahme für die an der Situation Beteiligten aus, und dies schließt aus, daß irgendein Mitglied der Gruppe (auch: Zweiergruppe), in der der Dialog vor sich geht, gegenüber irgendeinem anderen einen Vorsprung an Wissen oder Können hat. Michael Lukas Moeller prägt dafür den Begriff des demokratischen Arbeitsbündnisses in Selbsthilfegruppen. Er führt aus, daß die Selbsthilfegruppen gewissermaßen einen Grundprozeß wiederherstellen, welcher das therapeutische Moment des Alltagslebens genannt werden könne und der Entwicklung spezialisierter dialogischer Behandlungsstrategien zugrundeliege: »Denn man kann wohl davon ausgehen, daß die sogenannten natürlichen therapeutischen Prozesse und Problemlösungsstrategien im Alltag die allgemeine Grundlage sind, aus der einzelne Schulrichtungen, wie Psychoanalyse, Verhaltenstherapie, Gesprächstherapie, Gestalttherapie etc., spezielle Aspekte aufgegriffen und besonders entwickelt haben« (1979, p. 37). Moeller erklärt dann das demokratische Arbeitsbündnis in Selbsthilfegruppen – eben das alltagsweltliche therapeutische Element – als die Doppelfunktion jedes einzelnen Mitglieds in der Selbsthilfegruppe, zugleich Helfer und Klient zu sein. D. h. jedes Mitglied wendet sich den anderen zu, indem es auf deren Probleme eingeht und zu Lösungen anregt und beiträgt, und jedes Mitglied ist zugleich Objekt für die Hilfeleistungen von anderen, die es von ihnen empfängt und aufnehmen oder abwehren muß, um selbst die adäquate Lösung für das eigene Problem zu finden. Die befreiende Wirkung auch der unspezifischen Kommunikation und allgemeinen Geselligkeit, die dabei entstehen kann, kommt in dem Erfahrungsbericht einer nach einer Psychose-Erkrankung aus dem Landeskrankenhaus Bonn entlassenen Frau zum Ausdruck, die sich auf Empfehlung ihres Nervenarztes einer von der Diakonie ins Leben gerufenen Selbsthilfegruppe angeschlosse hat: »Unsere Gruppe setzt sich aus Zweidrittel Kranken oder ehemals Kranken und Eindrittel Gesunden zusammen. Altersmäßig sind wir sehr gemischt (von 30 bis 65 Jahren). Wir treffen uns alle 14 Tage drei bis vier Stunden. Dann wird erzählt über tägliche Sorgen und Probleme; aber hin und wieder wird auch herzlich gelacht. Es werden Ausflüge und Spaziergänge unternommen. Ab und zu findet auch mal eine Kegelpartie statt. Vor einigen Tagen waren wir ein Wochenende verreist. Alle diese Dinge machen sehr viel Freude. Man ist mit seiner Krankheit nicht mehr allein, und man macht wieder positive Erfahrungen mit den Mitmenschen und der Umwelt. So bekommt man wieder Vertrauen zum Leben.« (Selbsthilfegruppen Nachrichten, Feb. 1981, p. 12).

In dem zweiten und wohl gängigeren Modell des Hilfedialogs haben wir es mit einem eher professionellen Helfer oder Berater auf der einen Seite und einem hilfesuchenden Klienten auf der anderen Seite zu tun, wobei der letztere sich verändern soll oder möchte. Das Ziel des Dialogs sieht Erich Wulff in seiner Philippika gegen die Psychoanalyse polemisch darin, daß das Individuum vom Druck autoritärer Institutionen freigesprochen wird: »Dieses Freisprechen geschieht dadurch, daß die seelischen – gefühlsmäßigen und triebhaften – Regungen der einzelnen sich konkret-sprachlich ›vergesellschaften‹. Man spricht zusammen darüber – über die Autoritätsbeziehungen – und lernt seine Empfindungen und die der anderen dabei überhaupt erst richtig kennen. Dazu ist eigens ein Wissenschaftszweig mit dazugehörigen Institutionen ausgebildet worden: die psychoanalytisch orientierte Gruppendynamik, die in Form von Laboratorien und arbeitsbegleitenden Institutionsberatungen bereits ein gewisses Organisationsniveau erreicht hat.« (Kursbuch 29, 1972, p. 6).

Daß Wulff dabei der durchaus ernstzunehmenden Idee das Wort redet, daß eine wirksame Verminderung psychischen Leidens wahrscheinlich nur von Veränderungen in den Produktionsverhältnissen ausgehen kann, sollte nicht darüber hinwegtäuschen, daß Strategien zur Therapie psychischen Leidens allemal einer kritischen Reflexion und überlegten Anwendung bedürfen, anstatt als herrschaftswissenschaftlich mehr oder minder vollständig verdammt zu werden, solange keine revolutionäre Bewegung zu drastischer Veränderung der gesellschaftlichen Verhältnisse erfolgreich drängt. Es scheint keineswegs richtig, daß durch die vielfältigen Formen des Dialogs als therapeutischer Strategie eine revolutionäre politische Veränderung der Arbeitsverhältnisse in unserer Gesellschaft aufgehalten oder verhindert wird. Stattdessen scheint es höchst bedeutsam, den Mechanismen nachzuspüren, die den Dialog als Mittel der Selbstbefreiung aus der Krankheit oder sozialen Benachteiligung wirksam werden lassen können.

Eine der bekanntesten Hypothesen in diesem Zusammenhang ist die von Alfred Lorenzer vorgebrachte Idee, daß die neurotische Fixierung der Persönlichkeit auf einer frühkindlichen Stufe der psychischen Entwicklung als eine partielle Sprachzerstörung zu fassen sei. Im Dialog zwischen Therapeut und Klient, so Lorenzer, wird diese Sprachzerstörung Stück für Stück soweit rückgängig gemacht, bis das ursprünglich verursachende kindliche Traumaerleben wiedererinnert werden kann. Aus dem befreienden Wiedererinnern im Zuge des die frühen Erlebnisse bloßlegenden Dialogs ergibt sich die Chance einer selbstgesteuerten Rekonstruktion der individuellen Biographie und Persönlichkeit nach dem befreienden Traumaerinnern. Das Individuum gewinnt im Medium des Dialogs mit seinem Analytiker die Möglichkeit, Selbststeuerung und Kontrolle über seine Biographie und Bedürfnisse zu erhalten, die dann als bewußtes Leben in die eigene Umwelt hinein genutzt werden können. Die therapeutische Funktion des Dialoges bedarf dabei keines weiteren Kommentars.

Eine interessante Variante des Verfahrens schlägt Hannes Friedrich in einer Studie vor, die ein arbeitsteiliges Vorgehen von Soziologen, Sozialarbeitern und anderen freiwilligen Helfern bei der Betreuung von obdachlosen Familien beschreibt. Die einzelnen Mitglieder des Teams, die sich jeweils einer Familie zuwandten, übernahmen verschiedene vorher abgesprochene Rollen, z. B. jene des Helfers, der scheinbar alles weiß, jene des Mahners, der zur Arbeitsaufnahme, Ratenzahlung etc. anhält, und schließlich jene des verständnisvollen Zuhörers und Betreuers, bei dem die Familienmitglieder sich auch über die Ermahnungen und den Druck beschweren konnten, der von den anderen Teammitgliedern ausging. Die Familie, solchermaßen beinahe überversorgt mit Dialogchancen, konnte sich in vielen Fällen – gerade indem sie sich gegenüber allen Ratgebern und Helfern schließlich zusammenschloß und zur Wehr setzte – zu einer Ebene der Selbstkontrolle und des selbständigen Handelns aufraffen, die ihr ermöglichten, Wege aus dem Ghetto des städtischen Obdachlosenasysls hinaus zu finden, also feste Arbeit und eine preisgünstige Wohnung in einem anderen als dem verfemten Armutsviertel zu bekommen (Friedrich, et al. 1977). In Friedrichs Studie wird dokumentiert, in welcher Weise die Dialogstrategie – oder eigentlich eine Art »Multilog« – sinnvoll eingesetzt werden kann, um sozial schwache und bereits ausgegrenzte Familien zu befähigen, letztlich sich selbst wirkungsvoll aus dem Elend herauszuhelfen. Hier ist der Dialog durchaus als therapeutisch anzusehen, wenn man voraussetzt, daß Therapie dazu dient, die Stigmatisierung, Ausgrenzung oder Isolierung von Personen, Gruppen oder Familien zu revidieren oder zu verhindern.

Dabei liegt ein unlösbares Dilemma allerdings in der Professionalisierung der Hilfe, die angeboten wird. Friedrichs Projektgruppe war vielleicht gerade deshalb erfolgreich, weil ihre Mitglieder selbst nicht professionell, sondern mit dem Interesse eines Arbeitsteams, das etwas Neues versucht, zu den obdachlosen Familien gingen. Daß sie dies nicht berufsmäßig, sondern als Teil eines Forschungsprojekts taten, bei dem sie selbst gespannt auf den Fortgang oder das Ergebnis waren, machte vielleicht jene Selbstbetroffenheit oder Identifikation sowohl mit ihrer Projektarbeit wie mit den beteiligten Familien aus, die ihrer Arbeit letztlich einen gewissen Erfolg sicherte. Hätte das Team seine Arbeit professionalisiert und wäre beispielsweise vom städtischen Sozial- oder Versorgungsamt mit dem Ziel angestellt worden, über Zeit viele Familien zu einem neuen Selbstbewußtsein zu »erziehen«, wäre der Elan für die Sache möglicherweise bald verflogen gewesen. Die Professionalisierung der Person- oder Beziehungsarbeit, die in der Hinwendung zu den Obdachlosenfamilien steckte, hätte gerade das Spontane und Unorthodoxe an der Arbeit, auch wohl die persönliche Interessiertheit und Lernfähigkeit der Teammitglieder, wesentlich beeinträchtigt. Damit hätte der Dialog mit den betroffenen Familien jene Qualität verloren, die möglicherweise allererst für den Erfolg der Projektarbeit bürgte.

Meine Sorge ist, daß Dialog als solcher durchaus auch ein repressives Mittel sein kann, Menschen zu vorher festgelegten Zielzuständen wie Angstfreiheit, Arbeitsfähigkeit, Verzicht auf weitere Straftaten etc. zu bringen. Letztere machen Dimensionen einer normativ verstandenen Normalität aus, wobei als Standard dafür, was normal ist, die Masse derer gilt, die ohne wesentliche oder nachhaltige Auffälligkeiten im Arbeits- und Alltagsleben funktionieren. Als Beispiel für einen eher repressiv angewandten Typus des Dialogs, der doch für sich in Anspruch nimmt, therapeutisch zu sein, mag Watzlawicks Analyse der menschlichen Kommunikation stehen. Dort wird vor allem auf die formale Funktion des Dialogs abgehoben, Menschen zu beeinflussen und zur Veränderung ihres Verhaltens zu bringen. Es ist dabei unwichtig, *wer* den Dialog führt, und beispielsweise werden keine Anforderungen an die Dialogfähigkeit des Therapeuten formuliert, die erkennen ließen, daß Watzlawick sich der Möglichkeit bewußt ist, daß es auch für bestimmte Aufgaben oder für die Hilfeleistung insgesamt eher unfähige Therapeuten gibt, solche nämlich, die sich mit den Problemen ihrer Klienten nicht identifizieren und stattdessen einen höchst einseitigen »Dialog« führen, in dem sie längst die Antworten parat haben, während der Klient noch um die Fragen ringt.

Das breitere Thema, das damit angeschnitten ist, ist das Verhältnis von Übertragung und Gegenübertragung im therapeutischen Dialog. Folgt man der klassischen psychoanalytischen Literatur, so ist die Übertragung von teilweise oder gänzlich verdrängten Gefühlen gegenüber den eigenen Eltern aus der Kindheit oder anderer emotionaler Haltungen vom Patienten auf den Analytiker oder Arzt eine unverzichtbare Voraussetzung für das Gelingen der dialogischen Therapie. Auf der anderen Seite gilt die Gegenübertragung – d. h. die reaktive oder aktive Besetzung des Patienten mit Gefühlen und emotionalen Charakterisierungen durch den Arzt (Analytiker) – als höchst problematisch und möglichst zu vermeiden. Das dadurch entstehende, eher einseitige Verhältnis, in dem der Patient emotional über Übertragung an den Arzt, aber der Arzt durch die strenge Kontrolle seiner Gegenübertragung wenig an den Patienten gebunden ist, gilt als Voraussetzung für die eher distanzierte und unpersönliche Haltung, mit der der Arzt (Analytiker) sich der Problemkonstellation seines Patienten gegenüberstellen soll.

Die dadurch geförderte Arzt-Patient-Interaktion ähnelt wohl zuweilen der von Gregory Bateson beschriebenen Konstellation eines »Double bind«. Im Umgang der Mütter schizophrener Jugendlicher mit ihren Kindern entdeckte Bateson ein Element, das er als »double bind« oder Beziehungsfalle beschrieb: Die Handlungen und Haltungen der Mutter gegenüber dem Kind tragen nicht eine, sondern jeweils eine zweite Bedeutung auf einer Meta-Ebene, wobei die zweite Bedeutung (z. B. »komm mir nicht zu nahe«) die erste (z. B. »komm sofort her«) auslöscht, doch dem Kind zugleich verwehrt ist, den Widerstreit der unvereinbaren Bedeutungen dadurch zu lösen, daß es die Situation verläßt und sich dem Konflikt entzieht. In der Dialogsituation zwischen dem unperönlich-gefühlskontrollierten professionellen und dem nach dem therapeutischen Konzept mittels Übertragung fixierten und gefühlsauslebenden Klienten ergibt sich – so will mir scheinen – eine Beziehungsfalle. Sie kommt dadurch zustande, daß der Therapeut das Angebot an Identifikation – wegen des Verbots der Gegenübertragung – nicht annehmen kann, das der Patient ihm macht und das aufgrund der Notwendigkeit der Übertragung auch vom therapeutischen Dialog gefordert ist. In einer solchen eher ungleichen Situation zwischen Therapeut und Klient, so meine ich, kann der Hilfesuchende sich vorkommen, als ob er gegen eine Wand anrennt, und der Therapeut läßt dessen Angebote zu dialogischer Kommunikation immer wieder leerlaufen – nicht weil er ein gefühlsgestörter Mensch ist, sondern weil ein häufig rigide verstandenes therapeutisches Konzept vorauszusetzen scheint, daß Gegenübertragung zu unterdrücken sei.

Andererseits hat beispielsweise eine konsequent zu Ende gedachte Gegenübertragung im Ansatz von R. D. Laing zu einem neuen Verständnis der Schizophrenie geführt, das auch ein decouvrierendes Schlaglicht auf die Normvorstellungen der Normalität wirft. »Im Kontext unserer heutigen allgegenwärtigen Verrücktheit, die wir Normalität, Gesundheit, Freiheit nennen«, so formuliert Laing etwas pathetisch, »sind all unsere Bezugsrahmen doppeldeutig und zwiespältig. Ein Mann, der lieber tot als rot sein will, ist normal. Ein Mann, der sagt, er hat seine Seele verloren, ist verrückt. Ein Mann, der sagt, Menschen sind Maschinen, mag ein großer Wissenschaftler sein. Ein Mann, der sagt, er i s t eine Maschine, ist im psychiatrischen Jargon ›entpersönlicht‹. Ein Mann, der sagt, daß Neger minderwertig sind, kann bei vielen anerkannt sein. Ein Mann, der sagt, Weißsein ist eine Art Krebs, gilt als nicht normal.« (Div. Self, p. 11/12). Laing weist hier auf die *politische* Seite der Relativität der Normalitätsvorstellungen hin, die für verschiedene Gesellschaften verbindlich gelten. Den Ansatz, daß er die Aussagen der meist jugendlichen Schizophrenie-Patienten ernst nahm und dadurch zu einem anderen Verständnis des Wahrheitsgehalts ihres durch übergroße Sensibilität geprägten Wirklichkeitsbildes gelangte, verdankt Laing wohl seiner Dialogtechnik eines identifikatorischen Eingehens auf den Patienten (und der Annahme, daß eher stimme als nicht stimme, was der Patietn sagt, wenngleich der Analytiker zuweilen erst mühsam ergründen muß, in welcher Weise denn das Gesagte – oft nach außen wirr erscheinend – als stimmig verstanden werden kann). An einer Stelle findet Laing, der Analytiker müsse den Patienten *lieben,* um ihm helfen zu können.

Damit wird allerdings, wie man Laing vorgehalten hat, der Therapeut zuweilen zum Komplicen des Kranken. Das heißt, der Therapeut vertritt nicht mehr das Prinzip der Gesundheit und Normalität gegenüber einem, den bereits seine Hilfs- oder Therapiebedürftigkeit als einen ausweist, der jenseits der Normalität steht. Sondern der Therapeut erarbeitet gemeinsam mit dem Patienten – und auf dessen Stufe des Welterkennens – jene Sicht der Dinge, die dem Patienten alle in ungewöhnlichem angsteinflößendem oder konspiratorischem Licht erscheinen läßt. Aus diesem Ernstnehmen des Welterkennens bei offenbar Kranken, so Laing, resultiert eine Chance, daß sie sich selbst durch einen Prozeß des Überwältigtwerdens und letztlich Abflauens ihrer Visionen von dem Weltbild freimachen, das ihnen den Zugang zur Realität ihrer Mitmenschen verstellt.

Über den Irrsinn als Teil der Normalität geht die Kritik oftmals überheblich hinweg, denn allzu leicht scheint es, daß derjenige sich selbst als Spinner entlarvt, der Irrwitziges entdeckt in dem, was andere für normal halten. Andererseits ist die Doppelheit des Alltags, zugleich glatt und selbstverständlich an der Oberfläche zu sein, doch getragen von einer mehr oder minder verborgenen Unterströmung der Gewalt, vielen Menschen in Deutschland anhand der Diskussionen bewußt geworden, die sich mit der Frage beschäftigten, wieviel in der Bevölkerung während des Nationalsozialismus von den Verbrechen bekannt war, die in den Konzentrationslagern und durch die Einsatzgruppen in Rußland begangen wurden. »Wenn der Führer wüßte, was alles für Verbrechen geschehen«, schrieb Bert Brecht in den Svendborger Gedichten, »so fragen sich viele Menschen, dann würde er Einhalt gebieten.« etc. Nachträglich scheint fast nicht mehr faßbar, wieviel angeblich nicht bekannt gewesen sein soll, und selbst als nach 1945 Bücher über die furchtbaren Verbrechen erschienen, haben breite Kreise der Bevölkerung sich nicht über das Geschehene informieren wollen. Die Unterströmung der Gewalt wegzuleugnen, scheint zum Alltag – wenn auch sicherlich mehr in faschistischen als in demokratischen Ländern – zu gehören. Seit Mai 1981 hat sich in Deutschland verstärkt eine Friedensbewegung entwickelt, die am 10. Oktober in einer Demonstration in Bonn mit mehr als 200000 Teilnehmern ein eindrucksvolles Zeichen setzte, daß sie breite Teile der Bevölkerung (vor allem der Jüngeren) einbezieht. Diese Friedensbewegung ist daraus entstanden, daß vielen Menschen aufgrund der Wahrscheinlichkeit einer Lagerung von Atomwaffen in Europa entsprechend dem sogenannten Nato-Doppelbeschluß vom Dezember 1979 bewußt geworden ist, daß bereits soviel Sprengstoff während der letzten Jahrzehnte produziert und überall auf der Welt gelagert worden ist, daß dadurch alles Leben auf der Erde vielmal beseitigt werden könnte. Die latente Angst, von den Rüstungsleistungen des eigenen und fremder Länder bedroht und aufgrund des verstärkten Ost-West-Konflikts hilflos in eine unausweichliche Katastrophe unvorstellbaren Ausmaßes hineingetrieben zu werden, hat sich vielen Menschen als ein bisher allzu stark verdrängtes Moment ihres scheinbar ruhigen Alltags enthüllt und sie nun, da der Schleier weggerissen ist, zum Handeln gebracht. Plötzlich wird für sie etwas deutlich, das wie Irrsinn in der Normalität wirken muß – die Priorität der Rüstungsausgaben zwingt zur Einschränkung der Hilfen an Arme, sozial Schwache und die Millionen hungernder Menschen in den nicht-westlichen Ländern, zugleich sind die Kriegsvorbereitungen auf einem Stand, daß die Existenz oder das Aussterben der Menschheit eine Angelegenheit von nur Minuten sogenannt präventiver Kampfstrategie werden könnte, um nur zwei Themen zu nennen, die eine bisher eher verdrängte Unterströmung der Gewalt enthüllten, die unseren gesellschaftlichen Alltag durchzieht.

Eine allenthalben auffällige Schwierigkeit besteht nun darin, die Momente von Gewalt, Unterdrückung und Ausgrenzung bewußt zu halten, die als verborgene Strukturen unseren Alltag allemal mitprägen. Es ist leicht, die atomare Bedrohung als Hirngespinst anti-amerikanisch denkender Jugendlicher einzuschätzen, solange kein Landstrich der unmittelbaren Umgebung verseucht ist; es ist ebenso leicht, die Schwierigkeiten entlassener Strafgefangener oder ehemaliger Langzeitpatienten aus einem psychiatrischen Großkrankenhaus, sich bei Arbeit und Wohnen zurechtzufinden, auf deren Persönlichkeitsmängel zurückzuführen. Wenn ausländische Familien auf Arbeitssuche nach Deutschland gekommen sind, sich über die Abgrenzung der Deutschen von ihnen beklagen, so kann man dies mühelos auf die Sprachschwierigkeiten oder die unangenehmen Gewohnheiten der Ausländer schieben, die selbst an ihrer Isolation schuld seien. Erst wenn man selbst im Ausland in die Situation gerät, daß die Ausgrenzung immer Ausländer betrifft, und nun gehört man selbst dazu, beginnt man die Bitterkeit zu begreifen, mit der sich manche Ausländerfamilien über die Hochnäsigkeit der Deutschen beklagen. Im Dritten Reich ging die Ausgrenzung freilich weiter: Damals wurde sie – als totale Abschottung der sogenannten arischen Bevölkerung – staatlich verordnet, und trotz der vielen mutigen Solidaritäts- und Hilfeleistungen einzelner Nachbarn und Freunde gegenüber den ausgegrenzten Juden ist es schließlich für viele Deutsche möglich gewesen, sich die Illusion vorzugaukeln, die ermordeten angeblich fremdrassigen Juden hätten sich ihr Schicksal selbst zuzuschreiben.

Eine Therapie als Dialog muß sich immer gegenwärtig halten, daß der Klient – ein Ausgegrenzter, nach seiner eigenen oder der Meinung anderer außerhalb der Normalität stehend – letztlich für sich ebensoviel Wahrheit hat wie derjenige, der sich anschickt, ihn durch dialogische Therapie zu verändern oder sogar zu heilen. In diesem Sinne will Klaus Dörners zum Titel eines Lehrbuchs gewähltes Schlagwort verstanden werden, daß Irren menschlich sei. Wenn Menschsein und Irrsinn nicht als zwei diametral verschiedene Formen der gesellschaftlichen Existenz begriffen werden, so scheint die Brücke enger, die vom einen zum anderen geschlagen werden kann. Dies wiederum soll ermöglichen, daß die Normalen, indem sie an sich selbst die verrückten Anteile ihrer Persönlichkeit erkennen und tolerieren, mehr Offenheit und Verständnis – also mehr Bereitschaft zum Dialog – für die Verrückten aufbringen.

Dialog als Therapie setzt voraus, daß er – will er nicht umschlagen in eine repressive Pädagogik gegenüber den Ausgegrenzten – jenes utopische Moment ernst nimmt, das ihn zugleich wirksam und anachronistisch zu machen scheint. Jürgen Habermas hat auf die Verbindung von herrschaftsfreiem Dialog und der Idee demokratischer Kommunikation hingewiesen. Von ihr kann man nicht sagen, daß sie in unserer Gesellschaft – außer vielleicht in den Nischen gelungener Partnerbeziehungen – verwirklicht sei. Trotzdem ist die Anstrengung, sie immer wieder annäherungsweise in die Tat umzusetzen, wahrscheinlich gerade jenes Moment, das dem Dialog als Therapie überhaupt eine Chance gibt, mehr zu sein als belehrende Unterweisung über die Normen der Normalität. Dialog, der als Therapie aus Leiden oder Anderssein herausführen oder einem Andersartigen dazu verhelfen will, sich selbstbewußt zu sich zu bekennen, kann also nicht dabei stehenbleiben – soll es ein tendentiell herrschaftsfreier Dialog sein, und nur ihm gebühren wohl Chancen des therapeutischen Erfolges –, daß sich nur einer der Dialogpartner öffnet und verändert, während der andere derselbe bleibt und den Dialog professionell verwaltet. Erst wenn sich der Therapeut ebenso wie der Klient ganz in den Dialog einbringt und beide sich die Möglichkeit geben, daß sie sich gegenseitig in ihrem Selbstverständnis anrühren und verändern, scheint der Dialog als Therapie dazu angetan, daß er heilend statt unterdrückend wirkt.

Daß viele gängige Formen des Dialogs – auch des therapeutischen – weit entfernt davon sein müssen, diesem Ideal zu entsprechen, soll hier nicht in eine Kritik an ihnen umgesetzt werden. Vielmehr scheint, daß das Moment herrschaftsfreier Kommunikation im Dialog richtigerweise nur als unvermeidlich verfolgte Absicht und dauernde Bemühung virulent werden mag in unserer aus Herrschaftsstrukturen, die oft verfestigt sind, aufgebauten Gesellschaft. Es wäre zudem naiv zu meinen, daß man die Gesellschaft verändert, indem man sie anders interpretiert.

Literatur

Bateson, Gregory et al., Auf dem Weg zu einer Schizophrenie-Theorie. *In:* dies.: Schizophrenie und Familie, Frankfurt: Suhrkamp 1969.

Bericht über die Lage der Psychiatrie in der Bundesrepublik Deutschland – Zur psychiatrischen und psychotherapeutisch/psychosomatischen Versorgung der Bevölkerung. Bundesdrucksache 7/4200, Bonn 1975.

Dörner, Klaus/Plog, Ursula, Irren ist menschlich. Lehrbuch der Psychiatrie. Wunstorf 1978.

Friedrich, Hannes et al., Soziale Deprivation und Familiendynamik. Göttingen: Verlag für Medizinische Psychologie. Vandenhoek und Ruprecht 1979.

Gerhardt, Uta, Überlegungen zur passiven Aggressivität. *In:* Aggression und Gesellschaft, Bonn 1971.

Habermas, Jürgen, Kultur und Kritik. Frankfurt: Suhrkamp 1973.

Hartung, Klaus, Die neuen Kleider der Psychiatrie. Von antiinstitutionellem Kampf zum Kleinkrieg gegen die Misere. Berlin: Rotbuch 1980.

Keupp, Heinrich/Zaumseil, Manfred (Hrsg.), Die gesellschaftliche Organisierung psychischen Leidens. Frankfurt: Suhrkamp 1978.

Koeppelmann-Bailleu, Marianne, Gemeindepsychiatrie. Erfahrungen mit einem Reformmodell in Frankreich. Frankfurt: Campus.

Laing, Ronald D., The Divided Self. An Existential Study in Sanity and Madness. Harmondsworth: Pelican 1965.

Lorenzer, Alfred, Sprachzerstörung und Rekonstruktion. Frankfurt: Suhrkamp 1972.

Moeller, Michael Lukas, Das demokratische Arbeitsbündnis in Selbsthilfegruppen: Einige Folgen der Deprofessionalisierung für die therapeutische Beziehung. Psychosozial 2/1979, 36–66.

Offe, Claus/Lenhardt, Gero, Soziologie und Sozialpolitik, Sonderheft 19, Kölner Zeitschrift für Soziologie und Sozialpsychologie, Opladen: Westdeutscher Verlag 1977.

Piven, Frances Fox/Cloward, Richard A., Regulating the Poor. The Functions of Public Welfare. London: Tavistock 1972.

Simons, Thomas (Hrsg.), Absage an die Anstalt. Programm und Realität der demokratischen Psychiatrie in Italien. Frankfurt: Campus 1980.

Watzlawick, P. et al., Menschliche Kommunikation. Bern: Huber 1969.

Wulff, Erich, Psychoanalyse als Herrschaftswissenschaft?, Kursbuch 29, Sept. 1972, 1–22.

III

Kirche und Frieden

Kurt Scharf

Von der Freiheit eines Christenmenschen – heute

Der »Knecht« Jesu Christi, D. Martin Niemöller, hat als Soldat, als Kapitän eines Unterseebootes im 1. Weltkrieg, als Student und Freikorpskämpfer, als Pfarrer und seit 1933 als der Vorsitzende des Pfarrernotbundes im Widerstand gegen das nationalsozialistische Regime, seit 1937/38 – eben deswegen – als Untersuchungsgefangener und als Häftling im Konzentrationslager bis 1945, danach als Kirchenpräsident, als einer der Präsidenten des Ökumenischen Rates der Kirchen, als Synodaler der Evangelischen Kirche in Deutschland und der hessen-nassauischen Kirche, als radikaler Streiter gegen die deutsche Wiederbewaffnung und als hervorragendes Glied säkularer und kirchlicher Friedensinitiativen und Präsident einer weltumspannenden Friedensbewegung in den unterschiedlichen Situationen »hoch oben« und sehr »tief unten« Freiheit zu bewähren gehabt, Freiheit gegenüber hartem Druck Herrschender, gegenüber – sich kundtuender und anonymer – Drohung breiter »Volksgruppen« und Freiheit und innere Unabhängigkeit auch gegenüber beschwörenden Vorstellungen naher Freunde. Sein Bild stand mir vor Augen bei dem, was ich meinte, einer christlichen Gemeinde seiner westfälischen Heimatkirche zum Thema der »Freiheit in Jesus Christus« aus Anlaß des Gedenkens an die Reformation sagen zu sollen.

Wir sind dem Kern der Reformation treu, wenn wir Luthers berühmte Definition über »die Freiheit eines Christenmenschen« auf die heutige geistige und gesellschaftliche Situation richten und an seiner Wesensbestimmung der Freiheit andere – wichtige – Lehren der lutherischen Reformation prüfen, die in den Auseinandersetzungen der Gegenwart gern zitiert werden. Wir haben – im Sinne D. Martin Luthers und seiner früh-reformatorischen Schrift – das Recht, ja die Nötigung zu fragen: sind bestimmte – viel berufene – Auskünfte, Lehrangebote der Reformation für den Menschen der Gegenwart, den Menschen des wissenschaftlich-technischen Zeitalters, noch maßstäblich brauchbar? Was geben sie her für die veränderte Weltsituation? Ja, ich meine, wir müssen, unterwiesen durch diese »Hauptschrift« Luthers, sogar fragen: waren Lehraussagen, die besonders charakteristisch für die »etablierten Kirchen« der Reformation geworden sind, im Rückblick der Jahrhunderte je voll berechtigt, bestehen sie vor dem Urteil der Geschichte des Evangeliums? Oder haben sie die »Fülle« seines Angebotes, die Ganzheit des Evangeliums schon in ihrem Ansatz eingeengt? Die Erkenntnis der Reformation, daß es zum Wesen der Kirchen gehöre, zu ihrer Lebendigkeit, unaufhörlich reformiert zu werden, gibt uns auch die Freiheit, so zu fragen.

Luthers Definition lautete: »Ein Christenmensch ist ein freier Herr über alle Dinge und niemand untertan«, und: »Ein Christenmensch ist ein dienstbarer Knecht aller Dinge und jedermann untertan.« Luther bezieht sich dabei auf zwei Aussagen des Apostels Paulus: 1. Kor. 9, 19 »Ich bin frei von jedermann und habe mich zu jedermanns Knecht gemacht«, und: Röm. 13, 8 »Seid niemand etwas schuldig, außer daß ihr euch untereinander liebt!« Denn – so erklärt Luther den Satz des Paulus: »Liebe ist dienstbar und untertan dem, was sie liebhat«.

So fragen wir: Was bedeutet Freiheit gegenüber den Mächten der Gegenwart, gegenüber ihren Ansprüchen und Angeboten, ihren Drohungen und ihren Werten, Freiheit, die sich der Liebe zu allen Menschen – und zu den Dingen (!) – verpflichtet weiß? und:

Was bedeutet gehorsame Bindung an das Verständnis des Evangeliums, wie es uns durch die Reformatoren übermittelt wurde, gehorsame Bindung, die frei macht auch zur Auseinandersetzung mit bis dahin bewährter oder jedenfalls bis dahin weithin anerkannter Tradition in der eigenen Glaubensgemeinschaft?

Beide Fragen seien abgehandelt an einigen Kernstücken reformatorischer Lehre!

1. Luthers Zwei-Reiche-Lehre und die Ethik der Bergpredigt. Angesichts der Bedrohung der Gesamtchristenheit durch die Heere der Türken im Vormarsch auf Wien, auch angesichts der Gewalttaten aufständischer Bauern und tyrannischer Fürsten und Ritter kam Luther zu der Überzeugung, daß mit der Bergpredigt die Welt nicht zu regieren sei (wie vor ihm Augustin und andere Kirchenväter und Lehrer der alten

Christenheit): Gewalt von oben sei nötig um der Ordnung, um eines gemeinschaftlichen Lebens in Frieden und Gerechtigkeit willen; bei tyrannischem Mißbrauch der Gewalt von oben sei auch der Tyrannenmord zu rechtfertigen, sofern der Kreis der Aufständischen in der Lage sei, das Gemeinwesen – nahtlos – aus der diktatorischen »Ordnung« in eine gerechtere Ordnung überzuleiten; zum Chaos dürfe es nicht kommen, das Chaos dürfe nicht einmal riskiert werden! Und: Zur Verteidigung des eigenen Landes, zur Verteidigung der christlichen Kultur des Reiches sei auch der Krieg und der Kriegsdienst recht und billig und zu fordern; Raubkriege seien zu verwerfen (auch bestimmte Methoden der Kriegsführung wie Gebrauch von Fernwaffen, Vernichtung feindlichen Landes, seiner Zivilbevölkerung, sogar Unterwerfung fremden Gebietes; es dürfe nicht Schaden entstehen, der unverhältnismäßig groß sei!); an Raub- und Vernichtungskriegen dürfe der Christ sich nicht beteiligen; dagegen Verteidigungskriege (mit vorgenannten Einschränkungen) seien geboten und gerecht; »um ihretwillen« könne auch der Kriegsmann in seligem Stande leben. Andererseits sah Luther klar, daß die Bergpredigt das Leben der Menschen, zunächst das der Jünger Jesu, schon in d i e s e r Welt beeinflussen, verändern wolle. Sie spiegelt – nach seinem Urteil – nicht das utopische Bild jenseitiger Existenz, sie ist Anweisung, Angebot für den diesseitigen Umgang des Jüngers Jesu mit seinen Mitmenschen und mit den Verhältnissen, unter denen er zu existieren hat. Aus diesem »Dilemma« half die sogenannte Zwei-Reiche-Lehre, die Lehre von den unterschiedlichen Regimenten Gottes, den grundverschiedenen Weisen Gottes, die Schöpfung und die Menschheit in ihr zu regieren. Luther hat nicht zwei voneinander getrennte »Be«-reiche postuliert: das Diesseits und das Jenseits, den Himmel und die Erde als Reiche guter und böser, vollkommener und mangelhafter, schlechter Ordnung (das unterscheidet Luther von Augustin), sondern für ihn regiert der eine Gott die eine, die ganze Welt, aber er tut es zur rechten Hand durch das Angebot seiner Gnade im Wort der frohen Botschaft und zur linken durch Gesetz und Obrigkeit. Deshalb sind Christen auch der unzulänglichen Obrigkeit Gehorsam schuldig. Die Kirche soll die Könige und Fürsten *und* Bürgermeister *und* die Vorstände der Bürgergemeinden an ihre Verantwortung vor Gott erinnern; sie soll sie mahnen, auch tadeln und warnen vor Gottes Gericht, aber sie darf nie zum Aufruhr gegen sie »blasen«; sie darf sich nicht an ihre Stelle setzen. Die Kirche hat sich der Gewalt zu enthalten; die weltliche Obrigkeit muß Gewalt einsetzen; sie darf auf sie nicht verzichten – nach innen nicht und auch nicht nach außen. Für die Kirche ist Gewaltlosigkeit und geistliche Einwirkung die reguläre Form ihres Bestehens, für den Staat und seine Regierung ist die Ausübung der Gewalt – auch in Erziehung und Rechtswesen – die normale Form seines Handelns. Um ihretwillen ist er da! Der Christ im Amte der Obrigkeit hat sorgfältig zu unterscheiden, ob er als Privatperson oder als Funktionär, als Hoheitsträger des Staates zu handeln hat. In der Konsequenz dieser Lehre lag im Falle kriegerischer Bedrohung des eigenen Landes und seiner Freiheit die allgemeine Wehrpflicht für jeden Bürger des Landes, der physisch dazu in der Lage ist. Wehrpflichtige sind auch zum Wehrwillen zu erziehen. Hier hat der Staat eine seiner hervorragenden Aufgaben, an der die Kirche ihn – um Gottes willen – nicht hindern darf. So proklamiert es die über die Reformation fortentwickelte Zwei-Reiche-Lehre, die in der Christenheit der Gegenwart – noch immer – den Vorrang hat, ja die in der westlichen Welt – in der Bevölkerung ganz allgemein – wieder an Anhängern gewinnt!

Gegen sie möchte ich – in der Freiheit des Christenmenschen heute – Fragen anmelden – nicht nur im Blick auf die waffentechnische Entwicklung seit dem 2. Weltkrieg, sondern grundsätzlich – eben von der Ethik der Bergpredigt her – auch im Rückblick auf die – theologiegeschichtliche – Vergangenheit und nun wiederum nicht nur bis in das Zeitalter der Reformation, sondern zurück bis zur Wertung des Krieges in der exilischen und nachexilischen Prophetie schon des siebenten, ja des achten Jahrhunderts vor Christus!

Wir, meine Generation, deren Kindheit vor dem ersten Weltkrieg lag, sind in der Schule des Kaiserreiches dahin erzogen worden, daß der Opfertod für das Vaterland die höchste Sinnerfüllung des Lebens sei. Denn der Krieg war – für die traditionelle Erziehung auch noch nach der Revolution von 1918 – der Auslöser, der »Vater« der Tugend schlechthin; er befähigte über die natürliche Kraft des einzelnen hinaus zu – der Bewunderung werter – Leistung. Er ließ den Menschen über sich hinaus wachsen. Einige wenige Seher der Menschheit, Dichter, Bildende Künstler und auch nur wenige Lehrer des Evangeliums haben in unserem Kulturkreis den Krieg in seiner demoralisierenden Furchtbarkeit wahrgenommen und zu schildern gewagt. So die Franzosen Callot und Daumier, der Spanier Goya, die Deutschen Hofer, Käthe Kollwitz, Barlach, Grosz, Dix! Sie prangern an: was »gute Sitte« verbiete, gilt im Kriege als erlaubt; er gewöhnt an Willkür, Raub, Unzucht; er gestattet die Jagd auf Menschen; er gibt Vernichtung, auch blinde Vernichtung frei. Was er hinterläßt, ist Elend, namenloses Elend, Elend auch in den Reihen und Ländern der Sieger.

Anders als für die Großkirchen von der Zeit der Kirchenväter an ist für das Neue Testament Krieg die Entfesselung der dämonischen Mächte. Er ist Schreckenszeit, Ankündigung endzeitlicher Qual und Versuchung. Es gibt keinen Grund und keinen Anlaß, der ihn rechtfertigen könnte, und es gibt an keiner Stelle in den Evangelien oder den Briefen der Apostel einen Hinweis, ihn von dem auszunehmen, was wir die Ethik der Bergpredigt nennen; das heißt: auch für die Kriegsdrohung eines Angreifers hat zu gelten: »Widersetze dich dem Bösen nicht mit böser Gewalt, weder mit vergeltender noch mit vorbeugender! Überwinde seine böse Absicht durch die Güte eines Vorschusses an Vertrauen, auch in der Politik, auch in der zwischenstaatlichen Außenpolitik. Denn – so die Seligpreisung Jesu, der Auftakt und das Thema seiner Bergrede! – die um des Friedens willen Gewalt leiden, werden das Land besitzen; sie werden auf die weitere Sicht die Siegreichen sein.« Gewiß, das ist zunächst zu den Volks- und Zeitgenossen Jesu im Blick auf ihr Land gesagt. Doch was für Israel gilt, gilt stellvertretend – in der Vorwegnahme – für alle Völker der Erde. Es hat sich bewährt immer wieder hin durch die Weltgeschichte: das Gute geschieht nicht durch Heer oder Kraft, sondern durch Gottes Geist. Der Sieg des Guten wird erfochten durch besonnene, starke Liebe. Gott hat uns nicht den Geist mißtrauischer Furcht gegeben, sondern den Geist der Kraft und der Liebe und der Besonnenheit. Und dies sind nicht Regeln für den innerchristlich-innerkirchlichen Gebrauch, sondern Gottes Angebote für das Leben der Völker miteinander! Die innere sittliche Kraft einer Gesellschaftsordnung, nicht ihre militärische Hochrüstung, sind auf die Dauer die Bürgschaft für ihr Überleben, für ihr siegreiches Bestehen der Zukunft. Die »Berührungsangst«, die die Gewaltsysteme kennzeichnet, ihre Angst vor Berührung mit den Bürgern freiheitlicher Lebensformen, freiheitliche*rer* Lebensformen, ist nur zu berechtigt; die Angst des Gewaltsystems behält ihre Geltung, ja wachse noch an, wenn es ein freiheitlicher regiertes Land mit Übermacht besetzt! Auch »nur« der geistige Wille Unterdrückter (er braucht sich nicht einmal in zivilen, sozialen Widerstand umzusetzen) ist – noch – stärker als die Machtmittel der Beherrscher, als die raffiniertesten Methoden ihrer Geheimpolizeien und die hoch entwickelten Vernichtungswaffen ihrer Heere. Wir erleben die Beweise dafür rings um uns her im eigenen und in fernen Kontinenten. Keiner der Prozesse, die ich im Auge habe, von denen ich wichtige Phasen an Ort und Stelle miterleben konnte, vermochte durch unterdrückende Gewalt beendet zu werden. Sie zeigen ansteckende Kraft und wirken sich aus auch in den Weltmächten, die diese Prozesse in den sie umgebenden Randstaaten – vorübergehend – abbrechen, für eine gewisse Zeit mit Gewalt u n t e r brechen konnten.

Die Weisungen und die Zusagen der Bergpredigt setzen im Wesen des Menschen und im Wesen der menschlichen Gemeinschaften tiefer an als die Diagnosen sogenannter Realpolitik, die auf den »sacro egoismo« der Staaten und der herrschenden Klassen und des »natürlichen Menschen« abheben. Anstelle der Zwei-Reiche-Lehre sollte eine »sich ständig reformierende« Christenheit die oder eine »Theologie der Befreiung« übernehmen, entwickeln, einüben – im Sinne etwa der Theologie des mit dem Friedensnobelpreis ausgezeichneten Argentiniers Pérez Esquivél –, eine Theologie der Befreiung, die sich bindet an unbedingte Gewaltlosigkeit. Der Bildhauer und Architekt P. Esquivél hat in den lateinamerikanischen Ländern, die unter unmenschlicher Diktatur leiden, eine christliche Friedensorganisation »Dienst Frieden und Gerechtigkeit« aufgebaut, die – in Übereinstimmung mit Ansichten des sowjetischen Regimekritikers Andrej Sacharow – die Lösung gesellschaftlicher und weltpolitischer Konflikte, die Lösung d e r gesellschaftlichen und weltpolitischen Konflikte – unter Berufung auf das Evangelium von Jesus Christus – mit ausschließlich friedlichen Mitteln anstrebt und vertritt. Mir ist die Entscheidung des Nobelpreis-Komitees des norwegischen Parlamentes, eines Parlamentes, dessen Staat zur Nato gehört, zugleich ein Indiz dafür, daß das Weltgewissen sensibel, sensibler wird.

Theologie der Befreiung im Verständnis dieser »christlich-sozialen« Lehrer und Führer will nicht nur verkündet, sie muß eingeübt werden. Zur »Freiheit des Christenmenschen heute« in unserm Lande gehört neben dem Bekenntnis zur Gewaltlosigkeit Kenntnis und Einübung im zivilen Widerstand gegen jede Form anhebender autoritärer, polizeistaatlicher Vollmachten an die Exekutive. Widerstand ist nötig zum Zeugnis für die Freiheit; nötiger noch und wichtiger ist sein positives Gegenstück, die revolutionäre Veränderung der Welt, eine christlich-revolutionäre – aufbauende – Veränderung der Welt. Evangelium ist Revolution gegen die je entstandenen Herrschaftsformen; christliche Revolution zu vollbringen ist möglich. Sie ist Aufgabe der Christenheit in der Welt der Gegenwart. Vincent Cosmao hat seine programmatische Lehrschrift – zum Thema – mit dem Titel versehen »changer le monde une tâche pour l'église«, die Welt verändern eine Aufgabe für die K i r c h e ! Christliche Revolution geschieht ohne Einsatz terroristischer Gewalt; erfolgreiche christliche Revolution übt nicht Vergeltung an den früheren Gewalthabern und ihren Folterknechten (so will es für

Nicaragua Ernesto Cardenal!). Sie, die elastisch wie Stahl – das bedeutet das griechische Wort für »sanftmütig« bei Matthäus – auf unterdrükkende Gewalt und ihre Methoden reagieren, werden das Erdreich besitzen. Sie haben die Verheißung Gottes für sich, und zwar für dies Weltzeitalter, für Gottes Schöpfung, zu der wir Lebenden gehören.

2. Das vierfache solus der Reformation, Kennzeichen reformatorischer Lehre ist gerade für uns, die wir den deutschen Kirchenkampf erfahren, durchlitten haben, das »vierfache Allein«: allein durch Jesus Christus, allein das Wort der Schrift, allein aus Glauben, allein durch Gnade. In einer für unser Volk und unsere Kirche gewandelten Situation frage ich, ob die Hervorkehrung dieses »Allein« nicht auch an der Gesamtheit der frohen Nachricht Gottes für die Menschheit – im tatsächlichen Verlauf der Geschichte – beklagenswerte Verkürzungen zur Folge hatte. Ich frage: hat sich in den dadurch gekennzeichneten Auseinandersetzungen ein »Christus-Monimus« gebildet, eine losgelöste Hervorhebung des zweiten Artikels des Glaubensbekenntnisses, unter der die Lehre von der Schöpfung und auch die vom Heiligen Geist vernachlässigt worden sind? In der »großen Möglichkeit der Freiheit des Christen heute« dürfen wir nicht mehr »der Naturwissenschaft den Raum freigeben jenseits dessen, was die Theologie als das Werk des Schöpfers zu beschreiben hat« und uns als glaubende Christen und Theologen mit dem Feld begnügen, »vor dem die Naturwissenschaft ihre gegebene Grenze hat«. So hatte Karl Barth dialektisch-reformiert das Verhältnis von Theologie und Naturwissenschaft zueinander gemeint bestimmen zu sollen. Eben in diesem konfliktlosen Nebeneinander der beiden hat sich der Abgrund des Chaos vor der technisierten Moderne aufgetan. Das beziehungslose Nebeneinander von »Glauben und Wissen« hat – nach Günter Altner bei Eintreten der Umweltkrise zu einer Krise des christlichen Glaubens und – infolge seiner Enthaltsamkeit gegenüber der Wissenschaft, infolge seines Sich-versagens –, zur theoretischen Grundlagenkrise in den modernen Naturwissenschaften geführt. Es sind heute führende Naturwissenschaftler, Kernphysiker, Chemiker, Biologen, die von den Kirchen Auskunft fordern über Maßstäbe, ethische Maßstäbe für das im wissenschaftlichen Experiment Erlaubte. Sie fordern Glauben und Theologie auf, aus der Zurückhaltung herauszutreten und den Not wendenden Beitrag zu leisten in der Ratlosigkeit der »Rationalität der Neuzeit«. Carl Friedrich von Weizsäcker etwa mahnt: »Eines möchte ich den Theologen sagen – den Kennern und Lehrern der Heiligen Schrift –: sie bewahren die einzige Wahrheit, die tiefer reicht als die Wahrheit der Wissenschaft, auf der das

Atomzeitalter beruht. Sie bewahren ein Wissen vom Wesen des Menschen, das tiefer wurzelt als die Rationalität der Neuzeit. Der Augenblick kommt unweigerlich, in dem man, wenn das Planen scheitert, nach dieser Wahrheit fragt und fragen wird.«

Die Wissenschaft, die sogenannte exakte und die Humanwissenschaft, in deren beider Namen von Weizsäcker spricht, richten ihre Erwartung auf Glauben und Theologie. Man blickt auf die Glaubenden und auf die Kirche. Und wo die Technik, die aus der Wissenschaft entwickelte Technik, ohne nach ethischen Maßstäben zu fragen, rücksichtslos schaltet und waltet und mit ihren neu gewonnenen Instrumenten die Natur ausbeutet, haben Kirche und theologische Lehre ihr entgegenzutreten und ihr Halt zu gebieten. Gott hat die Schöpfung dem Menschen nicht als Sklavin übergeben, sondern zu verantwortlichem Gebrauch. Die Freiheit des Menschen an der übrigen geschaffenen Welt hat ihre Grenze in der Pflicht der Liebe zu ihr und in der Pflicht der Verantwortung vor ihrem Schöpfer. Auch zu Tier und Pflanze, Gestein und Kosmos ist der Mensch in personale Beziehung gestellt wie zu dem sich offenbarenden Gott. Die Lehren aus dem ersten Artikel legen Einspruch ein gegen eine »Intensiv-Haltung« von Tieren um des höheren wirtschaftlichen Nutzens willen, die die Tiere quält und die persönliche Beziehung des »Tierhalters« zum Tier unmöglich macht, wie die Batteriehaltung von Legehennen und die Haltung von Milchkühen in Viehställen für 2000 Stück. Die Natur rächt sich für solchen Mißbrauch der Schöpfungsordnung, für den Mißbrauch menschlicher Freiheit gegenüber dem Du des anderen Geschöpfes. Die Schöpfung ist nicht eine Sache, ein Objekt menschlichen Rechnens und Kalkulierens, sie ist auch zu achtender Partner des Menschen. Bevor die Natur sich rächt, sich rächen muß, mache christliche Kirche von ihrem »Wissen aus Glauben« Gebrauch und weise die Lehre vor, die sie der Wissenschaft und der Technik, auch der Wirtschaft und dem Handel, der Landwirtschaft, der Fischerei, der Großindustrie und dem Verkehr schuldig ist! Die Kette der Aufgaben reicht weit; wir haben erst begonnen, uns an ihr entlang zu tasten. Der Auftrag Gottes drängt.

3. Die »Heiligung«. Wie erwähnt: Auch der dritte Artikel des Glaubensbekenntnisses hat in den Kirchen der Reformation Einbußen erfahren, die sich nachteilig auswirken in den menschlichen Entwicklungen der Gegenwart. »Das Untertan-Sein in der Liebe gegenüber jedermann und gegenüber den Dingen« ist zu kurz gekommen um der eigenen Freiheit des Menschen willen und kommt zu kurz in den Ländern unseres Kulturkreises, weil die Lehre vom Geist fast ganz gefehlt hat, weil

unterlassen wurde, auf Spiritualität acht zu haben. Hierin liegt einer der Gründe für den Einbruch streng autoritärer Religionsformen aus Asien in unsere abendländische Welt. Die totale Preisgabe der individuellen Freiheit, die sie von ihren Anhängern fordern und die diese gewähren, in den neu aufgekommenen fernöstlichen Jugendreligionen und deren verblüffende Anziehungskraft auf junge Menschen in unsern Großstädten sind Indikatoren der Versäumnisse unserer Kirche. Der Pendel schlägt überweit ins Gegenteil aus, weil in der Unruhe der Uhr das regulierende Gewicht fehlte. Wir lernen – auf der Suche nach Spiritualität – in der ökumenischen Zusammenarbeit Entscheidendes von den christlichen Schwesternkirchen, vor allem von den Ostkirchen – für die Zukunft der Christenheit in der modernen Welt Entscheidendes und Notwendiges: sich versenkende Meditation, zweckfreie Anbetung der Allmacht und Herrlichkeit Gottes! Hierzu seien einige Zitate gegeben aus dem Munde bekannter fernöstlicher Lehrer: »Der Westen muß aus der Metaphysik des Ostens lernen. Er muß die Reserven der Geistigkeit, das Heilige, wieder entdecken. Ihm fehlt echte Kosmologie. Sie bewahrt davor, die Rechte der Natur mit Füßen zu treten. Der Westen hat eine intellektuelle Verwüstung des geistigen Lebens angerichtet.«

Doch unter dem Thema der »Freiheit des Christenmenschen heute« sei nicht darauf, sondern – zum Schluß noch – auf zwei Konkreta eingegangen, die die öffentliche innerpolitische Diskussion besonders entzündet haben, und die »allein aus dem Geist« zu meistern, die nur »in Heiligung« zu überwinden sind! Das eine ist die allgemeine Gesinnung in unserm Lande, die sich in den Stellungnahmen zur Asylfrage offenbart. Man spricht von »Asylmißbrauch« bei solchen, die nur aus wirtschaftlichen Gründen, nicht um politischer Verfolgung zu entgehen, in unser reiches Land kommen. Ich räume ein, daß es eine nicht geringe Zahl von Asylanten gibt, die durch gewissenlose Verführer vom angeblich auf der Straße liegenden Reichtum bei uns angelockt worden sind. Ich meine: auch ihre Zurückweisung »aus Staats- und Wirtschaftsraison« bedeutet für die Betroffenen eine unmenschliche Härte; und nicht zu verantworten wäre die Abweisung durch Schnellverfahren von solchen, die Elendsgebiete der Erde verlassen konnten, ehe sie, völlig erschöpft, dazu nicht mehr imstande gewesen wären, wie aus bestimmten Gebieten Indiens, der Sahelzone oder Somaliland. Nur wenig Menschen verlassen ihre Heimat und die gewohnte Umgebung, ihre Freundschaft und das Land der Muttersprache ohne zwingende Not. Wir sollten opferbereit, zielbewußter und den Erfordernissen im unterentwikkelten Gebiet gemäßer an Ort und Stelle helfen; wir sollten uns intensiver bemühen, je die Lage dort aus ihren geschichtlichen und sozialen Bedingungen zu erkennen! Und wir sollten, wie Jesus rät, dem Bedürftigen fröhlich leihen, ohne auf Rückgabe, gar auf Rückgabe mit Gewinn zu drängen! Unter gar keinen Umständen sollten wir als christliches Land die zurückweisen, die aus Hungergebieten der Erde zu uns gelangen! Die Forderung der Gastfreiheit gilt nach der Übung in Israel und nach Jesu Wort nicht nur individuell; sie gilt auch für das Volk jedem Fremden gegenüber! Das Recht d e s Fremden im Lande ist eine spezifische »Proklamation der Gesinnung« des Gottesvolkes im Alten und Neuen Testament!

Das andere Konkretum ist ein Problem, das kürzlich auf dem deutschen Juristentag in Berlin durch den Vizepräsidenten des Bundesverfassungsgerichtes, den früheren Präsidenten des Bundesverwaltungsgerichtes, Professor Wolfgang Zeidler, in bewundernswerter Klarheit und mit bewunderswertem Mut behandelt worden ist. Er stellte Thesen auf zu »absoluter Besitzstandwahrung und Terrorismusgefahr« und konnte sagen, »die Rechtsprechung über Inhalt und Reichweite des Eigentums laufe oft weniger darauf hinaus, dem Täter die Axt, mit der er mordet, zu entwinden, als vielmehr darauf, ihren Griff auch noch zu vergolden«. Er knüpft dabei an einen Ausspruch Heinrich Zilles an, der das Milieu der Armut kannte und meisterlich dargestellt hat, »man könne mit einer Wohnung (gemeint war durch Mietwucher und Protzstil) einen Menschen ebenso ermorden wie mit einer Axt«. Die von Regierungsseite öffentlich vertretene Behauptung, »Besitzstände und Vergünstigungen dürften im großen Umfange ernsthaft nicht in Frage gestellt werden«, liefere eine überzeugende Begründung für den Terrorismus, was Ulrike Meinhof mit allen schriftstellerischen Bemühungen nicht erreicht habe. Besitzstandwahrung und das Streben nach sich ständig erhöhendem Gewinn sind die Götzen, denen die Gesinnung der Menschen in unserm Lande huldigt und denen sie die schwächeren Mitmenschen und die eigenen Kinder und Enkel opfert. Solange sie es hinnehmen, werden Zweidrittel der Menschheit, deren Not unaufhaltsam größer wird, wenn wir unsere Wertvorstellungen nicht ändern, vor die Altäre dieser Götzen geschleppt. Die Götzen sind unersättlich. In Kürze werden sie auch uns selbst und die unter uns aufwachsende kommende Generation verschlingen. Soll es nicht dazu kommen, brauchen wir eine öffentliche Gesinnung, die bereit ist, Privilegien preiszugeben, sich entziehen zu lassen und Besitzstände abzuschaffen, zu verringern. Anders kann die – noch unserm Jahrhundert drohende – Weltkatastrophe nicht abgewendet werden!

Zu solcher Freiheit, zum Freiwerden von sich selbst, hat eine sich ständig reformierende Kirche die Bürger des Landes zu mahnen, und dafür hat sie Beispiele zu zeigen. Kirchliche Gruppen haben damit begonnen – in der DDR und der Bundesrepublik, in Holland und Frankreich, vor allem Basisgruppen in der Christenheit Lateinamerikas und Ostasiens. Bei vollem Einsatz ihrer einzelnen Glieder in Arbeit und Beruf treten sie Anteile gewonnener Rechte ab, praktizieren sie alternative Lebensweisen. Sie tun es in bewußter Nachfolge dessen, der innerhalb der irdischen Wirklichkeit Gottes Knecht war im Leiden. Sie setzen dem Elend Grenzen. Sie weisen Wege, es zu verringern. Sie fachen die Hoffnung an, es abzutun!

Die Kirche, die in ihrer öffentlichen Repräsentanz für Modelle dieser Art eintritt, die den eigenen Mitarbeitern, sich selbst Verzicht zumutet, wird leidenschaftlichem Widerspruch, wird von außen tödlichem Haß begegnen, und zwar unter jeder denkbaren Machtkonstellation, ob es rechtskonservative Regimes sind wie in Uruguay oder Chile, Südafrika oder Südkorea, ob es christlich sich nennende oder konfucianisch bestimmte oder afrikanisch-moslemische Militärdiktaturen sind oder linke totalitäre atheistische Staatswesen wie in Äthiopien oder der sogenannten zweiten Welt. Das Gedenken an die Reformation sei Anlaß, sich darauf zu rüsten und Schwesternkirchen, die deswegen Verfolgung leiden – wo immer und wie immer –, nach Kräften beizustehen! Ein Vertreter der lateinamerikanischen »Theologie der Befreiung«, Don Pedro aus Venezuela, sieht um dieser Aufgabe willen zunehmende, harte Verfolgung unausweichlich auf die Christenheit zukommen. Er bereitet seine Studenten, künftige Priester, darauf vor, indem er mit ihnen z. B. in der Apostelgeschichte die verschiedenen Arten der Verfolgung, denen die erste Christenheit ausgesetzt war, aufzeichnet, untersucht und aus ihnen sich zu verhalten lernt. E r ist dessen gewiß und w i r dürfen dessen gewiß sein, daß – wenn wir frei werden, für die Befreiung des Menschen einzustehen und ihretwegen zu leiden –, die Freiheit durch Leiden gewonnen wird, die Freiheit für jedermann und für alle Dinge. Der für uns gelitten hat, macht uns frei; er befreit auch die seufzende Kreatur zu der herrlichen Freiheit der Kinder Gottes.

Eben durch diese Gewißheit ist Martin N i e m ö l l e r mir das Beispiel des – in reformatorischer Erkenntnis und Überlieferung – gehorsamen Knechtes Jesu Christi geworden, eines Knechtes und Jüngers, den der Sohn frei gemacht hat und der darum wirklich frei ist – frei von der Grundsätzlichkeit aller »-ismen«, frei auch von einengenden Lehren der Einzelkirche, der er mit frohem Herzen dient!

Helmut Gollwitzer

Die Heidelberger Thesen nach einem Vierteljahrhundert

I.

Der Mensch ist das irdische Lebewesen, das Zukunft vorherwissen und planen kann – ein wesentlicher Teil seiner Vernunftbegabung. In jeder Lebensstunde entscheiden wir über Zukunft. Ständig entscheiden wir, was wir jetzt für das Dringlichste halten; ständig stellen wir eine Prioritätenliste auf, nicht nur nach der Unterscheidung des Wichtigeren und des weniger Wichtigen, sondern auch nach der Unterscheidung des Dringlichen, des Unaufschiebbaren und des Aufschiebbaren – wobei übrigens oft genug das Wichtigere weniger dringlich und das weniger Wichtige unaufschiebbar ist. Andererseits fallen oft das Wichtige und das Dringliche zusammen, und als Toren bezeichnen wir dann den Menschen, der aufs weniger Wichtige und Aufschiebbare sich konzentriert.

Und nicht nur als Toren. Oft kann solches törichte Verhalten Ausdruck mangelnden Verantwortungsbewußtseins sein, auch Ausdruck von Herzenskälte und Egoismus. So ist solche Kurzsichtigkeit auch moralisch zu bewerten, und Anleitung zur rechten Prioritätenliste fällt unter die Aufgaben der Ethik. Bei den ethischen Überlegungen zur Kriegsfrage blieb und bleibt das meist unbeachtet; höchstens gestreift wurde es in der kirchlichen Kriegsethik bei dem Kriterium der Übel-Abwägung, gar nicht in früheren Zeiten bei der ohnehin zu wenig beachteten Frage der Rüstung. Es ist kennzeichnend für unsere heutige Lage, daß nun – wovon z. B. die Thesen der Unterschriftenaktion »Sicherung des Friedens« noch nichts zu ahnen scheinen – die Rüstung im gleichen Maße zum ethischen Problem wird wie bisher der Krieg: Die Kriegsmittel, die in der Rüstung für den »Ernstfall« bereitgestellt werden, sind nicht mehr einfach durch den Zweck des möglichen bellum justum gerechtfertigt; schon die Kosten der Rüstung fallen wegen des damit verbundenen Sozialabbaus unter das Kriterium der Güter-Abwägung usw.

Aber damit ist unsere heutige Wirklichkeit immer noch nicht zur Genüge erfaßt. Eine Fabel soll das verdeutlichen:

II.

Im Erdgeschoß eines Hauses wohnen zwei Parteien. Sie liegen seit langem im Streit um einen Zwischenraum zwischen ihren Wohnungen, den beide beanspruchen. Während sie gegeneinander auf der Lauer liegen, so verfeindet, daß jede der anderen das Schlechteste zutraut und beide darauf gerüstet sind, die andere Partei zu überfallen und aus dem Hause zu werfen, kommt der Alarmruf: Im Dachstuhl brennt's! Und gleich darauf die nächste Unglücksnachricht: Überschwemmung! Das Wasser steht schon im Keller und steigt ins Souterrain, wo einige Gastarbeiter wohnen; bald wird es das Erdgeschoß erreicht haben. Das ganze Haus ist in Gefahr von oben und von unten!

Was wird sein, wenn beide Parteien noch einen Funken Vernunft haben? Den Streit einstellen, vertagen und miteinander an die Rettung des Hauses gehen, ohne die auch Wohnung und Zwischenraum verloren sind! Die Prioritätenliste ist klar: Zuerst das Feuer im Dachstuhl löschen, dann – oder, wenn möglich, zugleich – das Wasser im Keller stoppen und hinausbringen, und das alles gemeinsam; denn eine Partei allein schafft das nicht, erst recht nicht, solange sie von der anderen bedroht wird. Alle müssen sich vertragen, wenn nicht alles verloren sein soll. Wenn diese dringlichste und wichtigste Gefahr überwunden ist, kann die alte Streitfrage wieder aufgegriffen werden; dann aber haben die beiden Parteien bei der gemeinsamen Rettungsarbeit wahrscheinlich sich so gut kennen gelernt, daß sie über die verbleibenden Streitfragen gütlich sich zu einigen verstehen.

Der Sinn der Fabel ist klar: Der brennende Dachstuhl ist der atomare Krieg, das Wasser von unten ist die Unterwühlung der menschlichen Lebensmöglichkeiten durch die Erdzerstörung, die Streitsache zwischen den beiden Parteien ist der Ost-West-Konflikt. Wenn in der Fabel der Dachstuhl schon brennt, so liegt das am Hinken des Gleichnisses; in nicht geringerem Maße als ein schon brennender Dachstuhl steht uns der Atomkrieg ins Haus, wenn Sachverständige heute alarmierend sagen, sein Ausbruch vor Ende dieses Jahrhunderts und Jahrtausends sei wahrscheinlicher als sein Nicht-Ausbruch, und wenn über seine Führbarkeit und Gewinnbarkeit heute von Militärs und Politikern laut nachgedacht wird.

III.

Das Näherrücken der atomaren Kriegsapokalypse wird von niemandem, der die Dinge kennt, geleugnet. Zwar lese ich soeben in einem Privatbrief eines unserer anerkanntesten bundesdeutschen Militärwissenschaftler die Sätze: »Ihre Sorgen um den Frieden verstehe und ehre ich uneingeschränkt, sehe allerdings die internationale Situation weniger dramatisch als viele andere. Ich wende mich mit zunehmendem Nachdruck gegen die Panikmacher, die allerortens ihre Mitbürger mit Schlachtgemälden verunsichern« (Mai 1981). Der sorglose Herr muß also gegenüber jenen Verunsicherern und Panikmachern nach dem Grade von Sicherheit sich fragen lassen, mit dem er seinen Mitbürgern zum ruhigen Weiterschlafen zu verhelfen vermag. Den Bewohnern der Umgebung von Atomkraftwerken gestehen die Gerichte einen hohen Grad von Sicherheit zu; durch Sicherheitsauflagen soll das Restrisiko so weit verringert werden, daß es im Verhältnis zum Nutzen der Atomenergie ignoriert werden und diese Ignorierung auch jenem nächstbetroffenen Bevölkerungsteil zugemutet werden kann. Die Debatte zwischen AKW-Befürwortern und -Gegnern reduziert sich dann auf die Frage, ob angesichts der heute noch kaum vorstellbaren Ausmaße eines GAU (größten anzunehmenden Unfalls) ein Restrisiko überhaupt einkalkuliert werden dürfe und nicht vielmehr absolute Sicherheit, also absolute Risikolosigkeit von den AKW-Erbauern müsse garantiert werden können. Stellt man aber an das jeden GAU doch weit übertreffende Risiko des Ausbruchs eines atomaren Krieges, des »Ernst«- oder »Verteidigungs«-, in Wahrheit Vernichtungsfalles die gerichtlichen Sicherheitsanforderungen für AKWs, dann müßte unser sorgloser Briefschreiber doch wohl erbleichen. Wodurch gegen jene Panikmache unser verunsichertes Bewußtsein wieder zu »weniger dramatischen« Empfindungen kommen könnte, auf welche beruhigenden Umstände wir unser Vertrauen setzen könnten – was würde er uns wohl raten? Da es sich um Rüstung von Menschen gegen Menschen handelt, kann er uns nur – will er nicht, wie es die deutschen lutherischen Bischöfe (1957) getan haben [1], eine Predigt des Gottvertrauens zur Beförderung unserer Sorglosigkeit verwenden – zum Vertrauen auf die Menschen ermuntern, die diese Rüstung im Griff haben, zum Vertrauen auf ihr Verantwortungsbewußtsein, auf ihren Friedenswillen oder jedenfalls auf ihre eigene Furcht vor dem atomaren Holocaust. Die Verantwortlichen sind – nach Loyd George – in den ersten Weltkrieg hineingeschlittert; bei Beginn des zweiten Weltkriegs hat der hauptverantwortliche Hitler sich total verrechnet; nach dem Einmarsch der Sowjetunion in Afghanistan erinnerte Helmut Schmidt an 1914 und beklagte das Fehlen des nötigen Krisenmanagements, und der Regierungsantritt Reagans samt dem einhelligen Chor der Verlautbarungen seiner Mannschaft hat mehr Panik erzeugt als sämtliche »Panikmacher« – gerade bei solchen Zeitungslesern, die bisher wegen des Vertrauens auf die Atomkriegsfurcht der Mächtigen allen Warnungen beruhigt-gleichgültig das Ohr verschlossen. [2] »Es ist gut, auf den Herrn vertrauen und nicht sich verlassen auf Menschen« (Ps. 118, 8). *Dieser* biblische Vertrauenszuspruch soll also von derjenigen Beruhigung, die jener Briefschreiber uns bieten kann, gerade abhalten und infolgedessen dazu anhalten, so ungeheuerliche Gefahrenquellen wie die Atomrüstung zu eliminieren statt sie weiterhin mit Gottvertrauen oder mit Menschenvertrauen zu riskieren.

IV.

Im enorm gesteigerten Risiko des atomaren Vernichtungsfalles liegt die Veränderung gegenüber den heute wieder viel zitierten *»Heidelberger Thesen«* der 1957 im Auftrage der EKD gebildeten Kommission über Atomwaffen als Problem der christlichen Ethik. [3] In dieser Kommission war man sich, was von den auf jene Thesen gern sich berufenden Vertretern der Militärseelsorge in der Bundeswehr übersehen wird, einig darüber, daß die Lehre vom »gerechten Krieg« auf den mit ABC-Waffen geführten Krieg nicht angewendet werden kann, weil »er zerstört, was er zu schützen vorgibt«, daß also im Konfliktfall »das Recht keine Waffe mehr hat«, weil diese Art von »Waffen« nicht mehr Waffen des Rechts sein können (These 5), und daß nur das »Ziel der Vermeidung des Atomkrieges und der Herstellung des Weltfriedens« (These 6) die vorläufige (These 8) Beteiligung an der Atomrüstung, »komplementär« zur Verweigerung dieser Beteiligung (These 6), rechtfertigen kann; dabei gehöre es zur Aufgabe der Kirche, »das Bewußtsein ständig wachsen zu lassen, daß der heutige Zustand nicht dauern darf« (These 10). Ich kann mich nicht genau erinnern, ob damals in unserer Kommission schon das Wort »Gnadenfrist« gebraucht worden ist. Jedenfalls steht in dem vor der Kommission gehaltenen Vortrag von Günter Howe der Satz: Die Kirche »wird dem Politiker sagen müssen, daß jeder Tag in einer gefährlichen Weise verloren ist, an welchem wir nicht nur mit der Bombe, sondern auch von der Bombe (oder der unserer Bundesgenossen) leben, ohne die uns gewährte Frist genützt zu haben«.[4] Analog sagt das Zweite Vatikanische Konzil: Das Gleichgewicht des Schreckens gilt nur noch für eine begrenzte »Frist, die uns noch von oben gewährt wurde« und die wir »nützen« müssen, »um mit geschärftem Verantwortungsbewußtsein Methoden zu finden, unsere Meinungsverschiedenheiten auf eine Art und Weise zu lösen, die des Menschen würdiger ist. Die göttliche Vorsehung fordert dringend von uns, daß wir uns von der alten Knechtschaft des Krieges befreien«.[5]

Die fast 25 Jahre seither sind also mit nichts als »verlorenen Tagen« angefüllt – eine vertane Frist mit rasch ablaufender Sanduhr. Denn das Gegenteil vom Abbau der Atomrüstung zugunsten anderer Politik der Friedenssicherung ist geschehen. Das Vernichtungspotential wurde weiter aufgetürmt, das Wettrennen der quantitativen und qualitativen Rüstungssteigerung ging als logische Konsequenz der gebetsmühlenhaft hergeleierten Magie-Formeln »Abschreckung« und »Gleichgewicht« weiter; ständig stehen militärtechnologische Durchbrüche in Aussicht, mit denen man hofft, den Gegner aus dem Rennen zu werfen. Weil das immer teurer wird, bedarf man u. a. des Waffenexports, um die Kapazitäten der eigenen Rüstungsindustrie zu erhalten, und pflastert deshalb den Erdball voll mit Waffen, vorerst noch unterhalb der atomaren Grenze, durch die verantwortungslose Lieferung von Kernkraftwerken aber deren Überschreiten schon überall ermöglichend; denn der Nonproliferation-Vertrag ist dafür sicher kein garantierendes Hindernis.

So haben wir die »Gnadenfrist« nur ideologisch zur Rechtfertigung der Beibehaltung der Atomrüstung benützt, nicht wirklich, nicht zum Abbau dieser Menschheitsgefährdung. Was hätte geschehen müssen? Alle Energie, die für die Rüstungssteigerung verwendet wurde, hätte für ihre Minderung eingesetzt werden müssen – in hartnäckigem Verhandeln für *dieses* Ziel, in Konferenzen, Verträgen, vertrauensbildenden Maßnahmen, kalkulierten einseitigen Vorleistungen, mit bereitwilligem Aufgreifen von Abrüstungsvorschlägen der anderen Seite. Diese letzteren kamen bis zum heutigen Tage in überwiegendem Maße von der sowjetischen Seite und wurden vom Westen regelmäßig als bloße Propagandamanöver abgetan. Diese Ablehnung, ebenso die Art, mit der beide Seiten die SALT- und die Truppenabbauverhandlungen in Wien betrieben – immer mit der Hinterabsicht, Vorteile sich herauszuschlagen oder eine Tür für weitere Rüstung außerhalb der vereinbarten Kontrolle offen zu halten –, beweist, wie wenig die Mächtigen der Welt die wahre Prioritätenliste erkannt haben, wie blind sie immer noch für die Rangordnung der Weltgefahren sind – wahrlich kein Anlaß zu dem Vertrauen auf die Vernunft der Mächtigen, mit dem der oben erwähnte Briefschreiber sich selbst und andere beruhigt. Die Mentalität des »Exterminismus«, also der latenten Bereitschaft zur Selbstauslöschung, hat der englische Sozialwissenschaftler E. P. Thompson[6] diese Geisteshaltung genannt. Er zitiert dafür den Amerikaner Peter Sedpurick (1953!): »Was Wright C. Mills den ›Drift und Drang in Richtung Dritter Weltkrieg‹ nennt, läßt sich in der Tat der Existenz oligarchischer und militärisch herrschender Klassen zuschreiben (die sich übrigens gleichmäßiger auf alle Kontinente des Globus verteilen, als Friedensanhänger je vermuten ließen). Die Kriegsgefahr erwächst jedoch nicht aus der bewußten Planung der Eliten. Wäre dem so, dann könnten wir ruhig schlafen; denn die ›herrschenden Kreise‹ dürften kaum die eigene Vernichtung planen. Der Krieg kann aus politischen Entscheidungen dieser unverantwortlichen Minderheiten resultieren als das letzte, unvorhergesehene Glied einer kausalen Kette, die in jedem Glied von den vorangegangenen Entscheidungen einer herrschenden Klasse geschmiedet worden ist.« Als letztes Beispiel dafür nennt Thompson die neue Generation von Raketen, die uns heute als »Nachrüstung« und als Antwort auf die sowjetischen SS-20-Raketen verkauft wird. Er vermutet: »Die erfolgreiche Installation von Cruise-Raketen auf westeuropäischem Boden im Jahre 1983 könnte den Punkt möglicher Umkehr bereits überschritten haben«, und stellt fest: »Es läßt sich nur schwer ausmachen, ob diese Politiker schlichte Lügner, Analphabeten oder die Opfer verfälschter Informationen aus dem Beamtenapparat sind.«

Es ist hier nicht der Platz, die Analysen zu wiederholen, die den Ursachen dieser Verblendung der Herrschenden nachgehen, den vielfältigen, immer aber kurzsichtigen, partikularen Interessen, den sozialen Gesellschaftsstrukturen, der Eigendynamik der Rüstungsforschung und -produktion. Die gänzliche Irrationalität des Zustandes wird durch sie nur erhärtet. Sie straft alle Rationaliserungen, mit denen die Verantwortlichen sich selbst belügen und uns ihr Handeln als »verantwortungsethisch« plausibel machen wollen, Lügen. Das Fazit bleibt: »Die Welt bewegt sich in Richtung Hölle, mit einer hohen Geschwindigkeit, einer positiven Beschleunigung und vielleicht sogar einer ansteigenden Zuwachsrate dieser Beschleunigung« (Robert Oppenheimer, 1974[7]).

V.

Das hat sich verändert seit den Heidelberger Thesen, seit 1958. Deshalb heißt es illusionär den Kopf in den Sand stecken, wenn man in den Kirchen meint, mit der Formel »Friedensdienst mit und ohne Waffen« bis zum Großen Doomsday besinnungslos weitermachen zu können. Sie setzt ja voraus, daß der Waffendienst zu nichts als zur Friedenssicherung dient. Eben dies zu meinen, ist genau die »politische Naivität«, die Kirchenführer – der obrigkeitlichen Politik wie einst zur Zeit von Thron und Altar immer noch mit Ergebenheit verbunden – denen, die sie »Pazifisten« nennen, vorzuwerfen wagen. Gegenüber der totalen Irrationalität der Atomrüstung und -strategie kommt aber, wie Erhard Eppler öfters betont hat, auch dem konsequenten Pazifismus noch ein hohes Maß an politischer Rationalität zu. Zur Scheinrationalität der Rüstungs-Irrationalität gehört nicht nur die Zwecksetzung der Abschrekkung durch Gleichgewicht, auf die jene Kirchenführer, als stünde nichts anderes als dies in der Bibel, sich berufen. Einen anderen Zweck haben vielmehr die von der Rüstungsforschung fieberhaft gesuchten Waffen für den begrenzten (konventionellen und atomaren) Krieg. Die Heidelberger Thesen berührten das damals nur kurz (These 4); inzwischen ist diese Möglichkeit hoch aktuell geworden. Aus Atomwaffen als Kriegsverhütungsmitteln sollen Atomwaffen als Kriegsführungsmittel werden, und eben dies macht den Atomkrieg wahrscheinlicher.

Schließlich hat das Weiterrüsten noch einen dritten Zweck: eine solche Überlegenheit über die Gegenseite – gemeint ist im Westen immer nur der Block des Warschauer Paktes – zu gewinnen, daß sie a) »totgerüstet«, d. h. an ihrer wirtschaftlichen Entwicklung so gehindert wird, daß sie über kurz oder lang entweder den Rüstungswettlauf aufgeben, also kapitulieren muß oder die Loyalität ihrer Bevölkerung, so diszipliniert und entbehrungsgewohnt sie auch sein mag, verlieren wird – und b) bei Einzelkonflikten mit der atomaren Drohung zum Nachgeben gezwungen werden kann. Helmut Schmidt hat den Brüsseler »Nachrüstungs«-Beschluß der NATO auch mit der Notwendigkeit begründet, es müsse eine infolge der angeblichen »Raketenlücke« mögliche Erpreßbarkeit des Westens oder der Bundesrepublik verhütet werden. Näher liegt aber angesichts des globalen Kräfteverhältnisses zwischen dem westlichen und dem Warschauer Bündnis die westliche Absicht, »Positionen aufzubauen, von denen aus man die Sowjets bei Konfrontationen durch psychologischen Druck und ›glaubhafte Drohpotentiale‹ zum Nachgeben zwingen kann«.[8]

Steht es aber so, dann ist »Friedensdienst mit der Waffe« wirklich eine »blauäugige« Selbsttäuschung, mit der man sich als »Verantwortungspazifisten« (F. J. Strauß) nur so lange rühmen kann, als nicht genauer nachgeprüft wird. Auch die Bundeswehr wird nun in die traditionelle Verwendung von Krieg und Kriegsdrohung im Konkurrenzkampf der Mächte einbezogen, aber auf verblendete Weise, weil in einer Zeit, in der infolge der qualitativen Veränderung der Kriegsmittel »die ultima ratio der kriegerischen Selbsthilfe durch die Mittel, deren sie sich bedienen müßte, lebensgefährlich und moralisch unerträglich wird« (Heidelberger These 5).

Dies betrifft nun direkt die seelsorgerliche Abzweckung, die mit jener Friedensdienst-Formel gemeint war. Sie sollte ja dem Wehrdienst-Leistenden das gleiche gute Gewissen wie dem Wehrdienst-Verweigerer geben, das Bewußtsein, wie dieser dem Frieden und nur dem Frieden zu dienen. Das kann heute – wie gesagt – nur noch mit Selbsttäuschung behauptet werden.

Schon 1958 ergab sich bei dem Versuch, eine vorläufige Beibehaltung der Atomrüstung – mit dem Zweck, durch ihren Druck ihren Abbau herbeizuführen – zu rechtfertigen, ethisch das Problem, was dem Soldaten für den Fall, daß es dennoch zum Kriege kommt, zu sagen sei. Die Thesen halten es »für einen Christen unmöglich«, in einer atomar gerüsteten Armee zu dienen, »wenn er diesen Dienst anders als im Sinne der Friedenserhaltung versteht und wenn er nicht annehmen darf, daß seine Regierung ihn ebenso auffaßt« (These 9). Für den dennoch eintretenden »Ernstfall« aber weiß diese These nur zu sagen: »Wer A sagt, muß damit rechnen, B sagen zu müssen«, weil nämlich die abschreckende Drohung, durch die der Friede erhalten werden soll, »ohne Bereitschaft zum Ernstmachen sinnlos gewesen wäre.« Ich habe damals in meinem Votum zu den Thesen gesagt, dies scheine mir »noch zu sehr die Ethik der Logik zu unterwerfen«, und es scheine mir mehr in der Konsequenz der in den Thesen dargelegten ethischen Unmöglichkeit des Atomkrieges zu liegen, »den Soldaten der umgekehrten Logik eines Nicht-Weitermachens zu unterwerfen«, in der Überzeugung, »daß dann nicht ›im Namen des Herrn Jesu‹ (Kol. 3, 17) weitergemacht werden kann . . . Dann hat jeder Mensch, auch und gerade wenn er Soldat, General usw. ist, gerade das Gegenteil von dem zu tun, was er vorher getan hat, sofern er vorher – aber eben doch nur zum Zwecke der *Verhinderung* der Katastrophe – sich an der vorläufig noch beibehaltenen Atomrüstung beteiligt hat«.[9]

VI.

Heute ist das noch viel schärfer zu sagen – eben angesichts der verblendeten Rückwendung zu traditionellen Zwecksetzungen mit nicht-traditioneller Rüstung, vor allem in der amerikanischen Militärstrategie und -politik. In diese ist ja nicht nur die Bundeswehr, sondern auch die Bundesrepublik eingebunden – erst recht, wenn nun die nur für einen Erstschlag geeigneten Mittelstreckenraketen auf westdeutschem Boden installiert sein werden. Mit ihrer Zustimmung dazu hat die Bundesrepublik den Rest ihrer Souveränität aufgegeben. Sie hat für diese wichtigsten Waffen auf ihrem Territorium kein Vetorecht, abgesehen von der üblichen, unverbindlichen, mehrmals schon nicht eingehaltenen Konsultationsvereinbarung mit der US-Regierung, und keinerlei Einflußmöglichkeit in kritischen Situationen auf die Verwendung dieser Raketen von ihrem Boden aus zur Verhinderung der vernichtenden Folgen, die solche Verwendung haben muß. In der deutschen Geschichte dürfte diese bedingungslose Unterwerfung einer deutschen Regierung unter eine ausländische Regierung, ja diese Auslieferung der Existenz ihres Volkes an eine fremde Regierung, die schon deutlich erklärt hat, daß sie einzig und allein ihren eigenen nationalen Interessen folgen wird, einmalig und erstmalig sein.[10]

Auch mit der faktischen Einschränkung der staatlichen Souveränität in unserem Zeitalter durch bestimmte Faktoren des internationalen Lebens (Existenz der Supermächte und der Militärblöcke, ABC-Waffen mit grenzüberschreitender Wirkung, Abhängigkeit vom Weltmarkt usw.) kann das nicht entschuldigt werden. Daß eine Regierung einer auswärtigen Macht, die im Konflikt liegt mit dem Nachbarn auf der anderen Seite, ihr Land als koloniale Abschußrampe zur Verfügung stellt ohne jedes Mitspracherecht – »Bitte, ihr könnt von unserem Boden aus unseren östlichen Nachbarn überfallen oder nicht, je nachdem ihr gerade wollt; ihr entscheidet – und wir tragen die Folgen« –, das hat es noch nicht gegeben – oder eben nur in der Kolonialgeschichte!

Gehört nach der Heidelberger These 9 zu den Bedingungen, daß ein Christ Soldat in einer dem NATO-Verband angehörigen Armee wird, das Zutrauen zum unbedingten Friedenswillen seiner Regierung, dann muß er heute die gute Meinung, die er als Deutscher in dieser Hinsicht von der Bundesregierung haben kann, ergänzen durch eine ebenso gute Meinung von der seiner Regierung nun faktisch übergeordneten US-Regierung. Das aber ist doch wohl zuviel verlangt! Mit welchen Argumenten will man ihn heute noch zum B-Sagen nach dem A-Sagen verpflichten? Das muß doch eine zentrale Frage der Militärseelsorge sein, für die ja die Arbeit jener Heidelberger Kommission vor allem bestimmt gewesen ist und die von jenen Thesen dann am kräftigsten Gebrauch gemacht hat. Nach allem, was man aus den Kreisen der Militärseelsorge hört, muß man feststellen: Entweder sie begnügt sich mit der alten Formel von 1958 – oder sie schweigt. Auch die immer neue Beteuerung, Waffendienst sei ja nur als Friedensdienst gemeint, ist faktisch ein Schweigen, also ein Sich-Drücken um jene Zentralfrage. Denn Waffendienst im Frieden ist ja Ausbildung für ein bestimmtes Tun, für den Waffendienst im Kriege. Immer hatte Militärseelsorge dies im Auge seit der sie im Luthertum begründenden Schrift Luthers, »Ob auch Kriegsleute im seligen Stande sein können« (1527): sie gab dem Soldaten die Bedingungen an, unter denen Beteiligung am Kriege christlich mit gutem Gewissen möglich sei. Schweigt Militärseelsorge heute zu dieser Zentralfrage, dann kann man sie sich sparen. Sagt sie weiterhin, der Soldat solle B sagen – auch zur Vernichtung seines eigenen Volkes und seiner Nachbarvölker –, dann sage sie das offen, bezeichne sich aber nicht mehr als christlich, sondern erkenne sich als Manifestation des Bankrotts des Christentums in der höchsten weltgeschichtlichen Bewährungsprobe des christlichen Glaubens. Will sie weder schweigen noch den christlichen Glauben verraten, dann bleibt ihr nichts übrig, als dem Soldaten offen zu sagen, daß spätestens mit dem eventuellen Mißlingen der Abschreckung oder mit einer offensiven Verwendung der Atomrüstung – schon zur Erpressung und erst recht zum Kriegführen – sein »Friedensdienst mit der Waffe« zu Ende ist und nur noch der »Friedensdienst ohne Waffe«, also die Verweigerung, für ihn in Frage kommt.

VII.

An dieser Stelle dürfte es angebracht sein, noch etwas zu der Formel »lieber rot als tot« zu sagen, zu der Bundeskanzler Schmidt sich in seinem viel beachteten Interview in den »Evangelischen Kommentaren« (1981/82) geäußert hat. Diese Formel sei – so sagte er dort – als Entschluß des einzelnen zu respektieren, nicht aber als Maxime für den ethisch verantwortungsbewußten Staatsmann. Das ist so unzulänglich gedacht wie vieles in diesem Interview. Die Gegenformel »lieber tot als rot« hat einen doppelten Sinn. Sie besagt a), allgemeiner gewendet, für den Staatsbürger, daß er bereit sein soll, für Recht und Freiheit seines Volkes lieber das eigene Leben in die Schanze zu schlagen als es zu erhalten um den Preis der Versklavung seines Volkes unter eine feindliche Macht. So verstanden, hat sie auch ihre Geltung, wenn die feindliche Macht in einem Unrechtsregime durch Glieder des eigenen Volkes besteht. In diesem Sinne haben Widerstandskämpfer immer wieder gehandelt, in unserer Zeit in Deutschland am 20. Juli 1944, in Lateinamerika, Afrika usw. Sie besagt b), daß ein einzelner, wenn der Kampf gegen die feindliche Macht mit der Niederlage geendet hat, den Selbstmord dem Leben unter der feindlichen Macht vorzieht. In diesem Sinne haben deutsche Soldaten, wie ich es erlebt habe, 1945 die Kugel statt des Weges in die Gefangenschaft gewählt, nicht aber haben die Millionen Ostdeutschen den Tod dem Leben unter sowjetischer Besatzung vorgezogen. Ohne dem Entschluß zur Wahl des Todes den Respekt zu versagen, wird christliche Seelsorge ihn als einen verzweifelt-heidnischen kennzeichnen und statt dessen zu dem Entschluß »lieber rot als tot« raten müssen.

Ganz anders ist die Lage für den ethisch verantwortungsbewußten Staatsmann, der Entschlüsse, die für sein ganzes Volk wirksam werden, zu treffen hat. Wo Erhaltung von Recht und Freiheit durch militärische Verteidigung nicht mehr aussichtsreich erscheint, dürfte ihm in nahezu allen Fällen seine Verantwortung nicht den Aufruf, im Kampfe bis zum letzten Blutstropfen unterzugehen, nahelegen, sondern den Entschluß, lieber sich zu unterwerfen und dadurch das Leben des Volkes zu erhalten. Das Gegenteil hat Hitler praktiziert: In seinem Wörterbuch kam, wie er öffentlich sagte, das Wort »Kapitulation« nicht vor, und als die Niederlage kam, wollte er seinem eigenen Volk die Lebensmöglichkeit nehmen, weil es nicht mehr würdig sei, weiter zu existieren. Dieses abschreckende Mörder-Beispiel zeigt, daß für den verantwortlichen Staatsmann, wie es z. B. der tschechoslowakische Präsident Hacha im Frühjahr 1939 gegenüber der Hitler-Macht getan hat, sehr wohl der Entschluß zur Kapitulation die einzige ethisch zu verantwortende Möglichkeit ist. Man mag, wie den Nationalsozialismus so den Sowjetkommunismus für ein übles Unrechtsregime halten – darüber soll in diesem Zusammenhang nicht diskutiert werden –, fest steht jedenfalls, daß ein Volk in unserer gegenwärtigen Lage zwar ein Unrechtsregime überleben kann, nicht aber den uns heute drohenden Krieg (übrigens in unserer Lage nicht erst den mit atomaren, sondern schon den mit den heute entwickelten konventionellen Waffen[11]) überleben wird. Gesinnungsethisch kann einer für sich beschließen: »Lieber tot als rot«, nicht aber für andere. Der Staatsmann, der über sein Volk beschließt: »Sei lieber tot als rot!«, handelt in Hitlerscher Mentalität; der ethisch verantwortungsbewußte Staatsmann kann in Situationen kommen, wo er über sein Volk beschließen muß: »Sei lieber rot als tot!« »Das Leben ist der Güter höchstes nicht . . .«, das gilt nicht für ihn, dem das Überleben seines Volkes den Primat vor allen anderen Werten haben muß.

Wer freilich als Staatsmann auch im nuklearen Zeitalter Wichtigeres kennt als den Frieden – so bekanntlich der US-amerikanische Außenminister Alexander Haig –, der ist heute nahe bei Hitler. Zu Beginn der nuklearen Epoche, in den fünfziger Jahren, geisterten derartige Gedanken auch bei Leuten, die sich weit weg von Hitler wähnten. Der Jesuitenpater Gundlach, Berater von Papst Pius XII., hat damals mehrfach dargetan, es gebe Güter, für die auch das Leben der Menschheit geopfert werden müsse. Ebenso hat Karl Jaspers in seinem Buch »Die Atombombe und die Zukunft des Menschen« (1958) gegen die Meinung, es sei »besser, sich sogar dem Totalitarismus zu unterwerfen als den Atomkrieg zu wagen«, dekretiert, man müsse unterscheiden zwischen »bloßem Leben« und »lebenswertem Leben«, und letzter Maßstab müsse darum »nicht die Ehrfurcht vor dem Leben an sich, sondern die Ehrfurcht vor dem Leben, das des Lebens würdig gelebt werden kann«, sein: »Darum kann das Leben als Dasein, wie das einzelne Leben, so alles (!) Leben, eingesetzt werden um des lebenswürdigen Lebens willen« (228 ff.). Man kann den Autoren so entsetzlicher Sätze nur zugute halten, daß sie an ihren professoralen Schreibtischen weder wußten, was sie da schrieben, noch wußten, wie bald der overkill technische Möglichkeit sein werde. Aber auch Mangel an Phantasie und Information kann Schuld sein, und ebenso ist es Schuld, einen menschlichen Feind so zu verteufeln – im Wortsinne –, daß er zum absoluten Feind wird, gegen den jedes Mittel rechtens ist und von dem nur Teuflisches und nichts Menschliches mehr zu erwarten ist, keine Wandlung mehr, keine Kommunikation und keine Koexistenz. Tatsächlich stehen wir hier bei dem für christliche Theologie konstitutiven Unterschied zwischen Mensch und Teufel, was weder dem Jesuitenpater bewußt war noch dem Philosophen, der immer zu seinen Wurzeln in der jüdisch-christlichen Tradition sich bekannt hat. Die praktisch-politische Bedeutung dieses Unterschieds hat kürzlich George Kennan ausgesprochen [12]: »Es ist höchste Zeit, daß wir das sowjetische Volk realistisch zu sehen lernen: als die große Gesamtheit von normalen menschlichen Wesen, die es ist – menschlichen Wesen wie wir selbst, die mit ihren bescheidenen persönlichen Problemen zu kämpfen haben, mit ihren individuellen Triumphen und Tragödien, die ihre Kinder aufzuziehen suchen, die ihre Neigungen und Abneigungen betreiben, die das Rechte tun, soweit sie können, und die wie wir nach dem Sinn des Lebens suchen. Wenn wir dies erkennen, laßt uns lernen, die Tatsache zu akzeptieren, daß es nichts gibt, was möglicherweise gewonnen werden könnte dadurch, daß diese beiden großen Völker Zerstörung und Schrecken aufeinanderhäufen, wie es das Nuklear-Szenario vorsieht, daß vielmehr dieses ganze Szenario morbid ist, krank, irrational, vergiftet von Furcht und unwürdig einer gesunden Intelligenz. Was ich sage, trifft letzten Endes auf das sowjetische Regime ebenso zu wie auf das sowjetische Volk . . . Wir halten viele ihrer Ansichten für gänzlich falsch. Aber sie liegen nicht außerhalb der Bande gemeinsamer Menschlichkeit.«

Schließlich noch eine Bemerkung zu jener Formel: Helmut Schmidt sagte in jenem Interview, es sei die Aufgabe des Staatsmannes, jene Situation möglichst zu vermeiden, in der ein Volk nur die schreckliche Wahl zwischen »tot oder rot«, zwischen Vernichtung oder Unterwerfung habe. Das ist sicher richtig, und damit ist ein Kriterium gegeben, an dem die Politik der Regierung eines Landes gemessen werden kann, das zwischen zwei Supermächten liegt. Zwischen Tiger und Bär, die sich gegenseitig belauern und noch nicht zur friedlichen Koexistenz gefunden haben, dürfte einem kleinen Land die Neutralität mit möglichst gut-nachbarschaftlichen Beziehungen nach beiden Seiten hin vernünftigerweise am nächsten liegen, um sich selbst das Überleben zu sichern. Daß es Adenauer gelungen ist, die vor 1955 von Heinemann/Niemöller am konsequentesten vertretene Gegenposition der deutschen Neutralität auszumanövrieren, zeigt in der heutigen Lebensgefährdung des deutschen Volkes auf dem potentiellen Schlachtfeld Europa seine verhängnisvollen Folgen. Wenn man aber schon den Bär mehr fürchtete als den Tiger, und wenn man schon meinte, beim Tiger Schutz suchen zu sollen gegen den Bären, dann durfte man dennoch nicht dem Tiger mit Haut und Haar sich ausliefern, dann machte der Schutz beim Tiger die größtmöglichen Anstrengungen, auch mit dem Bären zu friedlicher Koexistenz, zu freundlichen Beziehungen zu kommen, nicht überflüssig. Denn nur dies konnte ja unser Beitrag dazu sein, daß nicht Tiger und Bär auf unserem Boden übereinander herfallen – uns zur Vernichtung. Wer an den Westen sich anlehnt, muß gegenüber dem Osten sich »rückversichern« (um Bismarcks Ost-Politik, deren Wahrheit man nach zwei durch ihre Ignorierung entstandenen Weltkriegen doch hätte lernen können, zu zitieren). Hat man zu Zeiten der sozial-liberalen Entspannungspolitik, die ohnehin viel früher hätte beginnen sollen, die Bindung an den westlichen Tiger als ihre Voraussetzung bezeichnet, so gilt mindestens ebenso sehr, daß die Entspannung, also die Normalisierung und friedliche Koexistenz gegenüber dem Bären die Voraussetzung dafür ist, daß die Integration in den Machtbereich des Tigers für uns nicht tödlich sein wird. Die faktische Abkehr von der Entspannungspolitik, zu der die Bundesregierung durch die Reagan-Administration sich hat nötigen lassen, und die schon vorher geschehene, mit der Entspannungspolitik – wie Gromyko warnend und richtig in Bonn gesagt hat – unverträgliche Zur-Verfügung-Stellung des westdeutschen Territoriums für amerikanische Erstschlagwaffen sind das genaue Gegenteil dessen, was Helmut Schmidt richtig als Aufgabe des Staatsmannes in unserer Lage bezeichnet hat.

VIII.

Die Bedrohung durch den nuklearen Holocaust ist die augenfälligste – die Rüstung, durch die sie entsteht, ist unsere größte Gefahr. Sie macht den Frieden, den sie erhalten soll, zunehmend unsicherer. Der Friede ist aber die Voraussetzung für alles Weiterleben. Deshalb muß die Atomkriegsgefahr gebannt werden, und sie kann nur durch Verschwinden der ABC-Waffen, durch ihre internationale Ächtung und durch die Zerstörung der ABC-Waffen einschließlich der ihnen dienenden Forschungslaboratorien gebannt werden. Darum steht dies an erster Stelle der Prioritätenliste.

Die zweite Gefahr – in der Fabel die Zerstörung des Hauses von unten durch Wasser und Fäulnis – ist dem gleich: die weltweite Zerstörung unserer natürlichen Lebensbedingungen. Sie wird erst an zweiter Stelle genannt, weil die Beseitigung der ersten Gefahr die Voraussetzung für den langwierigen Kampf gegen diese zweite ist. Die erste Gefahr hängt ja – dahin müßte die Fabel ergänzt werden – mit dem Kampf der beiden Erdgeschoß-Parteien unmittelbar zusammen. Sie produzieren durch ihren Streit die sie alle bedrohende Gefahr von oben, die Gefahr des Atomkrieges. Sie müßten einsehen, daß die gemeinsame Gefahr, die sie mit ihrem Streit produzieren, größer ist als die Gegenstände ihres Streites. Wenn sie nicht verlieren wollen, was sie in diesem Streit zu gewinnen oder zu erhalten wünschen, dann müssen sie in gemeinsamer Anstrengung die größere Gefahr beseitigen, die sie durch ihren Streit erst produziert haben.

Diese gemeinsame Anstrengung ist aber in gleichem Maße und schon zur gleichen Zeit lebensnotwendig gegenüber der zweitgenannten Gefahr, der Gefahr von unten. Sie braucht hier nicht näher beschrieben zu werden. Der aufmerksame Zeitgenosse erfährt von ihr in jeder Zeitung und kann sie im Garten und spazierengehend im Verlauf der Jahreszeiten überall beobachten. Ihr ungeheuerliches Ausmaß und dessen rapide Beschleunigung wird ihm vorgeführt in der Studie *»Global 2000«*, die 1977 dem US-amerikanischen Umweltamt von Präsident Carter in Auftrag gegeben worden ist und die heute – 1980 erschienen[13] – die umfassendste, genauest errechnete und belegte Prognose für die Lebensverhältnisse der Erdbevölkerung (Pflanzen, Tiere und Menschen) im Jahre 2000 ist. Eine Erde voll von Hunger, Naturzerstörung, Erosionen und den daraus entstehenden sozialen Konflikten, noch ungleich schlimmer als heute – das ist die Zukunft, die uns bevorsteht, wenn sie nicht durch »gemeinsame Anstrengungen«, wie es in der Studie immer wieder heißt, verhindert wird. Es ist nicht eine durch Natur-Veränderungen, mit denen wir nichts zu tun haben, uns drohende Zukunft, sondern eine von uns Menschen verschuldete, durch unsere Lebens- und Produktionsweise verursachte. Zu den gemeinsamen Anstrengungen, durch die sie verhindert oder – vorsichtiger gesagt – zunächst abgeschwächt und dann allmählich verhindert werden kann, gehört eine tiefreichende Änderung unserer Lebensweisen, unseres Wirtschaftssystems und unserer Machtverhältnisse, vor allem und zuerst in den Industrienationen, von denen die ganze übrige Menschheit abhängt. Davon ist heute überall zu lesen, was hier und jetzt nicht wiederholt werden soll. Wie denn überhaupt die Kürze des mit dieser zweiten Gefahr sich beschäftigenden Abschnitts nicht entfernt ausdrücken soll, daß sie geringer zu achten sei als die erste. Auch die tief bedrückende Frage, ob Aussicht auf solche tiefe und massenhafte Metanoia überhaupt besteht, sei hier nicht behandelt. Ihrer entmutigenden Wirkung kann christlich nur dreierlei entgegengesetzt werden, was unlöslich zusammengehört: die Aufforderung, ohne Frage nach der Wahrscheinlichkeit des Erfolges das jetzt Gebotene zu tun (der Sinn des heute soviel zitierten apokryphen Lutherwortes vom Apfelbaum) – die Aufgabe der Christen, in der tätigen Metanoia voranzugehen und andere dadurch anzustecken – die Hoffnung auf die Wiederkunft des Herrn, also den rettenden Eingriff Gottes zur Erhaltung seiner Schöpfung, und dies nicht ohne uns, sondern durch uns und durch neue Ausgießung seines Geistes auf die Völker.

Worum es hier nur gehen soll, das ist der Zusammenhang der beiden großen Weltgefahren. Ob und wieweit Rüstung und Erdzerstörung miteinander verbunden sind, ist in der einschlägigen Literatur deshalb umstritten, weil auch unabhängig von der Rüstung andere Ursachen wirksam sind: das Anwachsen der menschlichen Erdbevölkerung, die Ausbeutung der Dritten Welt durch unser Wirtschaftssystem (Stichwort: multinationale Konzerne) und die diese Ausbeutung sichernde ungleiche Machtverteilung. Aber schon dieses letzte Moment weist auf die Rüstung hin; ohne die militärische Macht der Industriestaaten und ohne den Waffenexport an die ihnen willfährigen Regierungen in der Dritten Welt könnte die ungleiche Machtverteilung und damit die Ausplünderung der Erde durch die Industrienationen auf die Dauer nicht aufrecht erhalten werden.

Unbestreitbar ist aber außerdem, daß die gegeneinander gerichtete Rüstung von Ost und West ein entscheidender Faktor für die Nicht-Verhinderung des prognostizierten Zustandes der Erde im Jahre 2000 ist. Die ungeheuren Kosten dieser Rüstung an Finanzen, Energien, Rohstoffen und Menschen und die Absorbierung der Aufmerksamkeit von Regierungen, Politikern und Völkern weg von der Erdzerstörung hin zur Selbstbehauptung im Rüstungswettlauf lassen für die Verhinderung der Erdzerstörung nicht das Nötigste übrig; sie beschleunigen sie vielmehr. Gemeinsamkeit der Anstrengungen – unerläßlich angesichts der globalen Gefahr – wird durch die Fixierung auf den Ost-West-Gegensatz verhindert. Die Gelder, Kräfte und Ressourcen, die jetzt dem Rüsten gegeneinander dienen, müssen für die gemeinsamen Anstrengungen verwendet werden.

Das liegt so auf der Hand, daß nur Verblendung es nicht erkennen kann. Die Studie »Global 2000» ist zwar in einem dreiviertel Jahr in 20 Auflagen und 20000 Exemplaren in der Bundesrepublik verbreitet worden, im Bundestag aber m. W. noch kein einziges Mal erwähnt und von den führenden Politikern bisher nicht oder kaum zur Kenntnis genommen worden; im Vergleich zu deren Gedanken und Reden über die Rüstung ist ihre Rolle gleich Null. Ich habe deshalb in einer die Rüstungsfrage betreffenden Thesenreihe eine These über »Global 2000« mit den wohlüberlegten Sätzen geschlossen: »Das Wort Rüstungswahnsinn ist nicht ein übertragener Ausdruck, sondern eine exakte klinische Bezeichnung. Die Politik, mit der heute Rüstung gerechtfertigt wird, gehört in die Zuständigkeit der Psychopathologie.«[14] Alle Aufklärung gegen die Rüstung samt der nötigen Massenbewegung gegen sie gehört darum zur therapeutischen Behandlung der Politiker, ihrer Betriebsblindheit und ihrer Ost-West-Fixierung, zur Alarmierung in ernstester Gefahrenstunde.

Was sie gegen Weiterbestehen und Zunehmen der Atomkriegsgefahr und was sie zur Verhinderung der Erdzerstörung, zur Verhinderung des so nahe bevorstehenden »Erdzustandes 2000« tun, das muß unerbittlich den Politikern und Regierenden als entscheidendes Kriterium ihres

Handelns vorgehalten werden. Antworten sie, daß sie dazu wenig hätten tun können, weil ihre vordringliche Aufgabe die Eindämmung der Gegenseite im Ost-West-Gegensatz gewesen sei, dann haben sie damit schon sich selbst ihr Urteil gesprochen: als verblendet und kurzsichtig werden sie vergessen oder im Verzeichnis der Komplizen der Weltzerstörung aufgeführt werden. Entschuldigen sie sich damit, daß die Sachzwänge ihnen ihr Versäumen des Notwendigen vorgeschrieben hätten, so muß man ihnen antworten, daß sie nicht dafür bezahlt werden, den Sachzwängen sich zu unterwerfen, sondern dafür, »Wege aus der Gefahr«[15] zu finden, mindestens »Trampelpfade« zu treten, die auf den Ausweg zielen. Entschuldigungen von Politikern zählen in der Geschichte nicht, und für die Völker, die die Folgen der Versäumnisse auszubaden haben, sind sie uninteressant. Nur das zählt, was in Erkenntnis der Prioritäten getan wird, um aus der Menschheitsbedrohung herauszuführen.

IX.

Ob man Erkenntnisse und Empfindlichkeit für Situationen und Aufgaben auch ohne den Einfluß derer gewonnen hätte, denen man im Leben als Vorbildern, Lehrern und Freunden hat begegnen dürfen, dafür kann keiner die Hand ins Feuer legen. Faktisch waren es diese und diese, denen zu begegnen nötig war, um auf Wege des Denkens und Handelns zu kommen, die sich bewähren als fruchtbar, als evangeliumsgemäß. Martin Niemöller gehört zu denen, von denen wir Jüngeren sagen: Wer weiß, wo wir ohne ihn gelandet wären? Unsere Dankbarkeit wird darin bestehen, daß wir zum Weiterwirken seines Vorbildes und seiner Wegweisung beitragen – noch auf Generationen nach uns.

Anmerkungen

1 Siehe dazu in meiner Schrift »Die Christen und die Atomwaffen« (ThExh, NF, Heft 61, 1981^{6}, S. 34 f.). Zum gleichen Mißbrauch des Gottvertrauens tendiert Helmut Schmidt, wenn er ein Interview (Frankfurter Rundschau, 30. 6. 1981) mit den Worten schließt: »Wenn sich die Angst an einem konkreten Problem manifestiert – sagen wir, an einem Kernkraftwerk, oder sagen wir, am Problem der Rüstung oder der nicht ausreichend vereinbarten Rüstungskontrolle«, dann müsse man zwar miteinander darüber mit vernünftigen Argumenten reden, »aber schließlich und endlich hilft gegen Angst nur der Seelsorger und in letzter Instanz das Vertrauen in Gott«. Wenn jemand, dem der letzte Sturm die Dachziegel gelockert hat, zu mir als Seelsorger kommt, um von mir gegen seine Angst vor herunterfallenden Ziegeln in seinem Vertrauen auf Gott gestärkt zu werden, dann werde ich mich

sehr hüten, seine Erwartung zu erfüllen. Statt Gottvertrauen zu predigen, schicke ich ihn zum Dachdecker – in unserem Falle also zur Einmischung in Politik.

2 Für das Anwachsen der Friedensbewegung ist nach dem Spiegel (1981, Nr. 25, S. 27) »womöglich der entscheidende Grund« der Regierungswechsel in Washington.

3 Günter Howe (Hrsg.): Atomzeitalter, Krieg und Frieden, Witten/Ruhr 1959, S. 226–236; vgl. dort meine Stellungnahme S. 247–267.

4 A. a. O., S. 162.

5 Pastoralkonstitution, Nr. 81. Vgl. Paulus Engelhardt, Die Lehre vom gerechten Krieg in der vorreformatorischen und katholischen Tradition, in: R. Steinweg (Hrsg.): Der gerechte Krieg (Ed. Suhrkamp, 1017), 1980, S. 114.

6 Exterminismus als letztes Stadium der Zivilisation, in: Befreiung, Berlin 1980, Nr. 19/20, S. 12–43.

7 Zitiert bei Thompson (Anm. 6), S. 40.

8 So ein US-Fachmann über die amerikanische Absicht, zitiert von Wilhelm Bittorf in seiner ausgezeichneten Spiegel-Serie »Schießplatz der Supermächte«, in: Spiegel 1981, Nr. 28–30; Zitat: Spiegel Nr. 29, S. 121.

9 Bei G. Howe (Anm. 3), S. 263 f.

10 W. Bittorf (Anm. 8) berichtet (Spiegel 1981, Nr. 28, S. 123 f.), bei der Beratung der Nuklearen Planungsgruppe der NATO über die neuen Mittelstreckenraketen habe Bundesverteidigungsminister Hans Apel »vorsichtig« die Frage nach dem Vetorecht der Stationierungsländer gestellt. Der US-Verteidigungsminister Brown habe dies daraufhin an die Bedingung geknüpft, daß die betreffenden Länder mindestens die Hälfte der Kosten der neuen Waffensysteme übernähmen (nach dem letzten Voranschlag die Hälfte von 14 Milliarden DM). Auch diesen nur fiktiven Vorschlag griffen die Europäer nicht auf, und so blieb es bei der Absicht der amerikanischen Seite: keine Mitentscheidung der Europäer über die Verwendung der gefährlichsten Waffen, die je auf ihrem Boden standen. – Die Geschichte der Preisgabe unserer nationalen Selbstbestimmung ist unglaublich. Von der Bundesregierung und den drei Bundestagsparteien, die sie zu verantworten haben, wird dafür beharrlich Rechenschaft verlangt werden müssen.

11 Frank S. Rödiger, Major in der Führungsakademie der Bundeswehr, im Deutschen Allgemeinen Sonntagsblatt, 19. 7. 1981: »Weder unter den Bedingungen eines konventionellen modernen Krieges noch gar unter denen eines nuklearen Krieges ist unser Land zu verteidigen. Der Einsatz von nur einem Zehntel der sowjetischen Mittelstreckenraketen würde aus unserem Lande in acht Minuten eine Wüste machen. Hilft dabei die Aussicht, daß es dem Gegner dann genau so geht?«

12 »Count down zur Katastrophe«, in: Fellowship, Juli/August 1980, Vol. 46, No. 7–8.

13 »Global 2000«. Der Bericht an den Präsidenten. Deutsch in Verlag Zweitausendeins, Frankfurt/M. 1980.

14 Thesenreihe »Staatsgewalt und Krieg«, abgedruckt in: »Die Christen und die Atomwaffen« (Anm. 1), These 15; vgl. den Exkurs: »Beruht das Abschreckungssystem auf einer Psychose?«, in: Anton-Andreas Guha, »Der Tod in der Grauzone« (Fischer-Taschenbücher, Nr. 4217), 1980, S. 182–203.

15 Vgl. das so betitelte Buch von E. Eppler, Hamburg 1981, das ein Vademekum der heute anstehenden politischen Aufgaben ist und den Zusammenhang von Rüstung und Erdzerstörung einleuchtend behandelt.

Walther Fürst

Die Verkündigung des Friedens

Auf dem Hamburger Kirchentag hat Bischof Gernot Jung in einem Vortrag über dieses Thema die Heidelberger Thesen empfehlend in Erinnerung gebracht, über deren »bleibende Bedeutung« jetzt auch Albrecht von Mutius in den EvKomm (81, 7, 389) einen Beitrag geliefert hat. Verabschiedet hat sie nach zweijähriger Arbeit eine Kommission von Physikern, Theologen, Historikern und Politikern, die alle für die »Kirche« sprechen wollten, am 28. April 1959, vor 22 Jahren also, als die Diskussion über atomare Rüstung schon einmal lebhaft geführt worden war, um erst jetzt angesichts akuter Kriegsgefahr wieder aufzuleben. Kirchliche Gremien haben seit 1948 das Wort zur Friedensfrage ergriffen, abgesehen von der von Martin Niemöller unterschriebenen Erklärung der Kirchenleitung der EKHN-Erklärung vom 13. Mai 1957, abnehmend eindeutig und zunehmend »ausgewogen« [1], bis die Kirchlichen Bruderschaften der EKD-Synode ihre Zehn Thesen [2] entgegenhielten, die in den beiden Sätzen gipfelten: »(9) Wir fordern alle, die mit Ernst Christen sein wollen, auf, sich der Mitwirkung an der Vorbereitung des Atomkriegs vorbehaltlos und unter allen Umständen zu *versagen.* (10) Ein gegenteiliger Standpunkt oder Neutralität dieser Frage gegenüber ist *christlich nicht vertretbar.* Beides bedeutet die Verleugnung aller drei Artikel des christlichen Glaubens.« Gegen diese Position wenden sich die Heidelberger Thesen (fortan: HT[3]); um sie zu würdigen, muß man ihre Funktion im damaligen Meinungsstreit beachten.

Erhard Eppler[4] hat jetzt auf den raschen Bewußtseinswandel hingewiesen, der sich in uns allen vollziehe, ohne daß wir uns ihn genügend bewußt machen. Dazu mag es hilfreich sein, wenn wir uns rückblickend den Gang der HT vergegenwärtigen.

I.

Sie gehen davon aus, daß der Weltfriede heute kein utopisches Ideal mehr sei, sondern zur Lebensbedingung des technischen Zeitalters werde. Seine Notwendigkeit sei eine Aussage der profanen Vernunft, er sei nicht das Paradies auf Erden, denn »es könne leicht sein, daß wir ihn nur um den Preis der staatsbürgerlichen Freiheit erhalten werden . . . Äußerster Anstrengung wird es vielleicht bedürfen, nicht damit er überhaupt kommt, sondern damit er nicht über Katastrophen kommt und damit in ihm die Freiheit bewahrt bleibt« (These I). In aller Deutlichkeit beschwört These III eine mögliche Alternative zwischen Frieden und Freiheit: »Die Kapitulation gegenüber einer diktatorischen Weltmacht (gemeint war die Sowjetunion) rechnen wir nicht zu den realen Möglichkeiten.« Nicht eindeutig scheint der Begriff des Friedens zu sein: notwendig im Sinn des Nicht-Krieges scheint er nun doch nicht von absoluter Notwendigkeit zu sein. Die Frage stellt sich auch gegenüber der These II, die vom spezifischen Beitrag der Christen zur Herstellung des Friedens spricht: einer Welt der Angst, einerseits vor dem Krieg, andererseits vor der Sklaverei, sei die Weltüberwindung Christi zugesagt. »Durch die Christen sollte der Friede Gottes in der Welt wirksam werden, der allein den Frieden der Welt zum Segen werden lassen kann.« Kann der Krieg riskiert werden, wenn man meint, der Friede werde der Welt nicht zum Segen? Verspricht die damit drohende Alternative mehr »Segen« für die Welt, wenn also der ganze »Segen« atomarer Waffen über uns ergeht? Auf die für uns Heutige fragwürdig gewordene Auskunft, die Steigerung der technischen Mittel, auch der »friedlichen« Kernenergie, habe uns von der Angst vor »so vielen Naturkräften« befreit, weise ich im Vorübergehen hin.[5] Doch – wie kann es geschehen, daß der Friede Gottes in der Welt wirksam wird? Nach These III ist es Aufgabe der profanen Vernunft, den Krieg in einer andauernden und fortschreitenden Anstrengung abzuschaffen. Kapitulation vor der Gewalt könnte zunächst äußere Ruhe bringen, nicht aber den Frieden dauerhaft sichern. Darum muß an der Humanisierung des Krieges dauernd gearbeitet werden und muß das gegenwärtige Gleichgewicht des Schreckens bejaht werden, das sich der fortdauernden Kriegsfähigkeit des Menschen bedient, um den Kriegsausbruch hintanzuhalten. Freilich, »was wir als Äußerstes von ihm erwarten dürfen, ist, daß es uns eine Zeitspanne zur konstruktiven Arbeit am Frieden gewährt«. These IV lenkt zu These II zurück und fordert statt träger Resignation Handlungen individueller praktischer Nächstenliebe, die zur Ermöglichung des Friedens und zu Bewahrung der Freiheit beitragen. »Die Unterschätzung dieser scheinbar kleinen menschlichen Schritte ist eine der tödlichsten Gefahren für die großen Ziele.« Die Erörterung, ob ein konkretes Aktionsprogramm möglich oder nötig sei, wird bewußt unterlassen; dies würde die Verfasser überfordern. Die V. These schürzt den Knoten, in dem sie das für alles Folgende bestimmende Dilemma aufzeigt: Der Weg zum Weltfrieden führt durch eine Zone der Gefährdung des Rechts und der Freiheit, denn die klassische Rechtfertigung des Krieges versagt. Die Lehre vom gerechten Krieg ist auf den Atomkrieg nicht mehr anwendbar, weil er zerstört, was er zu schützen vorgibt. Das Recht hat keine Waffe mehr. »Zusammengefaßt erscheint sie (sc. die Lage) den Bürgern der westlichen Welt in dem Dilemma, ob sie die Rechtsordnung der bürgerlichen Freiheit durch Atomwaffen schützen oder ungeschützt dem Gegner preisgeben sollen.« Zwar wird eingeräumt, daß die Berufung auf dies Dilemma in vielen Fällen ein bloßer Vorwand für eine Politik sei, die in Wahrheit nationale oder persönliche (hinzuzufügen wäre vor allem wirtschaftliche) Macht zum Ziel hat. Dennoch überschattet das Dilemma heute – 1959 – tatsächlich die Weltpolitik. Welche Entscheidungen fordert es von uns? These VI beruft sich auf den Beschluß der Spandauer EKD-Synode vom 30. April 1958 und setzt voraus, daß verschiedene Entscheidungen getroffen werden (einerseits: Herstellung und Bereithaltung von Massenvernichtungsmitteln ist Sünde vor Gott, andererseits: in der Pflicht zur Verteidigung kann der Widerstand mit gleichwertigen Waffen vor Gott verantwortet werden), die aber – mit einem physikalischen Begriff – als *komplementäres* Handeln zu verstehen sind. Die Absicht der Synode, unter dem Evangelium zusammenzubleiben, um sich um gemeinsame Erkenntnis und Entscheidung zu bemühen, reduzierte sich auf das Zusammenbleiben – wirklich unter dem Evangelium, da keine Bemühung um Konsens mehr erfolgt ist? Haben die HT nicht selbst einen Riegel vorgeschoben, wenn sie glaubten, daß die entgegengesetzten Entscheidungen einander geradezu fordern? Nach These VII muß der Waffenverzicht als eine christliche Handlungsweise anerkannt werden. Ein Christ muß sich wenigstens ernstlich prüfen, »ob der Verzicht auf sie (sc. die Atomwaffen) nicht unmittelbar verständliches göttliches Gebot ist«. Die einzige Rechtfertigung des Besitzes von Atomwaffen ist die Tatsache, daß ihre Anwesenheit und die Möglichkeit, mit ihnen zu drohen, den Weltfrieden *vorläufig* schützt. Jeder, den sein Gewissen zur Kriegsdienstverweigerung drängt, muß von der Kirche in dieser Haltung anerkannt werden. Andererseits aber – These VIII – muß die Kirche die Beteiligung an dem Versuch, durch das Dasein von Atomwaffen einen Frieden in Freiheit zu sichern, als eine heute *noch* mögliche christliche Handlungsweise anerkennen. Wenn die westliche Welt einen Atomwaffenverzicht leistete, »kann wenigstens das Risiko nicht geleugnet werden, daß unsere Begriffe von Recht und Freiheit für unabsehbare Zeit verlorengingen. Wie weit und unter welchen Voraussetzungen in der Welt, die dann auf uns wartet, christliches Leben möglich wäre, wissen wir ebenfalls nicht«. Auf beiden Seiten – Atomrüstung oder Kapitulation vor der Gewalt – stehen Risiken, »die wir als nahezu tödlich empfinden müssen; darum kann der Weg des Friedenschutzes durch Atomrüstung heute nicht verworfen werden, allerdings muß feststehen, daß nie über seine Vorläufigkeit eine Täuschung zugelassen wird». These IX befaßt sich mit dem Problem des Soldaten in einer atomar bewaffneten Armee; besondere Gruppen von Atomdienstverweigerern oder eine grundsätzliche reservatio mentalis für den Fall des Atomkrieges seien nicht zulässig, was freilich H. Gollwitzer in seinem Kommentar in Frage gestellt hat.[6] These X: die Kirche soll den atomar gerüsteten Staaten die Notwendigkeit einer Friedensordnung nahebringen und den nicht atomar gerüsteten nahelegen, diese Rüstung nicht anzustreben. Der Hinweis wird wiederholt, daß der heutige Zustand nicht dauern darf. Mit ihm schließt auch These XI: Der heutige Zustand ist nicht anders denn als rasch vergehender Übergang zu rechtfertigen.

II.

K. Janssen[7] hat bestritten, daß die HT eine Kompromißlösung seien. Immerhin sind die unterschwelligen Gegensätze, wie sie aus den Vorträgen, vor allem aus den sehr kontroversen Kommentaren von Janssen und Gollwitzer herauszuhören sind, als gleichberechtigt – komplementär – nebeneinander gestellt worden; die Einheit der Kirche zu wahren war wohl die leitende Absicht; was das heißen kann und was nicht, wurde nicht reflektiert. Der Vorzug der Thesen ist der, daß sie sich als Beschreibung der augenblicklichen Situation verstanden, die nur als »vorläufige« hingenommen werden dürfe; Friedensicherung durch militärisches Gleichgewicht sei nur als »rasch vergehender Übergang« zu rechtfertigen, weder theologisch noch ethisch, sondern nur durch den Zwang des »noch« (These VIII) zu erhaltenden Gleichgewichts. Mein

Eindruck ist nicht der, daß die HT damals ein »im echten neutestamentlichen Sinne eschatologisches ›noch‹« meinten, wie v. Mutius philosophiert[8], ist vielmehr der, daß ihre Verfasser heute – nach 22 Jahren – erschrecken würden oder müssen darüber, daß der Zustand von damals nicht nur noch andauert, sondern sich zunehmend verhärtet: die als Fiktion nicht durchschaute Ideologie des Gleichgewichts der Waffen ist zur propagandistischen Waffe geworden, mit der alle Rüstungsgegner als prokommunistische Pazifisten oder Neutralisten verdächtigt und diffamiert werden. Ein militärisches Gleichgewicht ist nicht meßbar und darum nicht feststellbar, auch wegen der Verschiedenheit der beiderseitigen Waffensysteme. So kann das Streben nach Gleichgewicht nicht mehr prohibitiv, sondern nur noch provokativ wirken: provoziert wird die angebliche Nötigung zum Zuvorkommen, zum Erstschlag. Damit wird ernsthaft gerechnet, seitdem eine Begrenzung des Atomkrieges als möglich erscheint. Das zeigen die Waffen der USA, deren Stationierung in Europa der Doppelbeschluß der Nato plant; Pershing II und Cruise Missiles, dazu die jetzt in Bau gegebene Neutronenwaffe haben nicht defensiven, sondern eindeutig offensiven Charakter. Als begrenztes atomares Schlachtfeld – eine euphemistische Bezeichnung – kommt nur Mitteleuropa, beide deutsche Staaten, in Frage. Weder diese heute zu Tage liegenden Aus- und Absichten, noch die Einsicht der HT, daß Abschreckung durch Atomwaffen nicht dauernd zu rechtfertigen sei, haben den 1980 im Kreuzverlag erschienenen Aufruf »An alle evangelischen Christen! Sicherung des Friedens« verhindert. Er ist – anders als die HT – faktisch eine Verurteilung der Kriegsdienstgegner. Seine Naivität macht die »Erklärung« deutlich, die 111 prominente Namen unterschrieben haben, und die den zehn Thesen angefügt ist: »Jedes Staatswesen ist verpflichtet, nach Kräften das Leben seiner Bürger und deren grundlegende Menschenrechte zu schützen. Dieser Schutz ist nicht nur gegenüber kriminellen Handlungen im Inneren, sondern auch gegen auswärtige Mächte erforderlich, die mit äußerer Gewalt die Freiheit und die Menschenrechte gefährden. Die Erhaltung und Wiederherstellung des Friedens muß dabei immer (!) der leitende Gesichtspunkt sein. Soweit dafür eine militärische Sicherung nötig ist, bejahe ich sie. Ich bejahe vor allem (!) jede Bemühung um Abrüstung auf der Basis eines ausgewogenen Kräfteverhältnisses.« Diese Erklärung ist wie der ganze Aufruf so »ausgewogen«, daß er nichts besagt, wenn nicht Propaganda für den Natodoppelbeschluß im Talar bzw. Schafspelz christlicher Attitüde. Der Satz »Friedensdienst mit und ohne Waffen stehen nicht im Widerspruch« (These 6) bedeutet faktisch, daß der Soldat die Atomkanone besten Gewissens bedienen kann, wenn er nur im Herzen friedlich gesinnt ist. Eine neue Variante der »Komplementarität«, die noch einmal deutlich macht, daß jener physikalische Begriff auf die Ethik nicht übertragbar ist. Zudem hat man die »Macht der Sünde« beschworen (These IV) als Grund für die Begrenzung des Liebesgebotes und für die Bereitstellung von Atomwaffen. Zum Lob der HT ist zu sagen, daß sie auf solche Pseudotheologie verzichtet haben. Wenn man schon mit Barmen III von der Welt der Sünde wird zu reden haben, so ist doch eben sie die von Gott geliebte Welt. Offenbar ist Gott nicht der Meinung, daß die banale Feststellung, daß böser Menschenwille »sich nicht immer durch Liebe entwaffnen läßt«, ein Grund sei, deshalb die Liebe zu verweigern. Seit wann spricht die Erfahrung des Augenscheinlichen gegen die Realität der Liebe Gottes, die nicht Idee noch Parole ist, sondern unwiderruflich geschehene und geschehende Tat? Auf »Sicherung des Friedens« geht W. Kreck ein in »Wie wird der Friede gesichert?«[9] Ich schließe mich seiner Kritik an.

III.

Die Bewußtseinsänderung gegenüber 1959, die in weiten Kreisen vor sich geht, sei an einigen Punkten deutlich gemacht.

1. Die HT waren davon überzeugt, daß die westliche Welt die Rechtsordnung der bürgerlichen Freiheit besitze und garantiere (These V); erlange der Osten das militärische Übergewicht, gingen jedenfalls unsere Begriffe von Recht und Freiheit für unabsehbare Zeit verloren, möglicherweise sei dann christliches Leben nicht mehr möglich (These VIII). Heute stellt sich bedrängend die Frage, ob unsere »Begriffe« von Recht und Freiheit und deren Wirklichkeit nicht weit auseinander klaffen. Um die Freiheit zu verteidigen – nämlich einen ideologischen »Begriff« von ihr – schränkt man sie ein, verletzt die vom Grundgesetz garantierten Freiheitsrechte und setzt selbst den Begriff von ihr aufs Spiel. Obwohl selbst kirchliche Worte[10] es gutheißen, kann Freiheit überhaupt nicht verteidigt, sondern nur gewährt werden, weil – nach R. Luxemburg – meine Freiheit die meine nur ist, wenn sie die Freiheit des Anderen einschließt. Ich erinnere an die Debatte um die Notstandsgesetze von 1968, an Radikalenerlaß und Extremistenbeschluß von 1972, von H. Böll damals als Schändlichkeiten verurteilt, an die grundgesetzwidrigen, rechts- und menschenzerstörenden Berufsverbote, die auch evangelische Kirchenleitungen und Synoden übernommen haben, dafür Sorge tragend, daß nur fertig(gemacht)e, nicht mehr bekehrbare

Kandidaten ins Pfarramt kommen. Ich erinnere an menschenunwürdige Zustände in Haftanstalten und Sicherheitstrakten, an die unterschiedliche Behandlung von Kriegs- und KZ-Verbrechern einerseits und von Terrorismusverdächtigen andererseits. Das immer neue Wagnis von Demokratie, das das GG fordert, ist eingefroren zur FdGO, der Zauberformel politischer Kontrolle und Gesinnungsschnüffelei. Entgegen der Feststellung des GG findet Zensur, auch als Selbstzensur, sehr wohl statt. Das Gewissen der Politiker wird zunehmend durch Parteidisziplin ersetzt; den Kirchen wird regierungsamtlich nahegelegt, sich auf geistliche Innenräume zurückzuziehen.[11] 1959 mochte vieles anders aussehen und hat manches anders ausgesehen, doch heute ist das Lob des Westens und der BRD als der freien Welt ein gegenstandsloser Zweckoptimismus.

2. Für die HT war der kommunistische Osten die Verkörperung des Bösen, die prinzipielle Bedrohung der Freiheit. Ihm gegenüber konnten die Verfassungen der westlichen Demokratien als Engel des Lichts erscheinen und dem von Adenauer propagierten Antikommunismus immer wieder Nahrung geben. Inzwischen ist das strahlende Weiß des Engels am westlichen Fenster erheblich nachgedunkelt. Wir haben den von den USA inszenierten Koreakrieg erlebt und den von ihnen entsetzlich barbarisierten Vietnamkrieg, ihre brutale Einmischung in Chile, in El Salvador und in anderen Ländern der Dritten Welt. Was sich als Entwicklungshilfe ausgibt, dient primär dem eigenen Profit und »hilft« in den ärmsten Ländern zur weiteren Verelendung der hungernden Massen; die südafrikanische Apartheidspolitik wird auch durch bundesdeutsche Industrie faktisch unterstützt; westdeutsche Kirchen halten sich zäh zurück gegenüber dem Antirassismusbeschluß der ÖRK, weil sie wirtschaftlich abhängig sind und weil ihnen Notwehr von unten, nicht aber Ausbeutungsgewalt von oben verdächtig ist. Die Untaten des Westens werden jedoch nicht zur Kenntnis genommen; im Interesse des Wettrüstens und des dahinterstehenden Monopolkapitalismus' wird ein kollektiver Verfolgungswahn genährt und wird ein Feindbild unkorrigierbar gemacht, das dem vermeintlichen Gegner nur das Schlechteste zutraut und ausblendet, was für ihn sprechen könnte.[12] Die Freiheit, die man hier meint, ist die der Selbstbehauptung und Durchsetzung politischer und wirtschaftlicher Interessen. In diesem Sinn ist auch die Parole der CSU »Freiheit oder/statt Sozialismus« gemeint, die als böse Alternative nicht nur einen real existierenden Sozialismus visiert, sondern auch den vom Grundgesetz gemeinten (vom Ahlener Programm ganz zu schweigen) und im Blick auf den Welthunger dringend gebotenen.

Auch die Erklärung der beiden großen Kirchen »Grundwerte und Gottes Gebot« kennt die Freiheit nur als die, deren Verwirklichung das persönliche Eigentum ermöglicht – und dies in Auslegung des Dekalogs, der ein einziger Ruf in die Freiheit ist.[13]

3. Das Wort »Verteidigung« scheint den HT schwer über die Lippen gekommen zu sein, es kommt nur vor im Zitat der Spandauer Synode. Die Einsicht, daß der Atomkrieg »zerstört, was er zu schützen vorgibt« (These V), verbietet den Gebrauch dieses Wortes. Auch die Erklärung »Sicherung des Friedens« vermeidet es, nur dem Kommentar von E. Müller ist es an einer Stelle (S. 39) unterlaufen. Dafür spricht man von Bewahren, Schützen und Sichern des Friedens und der Freiheit, wozu eben atomare Rüstung nötig sei. D. Bonhoeffers leidenschaftlicher Appell in Fanö 1934, daß der Weg des Friedens und der der Sicherheit sich gegenseitig ausschließen, schien und scheint völlig vergessen zu sein. Nirgendwo kommt in Sicht, daß der Sicherheits- und Sicherungswahn alles nur unsicherer macht. Sicherheitsversprechen, sowohl im Reiseverkehr wie bei der Post wie bei Banken wie bei der Bundestagswahl 1980 sind blanke Lügen, die Verlust und Unfall nie verhindert haben. »Friede und Sicherheit« (eirene kai asphaleia) sind nach 1. Thess. 5, 3 und nach dem m. a. Mysterienspiel die Parole des Antichristen. 1959 konnte man noch meinen, durch Kernenergie seien Wachstum und Ernährung zu sichern; heute haben wir vor Augen, welche Gefahren, Risiken und Zerstörungen dafür in Kauf genommen werden müssen. Ganz davon abzusehen, daß Atomreaktoren im Kriegsfall die bevorzugten Angriffsziele sein würden. Sie sind aber auch im Frieden durch Sabotage gefährdet, und sie fordern ihrerseits Sicherungsmaßnahmen, vor denen niemand mehr sicher ist (man denke an den Fall Traube und an das unter III, 1 Gesagte).

IV.

»Verkündigung des Friedens« (G. Jung), »Aufruf zum Frieden« (A. v. Mutius) – genügen die HT solchen Ansprüchen heute im Jahr 1981? Konnten sie je – trotz aller Beteuerungen vom Weltfrieden als Notwendigkeit und Ziel – dafür in Anspruch genommen werden? Verkündigung des Friedens kann im strengen Sinn doch nur die Verkündigung dessen sein, der unser Friede ist[14], die Proklamation Jesu Christi als des Friedenskönigs[15] und seiner Weisungen in der Bergpredigt: »Selig sind die Friedenstifter (pacem facientes), denn sie werden Gottes Kinder heißen«; »Selig sind die Sanftmütigen (die Gewaltlosen), denn sie werden das Erdreich (das *Erd*reich!) besitzen.«[16] Das sind eben nicht (nur) bewegende Appelle an den einzelnen für seine Privatsphäre, vielmehr sind es Verheißungen und Verpflichtungen für alle Bereiche des Lebens. Sie versprechen auch den inneren Frieden in Anfechtungen und Trübsalen und verbieten den in These VIII der HT geäußerten Zweifel, ob christliches Leben unter kommunistischer Herrschaft noch möglich wäre, weshalb Abschreckung nötig sei. Als Karl V. 1524 zum Türkenkrieg aufrief und Geld dafür forderte, »um das Christentum zu verteidigen«, hat Luther sich gegen dieses Argument energisch verwahrt: wenn der Kaiser den Glauben schützen wolle, setze er sich an die Stelle des Gottes, der allein dies vermag, und er – Luther – wisse dann nicht mehr, ob der größere Türke hüben oder drüben sei. Doch verspricht Jesus nicht nur inneren Frieden, sondern überhaupt den Frieden auf Erden, der politischen Frieden einschließt, wie die alttestamentlichen Vorlagen von Lk 2, 14, nämlich Micha 5 und Jes 2, 1–5, deutlich machen; ebenso Lk 19, 38 ff. Vor mehr als 20 Jahren sagte Fritz Baade vom Weltwirtschaftsinstitut in Kiel in einem Erlanger Vortrag: Er habe nur Hoffnung für die Zukunft, wenn die Bergpredigt zum Vademecum der Realpolitiker werde. In der Antwort auf H. Schmidts Interview[17] schrieb Heinrich Albertz[18]: ». . . ich habe immer mehr den Eindruck, daß die Grundregeln von Jesu Leben und Lehre die einzige Chance sind, auch als Nation zu überleben.« Wer den Frieden verkündigt, den Jesus anbietet und gebietet, muß ihn erklären als *die* Realität, die einzige, die gilt. Er läßt nicht zu, daß man anderes – militärisches Kalkül, angebliche Erfahrungsweisheiten – als Realität gegen ihn ausspielt. Aber auf die Realität Jesu und seines Friedens muß man dann auch setzen und sie zum ausschließlichen Maß-Stab seines Handelns machen. Vor mehr als 40 Jahren sagte ein lutherischer Bischof, als er auf den Gehorsam gegen Gottes Gebot angesprochen wurde: »Den richtigen Weg wissen wir auch, aber er ist zur Zeit nicht gangbar.« Aber Jesus Christus ist nicht nur die Wahrheit, sondern auch der Weg. Weil aber wahre Freiheit – auch im irdischen Bereich – nichts anderes ist als seine Nachfolge, darum gibt es keine Alternative zwischen Frieden und Freiheit – man meine denn eine Freiheit, die nichts ist als goldene Ketten. Wahre Freiheit ist kein Marktartikel, man bekommt sie nicht geschenkt, sie ist teuer, weil wir teuer erkauft sind.

Hier ist noch auf die Unterscheidung Max Webers zwischen Verantwortungsethik und Gesinnungsethik einzugehen, die in den HT nicht genannt, aber in These VIII angelegt ist, die aber heute hochgespielt wird.[19] Sie mag hilfreich sein, sofern sie darauf aufmerksam macht, daß

Prinzipientreue und ethischer Rigorismus den, der sich selbst ein reines Gewissen bewahren will, eben damit an Mitmenschen schuldig werden lassen kann. Sie wird heute aber dazu benützt, allen denen, die auf Rüstung verzichten wollen und auf Abrüstung drängen, jenen ethischen Kurzschluß zu unterstellen und das Verantwortungsbewußtsein abzusprechen. Musterbeispiele sind Anhörungen von Kriegsdienstverweigeren, in denen hypothetische Notwehrfälle konstruiert und zu politischen Grundsatzentscheidungen hochstilisiert werden. Man warnt – schon wieder – vor Pazifisten als verantwortungslosen Gesellen; die Unterzeichner des Krefelder Appells müssen sich von Regierungsseite als Befehlsempfänger aus Moskau diffamieren lassen. Was aber meint man, wenn man (gesinnungslose) Verantwortung fordert? Verantwortung für Freiheit und Recht und was es sonst sein mag, es sind lauter »Begriffe«, die man verantworten will, nicht aber die Menschen, auf deren Kosten die »Sicherung« geht. Ob diese überhaupt Erfolg hat, bezweifeln selbst Rüstungsexperten; auch die HT wissen es nicht, schreiben aber den Mißerfolg dem Gericht Gottes zu (These IX). Gott ist ja schon im Paradies die Verantwortung für die Sünde des Menschen zugeschoben worden. Hat der keine Verantwortung, der Menschen geschützt wissen will – vor Atomkrieg und schon vor Atomrüstung, an der allein wir zugrunde gehen, wir und die armen Völker? Schließlich gibt es auch eine Verantwortung für den Gehorsam gegen Gottes Gebot. Jede Verantwortung, die uns darin irre machen will, ist als Versuchung zu durchschauen. Jesus hat es nicht geduldet, daß man gegenüber seinem Ruf Verantwortungen in die Schale warf. Zu dem, der vor dem Gehorsam aufs Wort noch eine Pietätspflicht erfüllen wollte, hat er das triumphierende Wort gesagt: »Laß die Toten ihre Toten begraben, du aber geh hin und verkündige das Reich Gottes!« Dem, der vor dem Nachfolgen noch für seine Angehörigen sorgen wollte, sagte er: »Wer die Hand an den Pflug legt und sieht zurück, ist nicht geschickt zum Reich Gottes.«[20] Dazu lese man Mt 10, 34 ff. Wer seine Verantwortungen geltend macht gegen Gottes Gebot und Verheißung, setzt sich selbst an Gottes Stelle und will das Heft nicht aus der Hand geben. Darin liegt die Schärfe der Versuchung, denn wer vermag das? Aber mit Paul Gerhardt:

> Bist du doch nicht Regente,
> der alles führen soll.
> Gott sitzt im Regimente
> und führet alles wohl.

Anmerkungen

1 Nachzulesen in: Christusbekenntnis im Atomzeitalter, ThExNF 70, 91 ff.

2 Ebd. 104. K. Barth hat sie gutgeheißen, ausdrücklich auch die 10. These. Um dem Vorwurf pharisäischer Gesetzlichkeit zu entgehen, haben die Bruderschaften in Frankfurt am 4. Oktober 1958 erklärt: ». . . Der Standpunkt der Neutralität in dieser von uns als Sünde erkannten Sache ist mit dem Bekenntnis zu Jesu Christus unvereinbar. Jeder Versuch, solches Handeln und solche Neutralität theologisch zu rechtfertigen, wird zur Irrlehre, bewirkt Verführung und setzt den Willen des dreieinigen Gottes außer Geltung. Wer diese Warnung vor den Massenvernichtungsmitteln als Einladung zum Glauben an die Verheißung des Evangeliums versteht, hat uns recht verstanden.«

3 In: Atomzeitalter – Krieg und Frieden. Hrsg. G. Howe. Witten-Berlin 1959, 226–236.

4 Wege aus der Gefahr, Hamburg 1981.

5 Auch die 18 führenden Atomwissenschaftler, die den »Göttinger Appell« vom 12. 4. 1957 unterzeichneten, der den Verzicht der BRD auf Atomwaffen forderte, hielten es für »äußerst wichtig, die friedliche Verwendung der Atomenergie mit allen Mitteln zu fördern«.

6 Siehe Anm. 3, 237 ff.

7 Ebd.

8 A.a.O., 390 f.

9 In: Die Auslese, Nr. 6, 5. 2. 1981, aus der Deutschen Volkszeitung.

10 Ich verweise auf meinen Beitrag »Wie frei ist die Kirche?«, in: Richte unsere Füße auf den Weg des Friedens, Festschrift für H. Gollwitzer, 617 ff.

11 H. Schmidt in EvKomm 81/4, 209 ff.; K. Carstens an Ostern 1981 im Bremer Dom.

12 H. E. Richter, Friedfertig unter dem Atompilz? Konkret 1/81, 32–35.

13 Grundwerte und Gottes Gebot, Gütersloh 1979, 34.

14 Eph 2, 14.

15 Lk 19, 38; 2, 14.

16 Mt 5, 9; 4.

17 Siehe Anm. 11.

18 In: Die Zeit, Nr. 16, 10. April 1981.

19 Etwa: H. D. Bastian, »Krieg führen können«. JK 11/80, 481.

20 Lk 9, 59 ff.

Walter Kreck

Gesinnungsethik oder Verantwortungsethik?

Kritik an dieser Unterscheidung Max Webers

Die auch in unserem Land wachsende Friedensbewegung bringt die verantwortlichen Politiker in Verlegenheit, weil sie eine sogenannte Nachrüstung rechtfertigen wollen, die nach dem Urteil vieler eine unverantwortliche Forcierung weiterer Aufrüstung impliziert und den Frieden gefährdet anstatt ihn zu sichern. Sie sehen sich genötigt, diese Art »Sicherheitspolitik« nicht nur als militärisch richtig und politisch klug, sondern auch als ethisch geboten auszugeben, während sie ihre Kritiker als naive Schwärmer hinstellen, die von Weltgeschichte und Realpolitik nichts verstehen. Bei dieser Argumentation greift man gern auf das geistige Waffenarsenal zurück, das der Soziologe Max Weber mit seiner Unterscheidung von Gesinnungsethik und Verantwortungsethik bereitgestellt hat. In seinem berühmten Aufsatz »Politik als Beruf« (1919) hat Weber einen scharfen Trennungsstrich zwischen diesen beiden Arten von Ethik gezogen und Thesen aufgestellt, die gerade evangelische Christen auf den ersten Blick bestechen können, da sie der reformatorischen Zwei-Reiche-Lehre nahezustehen scheinen.

Weber rühmt zwar die absolute Ethik des Evangeliums, die sich in der Bergpredigt findet, nach der man dem Übel nicht widerstehen und dem Gewalttäter auch noch die andere Backe hinhalten soll. Er spricht hier von einer reinen Gesinnungsethik, in der es um ein ganz oder gar nicht geht. Sie taugt jedoch nur für Heilige oder für Schwärmer, nicht aber für Politiker, die niemals ohne Gewaltanwendung auskommen, wenn sie um des Gemeinwohls willen dem Bösen widerstehen müssen. Ihnen kann nicht das eigene Seelenheil oder die Salvierung ihres Gewissens oberstes Ziel sein, sondern sie haben die Folgen ihres Handelns zu bedenken. Der Christ, so meint Weber, »tut recht und stellt den Erfolg Gottes anheim«. Der Politiker aber muß die Konsequenzen seines Tuns einkalkulieren im Sinne einer Verantwortungsethik. Er darf sich nicht mit seinen vermeintlich edlen Zwecken oder mit der Dummheit der anderen oder auch mit dem unerforschlichen Willen Gottes entschuldigen und nur darauf bedacht sein, »daß die Flamme der reinen Gesinnung, die Flamme z. B. des Protestes gegen die Ungerechtigkeit der sozialen Ordnung nicht erlischt«.[1]

Solche Verantwortungsethik ist vor Aufgaben gestellt, deren guter Zweck die Anwendung problematischer oder verwerflicher Mittel rechtfertigt. »Keine Ethik der Welt kommt um die Tatsache herum, daß die Erreichung ›guter Zwecke‹ in zahlreichen Fällen daran gebunden ist, daß man sittlich bedenkliche oder mindestens gefährliche Mittel und die Möglichkeit oder auch die Wahrscheinlichkeit übler Nebenerfolge mit in Kauf nimmt . . .«[2] Nicht zu vergessen ist auch, daß der politische Führer von dem Funktionieren eines menschlichen »Apparates«, wie Weber das nennt, abhängig ist, d. h. von den Wünschen und Bedürfnissen seiner Gefolgschaft. Er muß auf die Befriedigung ihres Hasses, ihrer Rachsucht, ihrer Rechthaberei, ihrer Verlästerungs- und Verketzerungssucht, ihres Dranges nach Beute und Pfründen Rücksicht nehmen, also auf gemeine Motive, die freilich ethisch verbrämt werden. Der Politiker läßt sich auf diabolische Mächte ein, denen »die großen Virtuosen der akosmischen Menschenliebe und Güte« wie Jesus von Nazareth, Franz von Assisi oder indische Weise fernstehen. »Wer das Heil seiner Seele und die Rettung anderer Seelen sucht, der sucht das nicht auf dem Wege der Politik, die ganz andere Aufgaben hat: solche, die nur mit Gewalt zu lösen sind. Der Genius oder Dämon der Politik lebt mit dem Gott der Liebe, auch mit dem Christengott in seiner kirchlichen Ausprägung, in einer inneren Spannung, die jederzeit in unaustragbaren Konflikt ausbrechen kann«.[3]

Dennoch sollen nach Weber Gesinnungsethik und Verantwortungsethik keine absoluten Gegensätze sein, sondern sich beide ergänzen, da Politik nicht nur mit dem Kopf gemacht wird. Auch der Politiker ist insofern »Gesinnungsethiker«, als er seine ihn letztlich leitenden Werturteile nicht wissenschaftlich begründen kann, also z. B. die von ihm etwa unbedingt bejahte Wertvorstellung der Größe und Ehre der Nation. Es kann die erschütternde Situation eintreten, daß ein Mensch im Wissen um die Folgen seines Handelns an einen Punkt gelangt, wo er sich verweigern muß und erklärt: »Ich kann nicht anders, hier stehe ich.«[4] Aber das darf man nicht leichtfertig sagen, und darüber kann man niemand

Vorschriften machen. Wer Politik als Beruf wählt, der muß jedenfalls um die ethische Irrationalität der Welt wissen, zu langsamem Bohren harter Bretter bereit sein und neben Leidenschaft und Augenmaß eine Festigkeit des Herzens besitzen, die auch dem Scheitern aller Hoffnungen gewachsen ist.

Webers Thesen klingen nicht nur sehr realistisch, weil es so tatsächlich in der Politik zuzugehen scheint, wenn z. B. die Eskalation der Rüstung und der Bau immer furchtbarerer atomarer Waffen als Friedenssicherung bezeichnet wird, sondern sie erinnern auch an Luthers Unterscheidung der beiden Reiche und speziell zwischen Person und Amt. Hat nicht Luther von einem christlichen Handeln entsprechend der Bergpredigt das Verhalten des Fürsten, des Richters oder des Soldaten als ein Handeln im Amt scharf abgehoben und um der Eindämmung des Bösen und der Verhütung eines Chaos willen Gewaltanwendung gerechtfertigt? Er kann sagen: »Wenn nun jemand wollte die Welt nach dem Evangelio regieren und alles weltliche Recht und Schwert aufheben und vorgeben, sie wären alle getauft und Christen, unter welchen das Evangelium will kein Recht noch Schwert haben, auch nicht not ist: Lieber, rate, was würde derselbe machen? Er würde den wilden bösen Tieren die Bande und Ketten auflösen, daß sie jedermann zerrissen und zerbissen . . .«[5] Da aber nicht alle wirkliche Christen sind, sondern nur wenige, kann man auf Gesetz und Gewalt nicht verzichten.

Luther stellt dem eigentlichen Werk Gottes, seiner Gnade, sein fremdes Werk des Zürnens und Richtens gegenüber und ordnet Gewalt- und Zwangsausübung im politischen Geschäft dem zu. Pessimistischer noch als Weber ist bisweilen sein Urteil über diese Machthaber. Die Fürsten »sind gemeiniglich die größten Narren oder die ärgsten Buben auf Erden; darum man sich allzeit bei ihnen des Ärgsten versehen und wenig Gutes von ihnen gewärtigen muß, sonderlich in göttlichen Sachen, die der Seelen Heil belangen. Denn es sind Gottes Stockmeister und Henker, und sein göttlicher Zorn gebraucht ihrer, zu strafen die Bösen und äußerlichen Frieden zu halten. Es ist ein großer Herr, unser Gott, darum muß er auch solch edle, hochgeborene, reiche Henker und Büttel haben . . .«[6] Was dem Christen im persönlichen Leben eindeutig untersagt ist, das kann im Amt, d. h. in verantwortlicher Wahrnehmung etwa politischer Funktionen zugunsten des Nächsten und der Allgemeinheit, gerade geboten sein, so daß, wie Luther vor allem im Bauernkrieg mit erschreckender Drastik ausführt, das Hauen, Stechen und Töten zum Gottesdienst werden kann. Luther mutet uns hier Paradoxien zu, die hart in die Nähe dessen führen, was Weber mit ethischer Irrationalität im Auge hat.

Dennoch besteht m. E. ein grundlegender Unterschied zwischen Luthers und Webers Auffassung. An drei Punkten sei dies illustriert:

1. Luthers Unterscheidung der beiden Regimente besagt nicht, daß man zwei gegensätzlichen Herren oder Maximen unterstellt sei, wie es bei Weber der Fall ist, wenn er von dem unversöhnlichen Konflikt zwischen dem Genius bzw. Dämon der Politik und dem Gott der Liebe redet. Ausdrücklich besteht Luther darauf, daß auch das politische Handeln unter dem Gebot der Liebe steht. Auch der Politiker hat sich vor dem zu verantworten, von dem Luther bekennt: »Er heißt Jesus Christus, der Herr Zebaoth, und ist kein andrer Gott«, ob er bereits davon weiß oder nicht. Andererseits kennt Luther auch nicht eine bloße Gesinnungsethik, die nur um das persönliche Heil kreist und auf Salvierung des eigenen Gewissens bedacht ist, anstatt das Wohl des Nächsten zu bedenken. Die gewiß bei Luther anzutreffende Unterscheidung zwischen Äußerem und Innerem, zwischen Geist und Leib zielt trotz ihrer idealistischen Terminologie nicht auf einen solchen Dualismus, sondern es geht ihm um die Unterscheidung von Gottesbeziehung (im Glauben) und Weltbezug (in der Liebe zum Nächsten), von Person und Werk. Aber beides gehört unlöslich zusammen, so gewiß Luther sagen kann, daß zwar der Glaube allein rechtfertigt, aber nie allein ist, d. h. nie ohne Liebe. Gerade der Glaube macht frei zum rechten weltlichen Handeln, so daß Luther bekanntlich von der Arbeit der Magd im Stall als einem rechten Gottesdienst reden kann, durch den sie das Fasten und Beten des Mönchs möglicherweise in den Schatten stellt.

Auch die ethischen Entscheidungen über Krieg und Frieden werden unter diesen ausschlaggebenden Gesichtspunkt der Liebe gestellt. Verbrecherisch ist ein Krieg, der um der Eroberung fremder Länder, um der Ehre der Nation oder der eigenen Machtsteigerung willen vom Zaun gebrochen wird, und erlaubt ist nur ein Kampf zur Verteidigung und zum Schutz von Angegriffenen. Im ersten Fall hat jeder Bürger den Waffendienst zu verweigern, im zweiten soll er dem Ruf der Obrigkeit folgen. In einem dritten, wohl meist gegebenen Fall, in dem er sich kein letztes Urteil zu bilden vermag, soll er die Verantwortung seinem Landesherrn überlassen und gehorchen. Falsch jedenfalls ist es, mit Weber pauschal zu behaupten: »Die ethische Verantwortung für den Krieg nahm Luther dem einzelen ab und wälzte sie auf die Obrigkeit, der zu gehorchen in anderen als Glaubenssachen niemals schuldhaft sein konnte.«[7] Ganz fremd ist Luther eine Argumentation, die speziell »Herrenvölkern« den »Beruf« zuerkennt, in die Speichen der Weltentwicklung einzugreifen.[8] Und ganz unlutherisch sind Sätze wie diese: »*Um Ehre*, nicht um Änderungen der Landkarte und des Wirtschaftsprofits – das wollen wir nicht vergessen – geht der deutsche Krieg.« »Daß wir nun einmal nicht ein Volk von sieben, sondern von siebzig Millionen sind, *das* war unser Schicksal. Das begründete jene unentrinnbare Verantwortung vor der Geschichte, der wir uns nicht entziehen konnten, selbst wenn wir wollten . . . Die Wucht dieses Schicksals, das wir bestehen müssen, führt die Nation empor, an Abgründen und Gefahr des Untergangs vorbei, auf der steilen Bahn der Ehre und des Ruhms, auf der es keine Umkehr gab, in die klare harte Luft des Waltens der Weltgeschichte, der sie in ihr grimmiges, aber gewaltiges Angesicht schauen mußte und durfte, späten Nachfahren zu unvergänglichem Gedächtnis.«[9]

2. Wie Luther nicht an solchen Schicksalsmächten politisches Ethos orientiert, so kann auch bei ihm keine Rede davon sein, daß ein Pakt mit dem Teufel, mit diabolischen Mächten, was die Mittel anlangt, ethisch gerechtfertigt wird. Gewiß kann der Regent wie der Soldat und der Henker gewaltsam handeln müssen und Leib und Leben von Menschen angreifen und verletzen. Aber das ist für Luther kein diabolisches Handeln, sondern er vergleicht es mit dem Eingriff des Arztes, der mit seinem Messer verwundet und verletzt, um zu heilen. Um Leben zu schützen, kann es geboten sein, Waffen zu gebrauchen. Mag das in praxi allzu oft ausarten und auch persönlich Unschuldige treffen, so ist doch für Luther solches »fremde« Werk nicht Selbstzweck, sondern steht im Dienst dessen, der die Liebe ist, auch wenn die Gestalt dieses Handelns das nicht verrät. Jedenfalls besteht zwischen dem eigentlichen und dem fremden Werk kein Gegensatz in der Zielsetzung und auch – so muß man im Sinne Luthers wohl schließen – keine Proportionalität.

Man kann allerdings fragen, ob sich nicht doch bei Luther in anderen Schriften Aussagen finden, die von einem doppelten Willen Gottes bzw. geradezu von einem Dualismus in Gott reden, vor allem in seiner gegen Erasmus gerichteten Streitschrift De servo arbitrio. Hier wird der verborgene Gott (der Deus absconditus) bisweilen so umschrieben, daß er im krassen Gegensatz zum offenbaren (dem Deus revelatus) steht, indem von demselben Gott behauptet wird, daß er den Tod des Sünders wolle und ihn doch zugleich nicht wolle. Hier klingen nominalistische Gedanken von einer absoluten Freiheit Gottes an, die es schwer machen, Luthers Aufruf, sich in unbedingtem Vertrauen dem Deus revelatus zuzuwenden, zu folgen. Es läßt sich aber m. E. auch an dieser

Schrift Luthers zeigen, daß kein Gleichgewicht zwischen dem verborgenen und dem offenbaren Gott besteht und entsprechend auch nicht zwischen seinem fremden Tun (zur Linken) und seinem eigentlichen Tun (zur Rechten), geschweige denn, daß von zwei Göttern die Rede wäre – trotz der paradoxen Ausdrucksweise. Diese Paradoxie scheint mir darum auch nicht verwechselt werden zu dürfen mit der bei Weber behaupteten ethischen Irrationalität.

3. Noch in einem dritten Punkt weicht Webers Argumentation von der Luthers entscheidend ab. Wenn er christliche Ethik als reine Gesinnungsethik versteht, die ein Alles oder Nichts fordert, die sich in bestimmten, sich gleichbleibenden Verhaltensweisen manifestiert wie etwa absolute Gewaltlosigkeit oder unbedingte Wahrheitsliebe, so scheint das auf den ersten Blick den neutestamentlichen Weisungen zu entsprechen. So heißt es in der Bergpredigt: »Ihr sollt vollkommen sein, wie euer Vater im Himmel vollkommen ist« (Matth. 5, 48), und Paulus rühmt von der Liebe: Sie glaubt, hofft, trägt und duldet alles . . . (1. Kor. 13, 7). Aber schon Jesus hat in seinem Verhör das nicht sklavisch befolgt, sondern den Kriegsknecht, der ihn schlug, gefragt: Warum schlägst du mich? Und Paulus spricht Römer 13 von obrigkeitlicher Machtausübung als einer göttlichen Anordnung, die der Christ als Wohltat erkennen soll. So wiederholten es auch die Reformatoren und die Theologische Erklärung von Barmen (1934). Man kann das Handeln der Liebe nicht auf bestimmte verabsolutierte Verhaltensweisen festlegen, die zu allen Zeiten und in jeder Situation stereotyp befolgt werden müssen, sondern die von Weber so energisch betonte Relation von Zweck und Mitteln und die Verhältnismäßigkeit des Gebrauchs dieser Mittel sind gerade um der Liebe willen zu beachten. Weber weist etwa auf die Problematik einer unbedingten Wahrheitspflicht hin, die zur Publikation aller ein Land belastender Dokumente und zu einem einseitigen, bedingungslosen Schuldbekenntnis mit sehr nachteiligen politischen Folgen führen könne. (Man denkt an die sog. Kriegsschuldlüge nach dem ersten Weltkrieg und an den Streit um das Stuttgarter Schuldbekenntnis nach dem zweiten.) Aber so gewiß dieser Gesichtspunkt übel mißbraucht wurde (bis hin zu der Maxime: Wahr ist, was meinem Volke nützt!), so darf man doch nicht übersehen, daß gerade die Liebe ein sorgfältiges Abwägen dessen, was man aus Rücksicht auf den Nächsten in bestimmten Situationen sagen darf, gebietet. Ich erinnere etwa an Verhöre vor der Geheimen Staatspolizei oder auch an Gespräche mit Schwerkranken über ihren Zustand. (Vgl. hierzu D. Bonhoeffer: Was heißt die Wahrheit sagen? [10])

Nicht absolute ethische Grundwerte und Ideale, die gesetzlich gefaßt werden können, sind hier die letzten Orientierungspunkte, sondern die in Christus offenbarte Liebe ist hier richtungsweisend, und »gut« ist ein Verhalten, das dieser Liebe zu entsprechen versucht, mag es auch immer unvollkommen und vergebungsbedürftig sein. Aber diese Vergebungsbedürftigkeit gilt ja nicht nur für politisches Handeln, als ob es spezifisch böse wäre, sondern für alles Tun des Menschen, auch des Christen, so gewiß er sich als simul iustus und peccator bekennt. Nur darf dies Simul nicht wie so oft in einer vermeintlich protestantischen Ethik statisch verstanden werden und zu Lethargie und Fatalismus führen, sondern es bezeichnet eine Kampfsituation, die aber unter der Verheißung steht: »Die Nacht ist vorgerückt, der Tag aber nahe herbeigekommen« und darum unter der Mahnung: »So laßt uns ablegen die Werke der Finsternis und anlegen die Waffen des Lichts« (Röm. 13, 12).

Macht- und Gewaltanwendung ist nicht an sich gut, freilich auch nicht an sich böse, sondern es kommt alles darauf an, ob sie im »Dienst« oder im »Raub« geschieht, wie Luther sagen kann. Deshalb muß die begrenzte Gewaltanwendung etwa in einem Befreiungskampf unterdrückter Völker in der Dritten Welt anders beurteilt werden als die Vorbereitung oder gar Auslösung eines Nuklearkrieges, der nichts als ein Inferno anzurichten droht. Jedenfalls ist für Luther die Orientierung an der Liebe (und das heißt durchaus auch an den vorauszusehenden Folgen) maßgebend für verantwortlichen politischen Machtgebrauch, und nicht die Unterwerfung unter eine »Wucht des Schicksals«, wie Weber sagen kann. Die notwendige Unterscheidung der beiden Reiche darf also nicht zu einer Trennung führen, bei der ausdrücklich der Anspruch des in Christus offenbarten Gottes auf alle Lebensgebiete geleugnet wird. Niemals könnte Luther zustimmen, wenn dem »Gott des Evangeliums« die ausschließliche Beanspruchung des Menschen bestritten wird und anderen »Göttern« wie z. B. nationaler Größe und Ehre in der Politik die höchste Wertung zuerkannt wird. Unmöglich würde er mit Weber sagen: »Wer in der ›Welt‹ (im christlichen Sinn) steht, kann an sich nichts andres erfahren als den Kampf zwischen einer Mehrheit von Wertreihen, von denen eine jede, für sich betrachtet, verpflichtend erscheint. Er hat zu wählen, welchem dieser Götter oder *wann* er dem einen und wann dem anderen dienen will und soll. Immer aber wird er sich dann im Kampf gegen eine oder einige der anderen Götter dieser Welt und vor allem immer fern von dem Gott des Christentums finden – von dem wenigstens, der in der Bergpredigt verkündet wird.«[11]

Es genügt allerdings nicht, Webers Thesen an Luther zu messen, sondern auch die Antworten des Reformators können in einer anderen geschichtlichen Situation nicht einfach wiederholt werden:

1. Luther nimmt zwar in der Kritik an obrigkeitlicher Willkür kein Blatt vor den Mund, aber er gesteht den Untertanen keinen gewaltsamen Widerstand gegen ihren Oberherrn zu, seien es die Bauern in ihrem Aufstand gegen die Fürsten oder die Fürsten in ihrer Auflehnung gegen den Kaiser. Nur nach langem Zögern und nach subtiler Erörterung des Rechtes der Stände und Fürsten im Reich duldete er Waffengebrauch gegen den Kaiser seitens der evangelischen Stände. Vollends die »aufrührerischen und mörderischen Rotten der Bauern« konnten trotz allen Verständnisses für ihre soziale Notlage nur die schärfste Verurteilung Luthers finden. Auch gelegentliche Äußerungen Luthers über das Recht eines jeden gegenüber einem Tyrannen (vergleichbar dem Griff in die Zügel eines betrunkenen Kutschers) können nicht darüber hinwegtäuschen, daß er – tief überzeugt von dem göttlichen Recht der Über- und Unterordnung – nur passiven Widerstand und im übrigen Leidensbereitschaft von dem christlichen Untertan erwartete, wenn ihm Unrecht widerfuhr. Daß es in der deutschen Geschichte nie zu einer wirklichen Revolution kam, sondern nur zu späterer Übernahme der Früchte, die in anderen Ländern durch Revolutionen erkämpft wurden, dafür dürfte Luthers konservative Einstellung gewiß eine der Ursachen sein. Erst in jüngster Zeit scheint auch in der evangelischen Christenheit größeres Verständnis für einen notfalls gewaltsamen revolutionären Widerstand (wie z. B. im Kampf gegen den Faschismus oder in Befreiungsbewegungen der Dritten Welt) gewonnen zu werden. Aber noch immer dürften dagegen in traditionell kirchlichen Kreisen große Bedenken bestehen und – wie ich fürchte – noch viele Unbelehrbare (sechs Jahrzehnte nach der russischen Oktoberrevolution!) den kurzschlüssigen Fragen Webers zustimmen, wenn er sagt: »Sehen wir nicht, daß die bolschewistischen und spartakistischen Ideologen, eben weil sie dieses Mittel der Politik (sc. Gewalt) anwenden, genau die *gleichen* Resultate herbeiführen wie irgendein militaristischer Diktator? Wodurch als eben durch die Person der Gewalthaber und ihren Dilettantismus unterscheidet sich die Herrschaft der Arbeiter- und Soldatenräte von der eines beliebigen Machthabers des alten Regimes?«[12] Er erwartet den baldigen Untergang des Sowjetstaates und möchte im Falle eines Sieges des Spartakusbundes in Deutschland lieber die Nation liquidiert sehen und von den Amerikanern Ordnung schaffen lassen als sich auf diesen Sozialismus einlassen (!).

2. Es ist geschichtlich verständlich, daß Luther bei der Suche nach den Hauptursachen der Gewalt noch nicht wie wir heute vor allem an die wirtschaftlichen und sozialen Strukturen als Wurzeln des Elends denkt, sondern daß er eine andere als eine ständische Ordnung sich nicht vorstellen kann. So wie die Christenheit lange Zeit brauchte, bis sie einer rückhaltlosen Erforschung der Natur und einer Würdigung ihrer Gesetzmäßigkeiten offen gegenüberstand, sondern das Wort Gottes mit einem zeitgebundenen biblischen Weltbild unlöslich verknüpft sah, so – und noch länger – hat sie gezögert, sich auf eine eingehende Analyse der gesellschaftlichen und ökonomischen Entwicklung einzulassen und tiefgreifende Veränderungen traditioneller Strukturen als notwendig und möglich zu erkennen.

Gewiß wird der Christ sich keinem geschichtsphilosophischen und gesellschaftspolitischen Entwurf auf Gedeih und Verderb verschreiben, aber er sollte nicht meinen, er habe eine ideologiefreie Sicht von Geschichte und Gesellschaft. Vieles von dem, was auch Luther noch als selbstverständliche gottgewollte Ordnung galt, – sei es in der Familie, in der Wirtschaft oder im Staat –, ist uns, die wir im Zuge der Aufklärung gewohnt sind, alle Tradition und alle Autorität kritisch zu befragen, keineswegs mehr sakrosankt. Prinzipiell hat das allerdings Luther bereits erkannt, wenn er den kühnen Satz aufstellen konnte, der Christ dürfe sogar neue Dekaloge machen und sei im Glauben ein freier Herr aller Dinge – lediglich durch die Liebe an den Nächsten gebunden. Aber was er als schriftgemäße Ordnungen gesellschaftlichen Lebens ansah, war natürlich durch zeitgemäße Voraussetzungen mitgeprägt, die für uns keineswegs mehr selbstverständlich sind. Bürgerliche Menschenrechtsdeklarationen und vollends sozialistische Gesellschafts- und Wirtschaftstheorien lagen nicht in seinem Gesichtskreis. Aber auch ein M. Weber, der dafür einen Blick hatte und scharfe Kritik an dem zum Selbstzweck gewordenen Rationalismus der kapitalistischen Entwicklung übte, hat einen Ausbruch aus diesem »Gehäuse der Hörigkeit« nicht für möglich gehalten und in zunehmender Sozialisierung eine unvermeidlich zunehmende Bürokratiesierung sehen zu müssen gemeint, wie er überhaupt resigniert in eine Zukunft schaute, in der nur schwer eine persönliche, individuelle Freiheit noch bewahrt werden könne. Kein Wunder, daß heute – bei verschärfter Krise des Kapitalismus und hierzulande noch immer verbreiteter Furcht vor Sozialismus – die Resignation M. Webers viele überfällt und düstere Zukunftserwartungen provoziert.

3. Eine neue Situation besteht heute auch hinsichtlich der Beurteilung von Krieg und Rüstung. Gewiß waren Kriege immer schrecklich, und ihre bisweilen selbstverständliche Billigung oder gar Glorifizierung auch seitens der Christenheit ist ein dunkles Kapitel. Aber die ständige Steigerung der quantitativen Vernichtungskraft moderner Waffen hat zu einer qualitativ neuen Einschätzung des Kriegss geführt, weil angesichts der atomaren Bedrohung (wie auch der durch B- und C-Waffen) kein erreichbares Kriegsziel die Anwendung solcher Mittel noch rechtfertigen könnte. Daß Luther unter solchen Umständen noch vom »Kriegsmann im seligen Stand« geredet hätte, scheint mir unmöglich. Weil für ihn Gottes Zorn im Dienst seiner Liebe stand und darum auch des Christen Handeln im »fremden« Werk dieser Liebe zu dienen hat, darum gab es für ihn unbedingte Grenzen des Gewaltgebrauchs. So sagt er (im Blick auf das richterliche Amt des Regenten): »Wo er Unrecht nicht strafen kann ohn größer Unrecht, da laß er sein Recht fahren . . .«[13] Das gilt gewiß prinzipiell auch im außenpolitischen Bereich und hätte Konsequenzen für unsere Entscheidungen in der so heiß umstrittenen Friedens- und Abrüstungsfrage. Weil die zu erwartenden geradezu apokalyptischen Auswirkungen eines nuklearen Weltkriegs die traditionelle Rede vom »gerechten Krieg« ad absurdum führen, ist ein komplementäres Nebeneinander von Bejahung und Verneinung der Atomwaffen, und ein entsprechendes gleichgewichtiges Anerkennen von Friedensdienst mit und ohne Waffen unverantwortlich. Wer sich heute dem verhänigsvollen atomaren Rüstungswettlauf nicht mit allen Kräften widersetzt, sondern ihn mit Berufung auf eine sogenannte Verantwortungsethik im Sinne Webers (im Gegensatz zu einer vermeintlichen bloßen Gesinnungsethik) glaubt rechtfertigen zu können, der gerät m. E. in unlösbaren Konflikt mit Grundentscheidungen christlicher Ethik, wie sie präzis in der II. These der Theologischen Erklärung von Barmen (1934) ausgesprochen sind. Dort heißt es:

»Wie Jesus Christus Gottes Zuspruch der Vergebung aller unserer Sünden ist, so und mit gleichem Ernst ist er auch Gottes kräftiger Anspruch auf unser ganzes Leben; durch ihn widerfährt uns frohe Befreiung aus den gottlosen Bindungen dieser Welt zu freiem, dankbarem Dienst an seinen Geschöpfen.

Wir verwerfen die falsche Lehre, als gebe es Bereiche unseres Lebens, in denen wir nicht Jesus Christus, sondern anderen Herren zu eigen wären, Bereiche, in denen wir nicht der Rechtfertigung und Heiligung durch ihn bedürften.«

Anmerkungen

1 Max Weber, Gesammelte politische Schriften, 1971[3], S. 552.
2 A.a.O.
3 A.a.O., S. 557.
4 A.a.O., S. 559.
5 Martin Luther, Von weltlicher Obrigkeit . . . Ausgew. Werke, hg. v. H. H. Borchert und G. Merz, 5. Bd., 1938[2], S. 10.
6 A.a.O., S. 30.
7 M. Weber, a.a.O., S. 556.
8 M. Weber, Parlament und Regierung im neugeordneten Deutschland, Ges. pol. Schr., S. 442.
9 M. Weber, Deutschland unter den europäischen Weltmächten, Ges. pol. Schr., S. 176 f.
Diesem Politikverständnis entspricht es, daß Weber (jedenfalls der spätere) sich einen charismatischen Führer wünscht, der – einmal vom Volk gewählt – auf keine Partei und kein Volk mehr zu hören braucht, wie er Ludendorff in einem denkwürdigen Gespräch versichert. Er kann allerdings, wenn er Fehler macht, nachträglich vom Volk gerichtet werden. (Vgl. Marianne Weber, Ein Lebensbild, 1950, S. 702 f.) Weber war bekanntlich maßgeblich an den Bestrebungen beteiligt, die Stellung des Reichspräsidenten in der Weimarer Verfassung möglichst stark zu machen, so daß sich Carl Schmitt mit seiner Forderung eines plebiszitären Präsidenten auf entsprechende Ansätze bei Weber berufen konnte. (Vgl. W. J. Mommsen, Max Weber und die deutsche Politik 1890–1920, 1974[2], S. 407 ff.) Parlamentarisierung und Demokratisierung waren für Weber in erster Linie »Mittel . . ., um die innenpolitischen Voraussetzungen für eine deutsche Weltpolitik zu schaffen« (Mommsen, a.a.O., S. 422). Mommsen kann, obwohl er Weber zugesteht, daß er einen Nationalsozialismus, wie ihn Hitler brachte, nicht intendiert habe, sondern ihn wohl als Entartung abgelehnt hätte, dennoch feststellen, »daß Webers Lehre von der charismatischen Führerschaft, verbunden mit ihrer radikalen Formalisierung des Sinns demokratischer Institutionen, ihr Teil dazu beigetragen hat, das deutsche Volk zur Akklamation eines Führers, und insofern auch Adolf Hitlers, innerlich willig zu machen« (a.a.O., S. 437).
10 Dietrich Bonhoeffer, Ethik, 1949, S. 105.
11 Marianne Weber, a.a.O., S. 551.
12 Max Weber, a.a.O., S. 551.
13 M. Luther, a.a.O., S. 40.

Gerhard Bassarak

Der Antikommunismus in der Kirche

Der Antikommunismus, nach Thomas Mann die »Grundtorheit unseres Jahrhunderts« [1], hat leider auch durchaus seinen Sitz im Leben der Kirche: in der Predigt, in kirchlichen Verlautbarungen, in kirchlicher und theologischer Literatur, in den Köpfen und Herzen vieler Christen. Er ist aber selten Gegenstand kritischer Untersuchung durch Christen; man kann ihn erheben, wenn man einschlägige theologische Nachschlagewerke[2] zum Thema »Kommunismus« befragt. In der Christlichen Friedenskonferenz haben wir uns mit dem Antikommunismus auseinandersetzen müssen, da er ein erheblicher Störfaktor im Friedenskampf sein kann. Im Zeitalter atomarer Massenvernichtungsmittel – und die Christliche Friedenskonferenz reagierte gerade auch durch ihre Entstehung auf deren Gefahren – können wir es uns nicht leisten und dürfen es nicht zulassen, daß der Antikommunismus zum Mittel der Verdummung und Verhetzung großer Volksmassen, ja in manchen Ländern zur Staatsdoktrin und in den Kirchen zu einer Art Heilslehre wird.

Es mag sein, daß der Antikommunismus in der römisch-katholischen Kirche noch intensiver als im Protestantismus vertreten wird – hat doch Pius IX. schon 1846 geschrieben: »Würde diese Lehre (erg.: der Kommunismus) verwirklicht werden, dann würden die Rechte aller, die Güter, das Eigentum, ja selbst die menschliche Gesellschaft von Grund auf zerstört« [3] –, doch die Zeugen des protestantischen Antikommunismus sind keineswegs weniger zaghaft; sie sind zahlreich und namhaft.[4] Die Gegenstimmen nehmen sich weit weniger lautstark aus. Das hängt gewiß damit zusammen, daß die wenigsten Gegner des Antikommunismus in der Kirche selber – Kommunisten sind, vielmehr dürfte der Fall weit zahlreicher sein, daß Christen, die zwar den Kommunismus ablehnen, keineswegs als Antikommunisten verstanden werden wollen.[5]

Ein Kommunist sieht die Sache so: »Man kann nicht alles als Antikommunismus bezeichnen, was nicht kommunistisch ist, sondern nur das, was den Kampf gegen den Kommunismus aktiv führt . . . Antikommunismus, das ist nicht die Ablehnung der Lehre, der Ziele und der Politik der Kommunisten schlechthin . . . Antikommunismus, das ist Feindschaft gegen den Sozialismus und gegen die revolutionäre Arbeiterbewegung, die bewußte Entstellung und Verfälschung der Lehre, der Ziele und der Politik der Kommunisten, die Verleumdung der sozialistischen Gesellschaft, die Entfachung der Hetze gegen die Kommunisten und alle antiimperialistisch-demokratischen Organisationen sowie Unterdrückung, Verfolgung und Ermordung der Kommunisten und deren Verbündeten. Wesentlich ist, daß die Zugehörigkeit zu einer Religion oder ein nichtmarxistisches politisches oder philosophisches Bekenntnis und selbst die Ablehnung des Kommunismus nicht zugleich mit einer Gegnerschaft und dem aktiven Kampf gegen den Kommunismus verbunden sind. Daß ein Christ oder Sozialdemokrat nicht zugleich ein Feind des Kommunismus sein muß, dafür ist die Geschichte der Arbeiterbewegung seit über hundert Jahren reich an Beispielen. Gerade unsere Gegenwart bringt Tag für Tag neue Beweise der erfolgreichen Zusammenarbeit und des gemeinsamen Kampfes von Kommunisten, Sozialdemokraten, Christen . . .«[6]

Die letzteren Beweise kann man unschwer im Friedenskampf finden, etwa in Europa, aber auch im Kampf gegen Ausbeutung nahezu überall in der dritten Welt. Bei den geschichtlichen Beispielen sind gewiß die beiden Blumhardts eindrucksvolle Gestalten, aber man sollte sich nicht auf sie beschränken. Vor allem bleibt das mit Blut und Tränen besiegelte Bündnis zwischen Christen und Kommunisten in den Konzentrationslagern und Zuchthäusern sowie den Strafbataillonen des Faschismus ein unveräußerliches und verpflichtendes Erbe.

Der Antikommunismus ist gewissen Wandlungen unterworfen. Es müßte eigentlich befremden, wie sehr die Kirche sich in der Gestalt, in den Formen und in der Intensität dem Antikommunismus des jeweiligen weltgeschichtlichen Klimas anpaßt. Das führt zu der schwerwiegenden Frage, ob sie sich ihre Programme nicht so sehr aus dem Evangelium und von ihrem Herrn Christus, sondern von der Welt diktieren läßt. Gelegentlich aber geht eine neue Welle des Antikommunismus wohl auch einmal von der Kirche aus, so daß man von einer gewissen Wechselwirkung wird sprechen können. Nicht immer ist eine Zunahme antikommunistischer Aktionen ausgelöst durch meßbare Erfolge der Kommunisten.

Die erste Etappe des Antikommunismus begann als Reaktion auf die ersten Versuche des Proletariats, sich im Klassenkampf gegen den so sehr weit überlegenen Gegner zu organisieren. Hingewiesen war schon auf die Enzyklika »Qui pluribus« Papst Pius' IX. von 1846. So nennt denn das Kommunistische Manifest den Papst als ersten in der Reihe der Gegner des in Europa umgehenden Gespenstes Kommunismus, die sich zu einer »heiligen Hetzjagd« verbündet haben: »Der Papst und der Zar, Metternich und Guizot, französische Radikale und deutsche Polizisten . . .«[7] Diese Etappe dauerte bis zur großen Sozialistischen Oktoberrevolution und hatte spezifische Höhepunkte. Genannt seien nur der Kommunistenprozeß in Köln 1852, der Leipziger »Hochverratsprozeß« gegen Bebel und Wilhelm Liebknecht zwanzig Jahre später, die internationale Bekämpfung und Niederschlagung der Pariser Kommune 1871, Bismarcks »Sozialistengesetze« (1878–1890) und die Prozesse gegen Karl Liebknecht (1907) und Rosa Luxemburg (1914).[8] Kirchliche Stimmen begleiteten die reaktionäre Hetzjagd der Staaten stets mit Wohlwollen und Zustimmung.

Die zweite – qualitativ neue Züge aufweisende – Etappe des Antikommunismus geht von den Interventionskriegen nahezu aller damaligen Großmächte gegen die entstehende Sowjetunion bis zur Aggression des deutschen Faschismus im zweiten Weltkrieg. Sie weist besonders abscheuliche, grausame und brutale Momente auf. Die Selbstbezeichnung der dominierenden Mehrheit unter den Kommunisten in der Sowjetunion »Bolschewiki« wurde zu einem Begriff des Abscheus und des Schreckens herabstilisiert: Im Kampf gegen die Bolschewisten war nachgerade jedes Mittel erlaubt und recht. Die reaktionäre ausländisch-imperialistische konterrevolutionäre militärische Intervention versuchte, den jungen sozialistischen Staat zu zerschlagen und dort den Kapitalismus erneut zu etablieren, ihn zu restaurieren. Dahinter stand bereits das internationale Monopolkapital, das sich die Ressourcen des weiten Rußland – damals noch so etwas wie heute die »Dritte Welt« (nur daß es den Begriff noch nicht gab) – nicht nehmen lassen wollte. In der Weimarer Republik waren Morde an Kommunisten sozusagen an der Tagesordnung. Die rechte bürgerliche Justiz und Polizei ermittelte und bestrafte die »Roten«, – die rechten Mörder konnten entweder nicht gefunden werden, oder sie kamen mit minimalen Strafen davon.[9]

Eine Orgie der Kommunistenjagd setzte mit der Machtübernahme des Dritten Reiches ein. Kommunisten als erste, dann auch Sozialdemokraten, Juden und manche Christen verschwanden in Himmlers KZs, während die Kirche stille schwieg – eher billigend als mißbilligend.[10] Der Höhepunkt – man müßte richtiger von Tiefstpunkt sprechen – dieser Etappe war mit dem Überfall auf die Sowjetunion erreicht. Die deutsche Wehrmacht widersetzte sich nicht dem jedem Kriegsrecht widersprechenden Führerbefehl zur Ermordung der Kommissare, sie exekutierte ihn vielmehr. Sowjetische Kriegsgefangene wurden entgegen aller internationaler Konvention dem Hungertod preisgegeben oder in KZs verbracht und sogar ermordet. Die ab Dezember 1941 geschlagene und auf dem Rückzug befindliche deutsche Armee beging das Verbrechen der verbrannten Erde. Die Kirche aber rief in einer offiziellen Verlautbarung den Segen Gottes über den Massen- und Völkermörder Hitler herab.[11] Die Bekennende Kirche war stumm.

Die Kirche wird *ihre* Schuld an dieser Entwicklung nicht leugnen können. Ich sage bewußt nicht »Mitschuld« – denn es geht nicht darum, sich zum Teilhaber an der Schuld anderer oder andere an der eigenen Schuld zu machen und die eigene Schuld so zu verkleinern; es kommt darauf an, zu erkennen und zu bekennen, wie sehr die Kirche hier Schuld trägt. Die Dokumente der entstehenden Ökumenischen Bewegung, Protokolle und Erklärungen ökumenischer Konferenzen atmen – und das ist bestürzend und beschämend zugleich – sehr oft den Geist des Antikommunismus und Antisowjetismus.[12] Vielleicht der entscheidende Sündenfall geschah 1937 auf der Oxford-Konferenz über »Kirche, Volk und Staat«. Es sollte zu einer Verurteilung des Nationalsozialismus kommen. Die deutsche Reichsregierung hatte Mitgliedern der Bekennenden Kirche, aber auch Delegierten der Reichskirche des Reichsbischofs Müller durch Verweigerung der Ausreisevisa die Teilnahme unmöglich gemacht. Die Reichskirche war aber dennoch präsent, nämlich durch deutsche Auslandspfarrer, die auf Weisung des Kirchlichen Außenamtes des Bischof Heckel im Dienste des deutschen Faschismus wirksam wurden. Da eine Verurteilung des Faschismus unumgänglich schien, legten sie einmal alles darauf an, zu verhindern, daß er beim Namen genannt wurde, und zum andern, daß der Kommunismus zum mindesten ebenso angeprangert würde. Dem diente der – meines Wissens hier erstmals im ökumenischen Kontext auftauchende – Begriff des »Totalitarismus«.[13] Das war ein verhängnisvoller Akt; denn bis zum heutigen Tage sind die Aus- und Nachwirkungen vorhanden, ja viele »ehemalige« Nazis, die sich nun angeblich bekehrt haben und die erkannt haben, wie verwerflich der Faschismus war, rechtfertigen ihren »bürgerlich-demokratischen« Antikommunismus heute – der doch nichts anderes als die Fortsetzung ihres faschistischen Antikommunismus von gestern ist – mit dieser kirchlich sanktionierten Formel.

Die nächste Etappe des Antikommunismus ist die des Kalten Krieges, demonstrativ eingeleitet durch die beiden Atombomben der US-Army auf Hiroshima und Nagasaki – man hat sie die letzten Bomben des heißen und die ersten des Kalten Krieges mit Recht genannt. Nachträglich und eindrucksvoll wird das damit bestätigt, daß Präsident Reagan die 36. Jahrestage des Abwurfs dieser Bomben würdigt durch den Befehl zur Herstellung der Neutronenbombe und die Publizierung dieses Befehls. Es ist noch nicht deutlich, ob das Erscheinen der Reagan-Administration mit ihren zahlreichen antikommunistischen Manifestationen eine Fortsetzung des alten Kalten Krieges – seinerzeit von Dulles und von Churchill erklärt –, nur unterbrochen durch eine knapp zehnjährige Phase der Entspannung und der friedlichen Koexistenz in den siebziger Jahren, ist, oder ob mit den Achtzigern eine neue Phase des Antikommunismus unter dem Vorzeichen der Drohung mit Kernwaffen eingeleitet werden soll.

Die Kirchen haben mit dem Schuldbekenntnis von Stuttgart knapp ein halbes Jahr nach Beendigung der Kampfhandlungen des zweiten Weltkrieges Buße getan für das unermeßliche Leid, das unser Volk über andere Völker und Länder gebracht hat. In diese Buße war jedoch der Irrweg des Antikommunismus nicht eingeschlossen.[14] Erst in Darmstadt 1947 hat das Wort des Bruderrates ein solches Bußbekenntnis nachgeholt.[15] Dieses Wort ist von der offiziellen Kirche jedoch niemals rezipiert worden. Hier wird man eher das Gegenteil festzustellen haben. Die Niederschlagung des Faschismus, die im Auge vieler bürgerlicher Politiker und Kirchenmänner auch eine Schwächung, einen Aderlaß des Kommunismus und seiner führenden Kraft, der Sowjetunion (gerade auch durch den Besitz der Atombombe durch die USA), mit sich gebracht zu haben schien, gab dem Klerikalismus einen unerhörten Auftrieb, so daß er zeitweilig zur führenden antikommunistischen Kraft – zumindest in Europa – wurde. Der politische Klerikalismus wurde zum Promotor des psychologischen Krieges. Es war Martin Niemöller, der mit seinem Besuch bei Patriarch Alexius von Moskau und ganz Rußland die politischen und die kirchlichen Tabus des Antikommunismus als erster durchbrach. Er war es auch, der auf der Zweiten Allchristlichen Friedensversammlung in Prag 1964 energisch dafür eintrat, in der Schlußresolution eine Formulierung beizubehalten, die den Antikommunismus in der Predigt verurteilt. Die US-Amerikaner und die Engländer sahen darin eine »Einseitigkeit«.[16]

»Der Antikommunismus hat keine eigene Problematik: Der Antikommunismus, der die Fehler und Schwierigkeiten des Entstehens und der Entwicklung sowohl der Theorie als auch der Praxis des wissenschaftlichen Kommunismus ausnutzt und zur Verfälschung dieser Theorie und Praxis Zuflucht nimmt, verfolgt eine Art Taktik des ›elastischen Reagierens‹; deshalb bilden sich immer neue Formen des Antikommunismus entsprechend den historischen Entwicklungsetappen des Kommunismus heraus.«[17] Wir haben solche Etappen knapp skizziert. Auf den Kalten Krieg folgten die siebziger Jahre einer Politik der Entspannung; ihr Höhepunkt war die Konferenz der Staats- und Regierungschefs der KSZE im August 1975 in Helsinki. Ideologisch bedeutete das die Ablösung des psychologischen Krieges durch die Konvergenztheorie.[18] Dem entsprach ein Wandel der »weithin herrschende(n) Theologie in der Ökumene als auch in der römisch-katholischen Kirche in erstaunlicher Weise . . ., und mit ihr scheint sich die Stellung zu Sozialismus und Kommunismus wesentlich geändert zu haben«.[19] »Der Dialog mit Marxisten ist zu suchen und zu propagieren.«[20] Der Frühling der Entspannung und des Dialogs währte nicht lange. Er gab Völkern, die um die Befreiung von kolonialer und halbkolonialer Vorherrschaft kämpften, gute Chancen und brachte ihnen Erfolge – die nur zu bald auf das Konto des Kommunismus verbucht wurden. Man wird hier unschwer das psychologische Phänomen der Übertragung eigener Schuld und eigenen Versagens auf den andern wiedererkennen können. Immerhin gelang es herrschenden Kräften in den USA, auf dem Wege der routinemäßigen Wahl einer neuen Regierung sowohl innen- als auch außenpolitisch einen Kurswechsel herbeizuführen, nicht ohne tätigste Beihilfe christlicher Kreise.[21] Erneut sieht man zur Bekämpfung des Kommunismus kein anderes Mittel als die militärische Drohung, und Vertreter von Theologie und Kirche in der Bundesrepublik Deutschland[22] und in Westberlin[23] helfen der Anpassung an die neueste Spielart des Antikommunismus mit verstaubten Argumenten aus der Mottenkiste nach. Man spricht jetzt gar nicht mehr so viel vom Kommunismus, sondern nur noch vom Feind, dessen Bild man in den düstersten Farben ausmalt und die Konsequenz: Lieber tot als rot propagiert. Erstaunlich, wie sehr man dabei – ohne es zu wollen – dem Kommunismus recht gibt. Er nämlich, das wird direkt ausgesprochen, will den Frieden. Er dient dem Frieden, und der Friede nützt ihm. Und da diese Identität unauflösbar zu sein scheint, muß man eben – in theologischer, politischer und sozialpolitischer Verblendung – nicht nur dem Kommunismus, sondern auch dem Frieden und allen, die ihm dienen wollen, den Krieg ansagen.

Nur ist dieser Krieg keiner mit Worten, keiner mit Schwertern und Spießen, und auch keiner mit Gewehren, Maschinengewehren, Granaten und Bomben, sondern ein Krieg mit den ABC-Massenvernichtungsmitteln. Er würde wohl nicht den Kommunismus und seine Idee auslöschen (gegen Gedanken sind Waffen machtlos, so wie sich Soldaten als machtlos gegen Demokraten erwiesen), aber er würde ein apokalyptisches Inferno über die Menschheit und die Erde herbeiführen. Um Gottes Schöpfung gegen die von Menschen fabrizierte Vernichtung zu schützen, ist es erforderlich, die Ideologie des Atomkrieges, den Antikommunismus, zu bekämpfen. Bei aller Anerkennung des Einsatzes der Kirchen für den Frieden wird man leider nicht feststellen können, daß in dieser Sache bereits die gebotene Einsicht und Klarheit vorhanden sind.

Anmerkungen

1 Thomas Mann, Stockholmer Gesamtausgabe, Reden und Aufsätze II. Reden zum Zeitgeschehen: Schicksal und Aufgabe (1944). S. Fischer Verlag, Frankfurt a. M., 1965, Bd. 2, S. 629.

2 In der »Realencyklopädie für protestantische Theologie und Kirche« 3. Aufl., Leipzig 1901 Band 10 ist der Artikel »Kommunismus« S. 657–662 von M. v. Nathusius. Er schreibt über »1. Das Wesen.« (»Der K. ist eine philosophische Theorie über die beste Verteilung des Besitzes unter Menschen im Interesse der höchstmöglichen Sittlichkeit und Humanität. Die Vorstellung, der K. wolle teilen, um jeden Menschen einen gleichen Privatbesitz zu verschaffen, ist eine ganz sinnlose, nur im Mißverstand des Straßenpöbels aufgekommen. Um ihre Ansichten von diesen rohen Mißdeutungen zu schützen, haben die wissenschaftlichen Vertreter der Sozialdemokratie das Wort Kollektivismus erfunden, welches besagt, daß der K. das Privateigentum nicht etwa gleich verteilt, sondern grundsätzlich aufheben und zu Kollektiveigentum umwandeln will . . .«), »2. Geschichte . . .«, »3. Kritik . . .« (»Der K. ist ebensowohl eine volkswirtschaftliche als eine ethische Theorie . . . Der K. will grundsätzlich das Privateigentum abschaffen als die Quelle aller Sünden und alles Übels . . . Aber es ist noch nie gelungen, Grundsätze aufzustellen . . ., nach denen der Ertrag der Arbeit durch die Gesellschaft an die einzelnen zu verteilen sei. Nach Bedürfnis? – nach der Leistung? – . . . nach der Zeit? – nach Körper- oder Geisteskräften usw.? Hier sieht man, daß der K. eine Theorie ist, die von der Betrachtung der Fabrikverhältnisse ausgegangen ist . . . Diese mechanische Auffassung der Arbeit entspricht einer mechanischen Auffassung der menschlichen Natur. Und hieran scheitert der K. als philosophische Kategorie . . . Der K. verwandelt die Menschheit in eine Zwangsarbeitsanstalt, die ganze Welt in ein großes Warenhaus, in welchem auf Kommando Stiefeln, Würste, Symphonien, Eisenwaren, Gedichte usw. je nach Bedarf angefertigt und nach den dabei aufgewendeten Kräften belohnt werden, – wo keiner mehr auf eigene Gedanken hin etwas unternehmen kann, sondern wo die Stellung des Staatsbahnschaffners und des Cigarrenarbeiters im Staatsmonopol übertragen ist auf alle Produktion, auf die Müllabfuhr, das Philosophieren, das Unterrichten, Kleidermachen usw. Und selbst wenn z. B. ein Philosoph es sich einfallen lassen sollte, nach Erledigung seiner gesellschaftlichen Dienststunden als Kellner, Waldwärter oder Bierfahrer noch

zu philosophieren, so müßte das im Zukunftsstaat obenein verboten werden, da alle Probleme in dem System der kommunistischen Gesellschaftsordnung bereits gelöst sind, dies also durch weitere Spekulation nur gefährdet würde. Nur von dem Wesen und der Würde der menschlichen Persönlichkeit aus kann der K. wirksam bekämpft werden . . .«
Das Stichwort »Kommunismus« findet sich zudem in den Artikeln über Essener, Inspirierte, Labadie, Mennoniten, Münster, Münzer, Perfektionisten, Saint-Simonisten, Shakers, Verfassung, Zinzendorf in RE^3, Band 22, Register, S. 260.
v. Nathusius hat ebenfalls den Artikel »Kommunismus« im »Evangelischen Volkslexikon zur Orientierung in den sozialen Fragen der Gegenwart«, herausgegeben vom Evangelisch-sozialen Central-Ausschuß für die Provinz Sachsen und in Verbindung mit Fachgelehrten redigiert von D. Theodor Schäfer bei Velhagen & Klasing in Bielefeld und Leipzig 1900, S. 401–403 geschrieben. Dort heißt der letzte Satz: »Der K. ist ein Hirngespinst.«
In »Die Religion in Geschichte und Gegenwart« (RGG), 2. Aufl., hrsg. von Hermann Gunkel und Lepold Zscharnack, 3. Band, Tübingen 1929 sind dem Artikel »Kommunismus« die Spalten 1159–1170 eingeräumt. Hier handelt Carl Clemen sehr kurz (auf 19 Zeilen) über »Kommunismus I. Religionsgeschichtlich«, W. Völker über »Kommunismus II. Kirchengeschichtlich«, über »Kommunismus III. K. und Bolschewismus« bemühen sich zwei Autoren, Stockburger und (zu 4.–6. »Die ›Russische‹ kommunistische Partei (Bolschewiki)«) Stepun. Besonders in diesem letzten Teil werden Kübel von Antikommunismus geleert. So »5. c. Die *Macht* der Partei stützt sich auf drei Momente: auf die Tscheka (Terror), auf die Rote Armee und auf die bolschewisierten Spitzenorgane der Gewerkschaft . . . 6. b. Der Grundgedanke der *bolschewistischen Kulturpolitik* ist die Verneinung der Meinungsfreiheit . . .« Am massivsten kommt der Antikommunismus in der Passage über Staat und Kirche zum Ausdruck. Es bestehe, so heißt es, bei offizieller Trennung beider »ein Kampf zwischen Staat und Kirche«. Patriarch Tychon sei verhaftet worden, »ihm folgten ins Gefängnis oder in die Verbannung 60–70 Metropoliten und Bischöfe; es kam zu Massenhinrichtungen der Geistlichkeit und Kirchenschändungen . . .« Auch hier ist das Stichwort »Kommunismus« im Registerband S. 490 in einer Anzahl weiterer Artikel nachgewiesen.
RGG^3 III. Band 1959 in Tübingen nun von Kurt Galling herausgegeben, behält die Einteilung aus RGG^2, bei, fügt allerdings hinzu »IV. Kommunismus in Asien und Afrika«, gearbeitet von T. Grimm. Für die Religionsgeschichte zeichnet W. Holsten; der Beitrag ist erheblich angewachsen – auf fast drei Spalten; die Kirchengeschichte behandelt M. A. Schmidt; »III. Kommunismus und Bolschewismus« handelt I. Fetscher ab. Er sieht »pseudoreligiöse Züge der Weltanschauung und pseudokirchliche Züge der Parteiorganisation«. Im Ganzen aber ist die Darstellung (Spalten 1733–1743) – obwohl in der Zeit des Kalten Krieges erschienen – sachlicher und objektiver als in RGG^2. Wiederum weist der Registerband Sp. 686 die weiteren Artikel nach, in denen sich das Stichwort findet.
Iring Fetscher (im übrigen auch zu nennen als Herausgeber der »Marxismusstudien« – Schriften der Evangelischen Studiengemeinschaft) ist auch Verfasser des einschlägigen Beitrages im »Evangelischen Staatslexikon«, hrsg. von Hermann Kunst im Kreuzverlag Stuttgart-Berlin 1966. Das Stichwort »Kommunismus« ist nicht abgehandelt, aber es ist vorhanden mit dem Verweis auf »Marxismus«. Hier schreibt Fetscher über die vier Hauptbestandteile des »Marxismus/Leninismus«: »eine allg. Weltanschauungslehre (den dialektischen Materialismus), eine Gesch.theorie (den hist. Materialismus), die ›Kritik der politischen Ökonomie‹ (des Kapitalismus) und eine politische Konzeption (›wissenschaftl. Sozialismus und Kommunismus‹).« Man spürt der Darstellung – beim eindeutigen Durchhalten einer antikommunistischen Grundhaltung – das Bemühen des bürgerlichen Wissenschaftlers um möglichste Objektivität an.
Das Register verzeichnet sieben Vorkommen des Stichwortes Kommunismus. Zudem weiterhin »Kommunistische Internationale«, »Kommunistische Partei der Sowjetunion

(KPdSU)«, »Kommunistische Partei Deutschlands (KPD)« mit vier Nachweisen und »Kommunistisches Informationsbüro«.
Das »Evangelische Kirchenlexikon«, in Göttingen 1958 von Heinz Brunotte und Otto Weber herausgegeben, enthält in zwei und einer halben Spalte den Artikel »Kommunismus« von S. Landshut. Er kulminiert in der Feststellung, der K. halte sich in den Ländern Osteuropas »allein durch den Terror einer Parteioligarchie«; »ein nicht unbeträchtlicher Teil des inneren Widerstandes der Bevölkerung gegen den K. (sei) auf dessen provokatorischen Atheismus zurückzuführen«. Im Registerband wird das Stichwort nachgewiesen in den Artikeln »China«, »China-Inlandmission«, »Christenverfolgungen«, »Divini redemptoris«, »Japan«, »Innere Mission«, »Kollektivismus«, »Religionsfreiheit«, »Sozialdemokratie«, »Syllabus«, »Technik«.
Im »Evangelischen Soziallexikon«, von Friedrich Karrenberger Stuttgart 1954 herausgegeben, stammt ein vorwiegend historisch orientierender Artikel aus der Feder Walter Bienerts. Der abschließende Satz lautet: ». . . .erst der Ausgang der Revolution von 1848 brachte die dogmatische wie organisatorische *Erstarrung* wie für das Geistesleben überhaupt so auch für den Sozialismus, der dann eindeutig in das atheistische Fahrwasser des Marxismus einmündete und gedrängt wurde.« Des weiteren wird auf die Stichworte Bolschewismus, Eigentum, Klassenkampf, Marxismus, Sozialismus verwiesen.
In der DDR schließlich erschien 1978 beim UNION-Verlag Berlin ein »Theologisches Lexikon«, hrsg. von Hans-Hinrich Jenssen und Herbert Trebs. Es handelt weder die Begriffe Kommunismus noch Antikommunismus ab, verzeichnet allerdings den letzteren im Register mit 6 Nachweisen.
(Alle Hervorhebungen sind original.)

3 Hans Beyer, Der Antikommunismus – Wesen, Formen und Funktionen VEB Deutscher Verlag der Wissenschaften, Berlin 1975, S. 10, zitiert aus der Enzyklika »Qui pluribus«.

4 Das ergibt sich in gewissem Sinne zwangsläufig aus der engen Verbindung von Thron und Altar. Die Geistlichkeit war kaiser- und reichstreu und deutschnational – Sozialisten und Kommunisten aber waren (wegen ihres Internationalismus) vaterlandslose und gottlose (!) Gesellen. Zu den »Vätern« des kirchlichen Antikommunismus wird man so illustre Gestalten wie Johann Hinrich Wichern (man denke an seine Rede auf dem Wittenberger Kirchentag 1848) und Adolf Stöcker (mit seinem Versuch, die sozialistischen Arbeiter in eine christlich-soziale und damit zugleich vaterlands- und kaisertreue Partei zu integrieren) zu rechnen haben. Dazu gehört der Berliner Domprediger Doehring ebenso wie der Bischof Dibelius.
Von Doehring einige Zitate aus »Das Vaterunser, mitten in's Leben hinein, Predigten Berlin 1938«: Der . . . »Opiumsatz (ist) das volksfeindlichste Präparat« . . . des Bolschewismus. (S. 43); der Bolschewismus hat das Interesse, »Menschen zu brotvertilgenden Verdauungsmaschinen herabzuwürdigen« (S. 44). »Die Auflösung des menschlichen Gemeinschaftslebens ist in vollem Gange.« (ebd.) Es erübrigt sich fast, Beweise für den Antikommunismus von Otto Dibelius beizubringen. Sein deutscher Nationalismus, verbunden mit einer kämpferischen Absage an den Internationalismus ist nur zu bekannt. Am härtesten kommt der Antikommunismus sogar dort zum Vorschein, wo er noch nicht einmal ausgesprochenermaßen gemeint sein mag. So reflektiert Dibelius in seiner Autobiographie »Ein Christ ist immer im Dienst«, Erlebnisse und Erfahrungen in einer Zeitenwende, Stuttgart 1961, S. 170 f., darüber, wie sich die Kirche zu Hitlers Bestimmung verhalten solle, die Parlamentseröffnung nach der Machtergreifung in Potsdams Alter Garnisonkirche stattfinden zu lassen. »Ich war entschlossen, eine Parlamentseröffnung in der Kirche nicht zuzulassen. Wir konnten nicht wissen, daß bis zu diesem Tage die kommunistischen Abgeordneten sämtlich hinter Schloß und Riegel sein würden und daß kaum eine Partei es wagen würde, dem neuen

Diktator offen entgegenzutreten. Wir mußten mit einem tumultartigen Verlauf der ersten Sitzung rechnen . . .« Es sei auch nur an die berüchtigte »Obrigkeitsschrift« erinnert. Zur Schar der notorischen christlichen Antikommunisten gehören Namen wie Asmussen, E. Brunner, Gerstenmeier, Künneth, Thielicke und viele andere . . .

5 Aurel von Jüchen, Mit dem Kommunismus leben? Witten/Ruhr 1963, schreibt: ». . . trotz seiner eindeutigen Ablehnung des Kommunismus möchte Niemöller sich um keinen Preis einen Antikommunisten nennen lassen . . . Karl Barth bekennt freimütig von sich, daß er im Einflußbereich des Kommunismus nicht leben möchte . . . Aber der gleiche Karl Barth erklärte in der Zeitschrift The Christian Century, der Antikommunismus als Prinzip sei ein Übel, das größer ist als der Kommunismus selbst« (zitiert nach H. Beyer, S. 64).

6 Hans Beyer, S. 64.

7 K. Marx/F. Engels, Manifest der Kommunistischen Partei, in Werke, Bd. 4, Berlin 1959, S. 461, zitiert nach H. Beyer, S. 10.

8 Vgl. H. Beyer, S. 11 f., auch zum Mord an Rosa Luxemburg und Karl Liebknecht »Stimme der Gemeinde« 1966, Heft 21, Sp. 655–666, und zu den Prozessen gegen Lassalle, Liebknecht, Bebel und Carl von Ossietzky »Stimme der Gemeinde« 1969, Heft 11, Sp. 337 ff. und Heft 12, Sp. 371 ff.

9 S. »Stimme der Gemeinde«, 14/1962, Sp. 438.

10 S. die Äußerung von Otto Dibelius zum Tag von Potsdam unter Anm. 4.

11 Gesetzblatt der Deutschen Evangelischen Kirche, Ausgabe A (Reich) Nr. 7, ausgegeben zu Berlin, den 9. Juli 1941, Telegramm des Geistlichen Vertrauensrats der Deutschen Evangelischen Kirche an den Führer: » . . .Sie haben, mein Führer, die bolschewistische Gefahr im eigenen Lande gebannt und rufen nun unser Volk und die Völker Europas zum entscheidenden Waffengange gegen den Todfeind aller Ordnung und aller abendländisch-christlichen Kultur auf. Das deutsche Volk und mit ihm alle seine christlichen Glieder danken Ihnen für diese Ihre Tat . . . Der allmächtige Gott wolle Ihnen und unserem Volk beistehen . . . Die Deutsche Evangelische Kirche gedenkt in dieser Stunde der baltischen evangelischen Märtyrer vom Jahre 1918, sie gedenkt des namenlosen Leids, das der Bolschewismus, wie er es den Völkern seines Machtbereichs zugefügt hat, so allen anderen Nationen bereiten wollte, und sie ist mit allen ihren Gebeten bei Ihnen und bei unseren unvergleichlichen Soldaten, die nun mit so gewaltigen Schlägen daran gehen, den Pestherd zu beseitigen, damit in ganz Europa unter Ihrer Führung eine neue Ordnung erstehe und aller inneren Zersetzung, aller Beschmutzung des Heiligsten, aller Schändung der Gewissensfreiheit ein Ende gemacht werde.« Unterzeichnet von D. Marahrens, Schultz, D. Hymmen in Charlottenburg am 30. Juni 1941.

12 Der »Amtliche deutsche Bericht« über die Stockholmer Weltkirchenkonferenz von Adolf Deissmann, Berlin 1926, der leider kein Sachregister hat, weist nach meiner Durchsicht an mehr als 20 Stellen antikommunistische Aussagen auf. Sie stehen zum Teil im Zusammenhang mit der Geschichte der Russischen Orthodoxen Kirche, zum Teil wird aber auch der Kommunismus als Geißel Gottes und Strafe für eine gottlose Wirtschaftspraktik an die Wand gemalt. So z. B. S. 202: »Solange Industrie und Handel nicht . . . im christlichen Sinne oder gemäß den Forderungen der Menschlichkeit geändert werden, wird der Umsturz (und mit diesem Worte fassen wir alle gottlosen Abarten des Sozialismus oder Kommunismus zusammen) die Geißel Gottes sein, die wir als eine unerbittliche und sühnende Notwendigkeit dulden müssen . . . Den Kirchen also erklärt der Umsturz den Krieg, indem er sie anklagt, an der verhaßten egoistischen Weltordnung mitschuldig zu sein, und er greift ebenso unsre individualistische Sittlichkeit an, die er als Bourgeois-Sache erklärt, wie auch unsre Religion, in welcher er bloß ein Betäubingsmittel sieht.« (So Pasteur Elie Gounelle, Frankreich, zum Sachproblem: Der Mensch und das Eigentum.)

13 Kirche und Welt in ökumenischer Sicht, Bericht der Weltkirchenkonferenz von Oxford über Kirche, Volk und Staat, Genf 1938, hier besonders im »Ausführlichen Bericht der II. Sektion«, zu dem es in einer Fußnote S. 116 heißt: »Die Kenntnis dieses ausführlichen Berichtes bildet die Voraussetzung für das volle Verständnis des kurzen, von der Gesamtkonferenz gebilligten Sektionsberichtes . . .« Unter (d) wird »Das Aufkommen totalitärer Tendenzen« abgehandelt.

14 Otto Dibelius, Ein Christ ist immer im Dienst, Stuttgart 1961, schreibt zum Stuttgarter Schuldbekenntnis: »Den Text entwarf ich selbst. Aber den entscheidenden Satz fügte *Martin Niemöller* ein: ›Mit großem Schmerz sagen wir: *Durch uns ist unendliches Leid über viele Völker und Länder gebracht worden* . . .‹ Es war mir nicht ganz leicht geworden, dem Niemöllerschen Satz meine Zustimmung zu geben. Ich war in diesem Kreis der einzige, der den Einmarsch der Russen am eigenen Leibe erlebt hatte . . . Uns . . . im Osten lagen die fürchterlichen Dinge, die wir mit angesehen und mit durchgemacht hatten, noch in den Knochen. Davon mit keinem Wort zu reden und uns auf das Schuldkonto der Deutschen zu beschränken, war nicht leicht.« Offenbar hätte Dibelius zu gern von der Schuld der Russen am zweiten Weltkrieg geredet . . . Ein Ausdruck seines Nationalismus und Antikommunismus . . .

15 Das ist im 5. der sieben Sätze der Fall: »Wir sind in die Irre gegangen, als wir übersahen, daß der ökonomische Materialismus der marxistischen Lehre die Kirche an den Auftrag und die Verheißung der Gemeinde für das Leben und Zusammenleben der Menschen im Diesseits hätte gemahnen müssen. Wir haben es unterlassen, die Sache der Armen und Entrechteten gemäß dem Evangelium von Gottes kommendem Reich zur Sache der Christenheit zu machen.«

16 Auszug aus dem Protokoll des VII. Sitzung, 3. 7. Vormittag. Leitung: Kloppenburg. Das Wort hat Paul Oestreicher, England: Von zwei Seiten wurde vorgeschlagen, das Wort »anticommunist crusades« aus dem Dokument auszulassen . . . Ich möchte gern kurz sagen, was uns, aus den westlichen Ländern, dazu führt, daß es so sein soll. Von ganzem Herzen möchte ich unsere Brüder aus der UdSSR und aus Osteuropa dessen versichern, daß wir Teilnehmer aus dem Westen tief alles bedauern, was »anticommunist crusades« genannt wird, und daß wir im Westen viel Energie dem Kampf gegen derartige Dinge widmen . . . Aber wir, die wir gegen diese Strömungen im Westen kämpfen, wollen, daß uns die Leute nach unserer Rückkehr nach Hause zuhören, und falls wir die Dokumente hervorholen, in denen nur die Verurteilung der Erscheinungen enthalten ist, die normalerweise im Osten verurteilt werden, wird es für uns viel schwieriger sein, mit Ihnen um unsere Sache zu kämpfen. Helfen Sie uns bitte auf die Weise, daß Sie uns nicht zwingen, einseitigen Erklärungen zuzustimmen. Falls Sie das verstehen, helfen Sie sich selbst. Helfen Sie uns, die Einseitigkeit zu eliminieren, helfen Sie uns, daß wir Ihnen effektiver zu Brüdern werden können. – Das Wort hat Martin Niemöller: »Zu oft ist christliche Predigt nicht frei von Stimmungen des Kalten Krieges, des Antikommunismus und von Slogans politischer Propaganda. Ich bedauere, gegen meinen Freund Oestreicher sprechen zu müssen. Ich kann nur sagen, daß niemand die Erwähnung des Kalten Krieges auf sich beziehen wird; denn niemand ist Freund des Kalten Krieges. Ebenso wird niemand den ›Slogan der politischen Propaganda‹ auf sich beziehen; denn niemand will politische Propaganda treiben. Aber was den Antikommunismus anbelangt, muß ich sagen, daß in dem, was ich in Predigten zu Hause, in meiner eigenen Kirche, höre, dort überall der Wurm des Antikommunismus verwurzelt ist. Vielleicht gibt es Länder, wo in Predigten über den Antikapitalismus gesprochen wird. Ich habe bisher keine antikapitalistische Predigt gehört . . . Wenn Sie aber meinen, daß es einseitig wird, wenn hier der Antikommunismus erwähnt wird, dann muß ich sagen, daß für uns am dringendsten ist, aus der christlichen Predigt den Antikommunismus auszurotten, da dadurch bei uns der Kalte Krieg und die politische Propaganda genährt werden.“

17 F. D. Ryshenko, O. Reinhold (Gesamtredaktion), Der gegenwärtige Antikommunismus – Politik und Ideologie. Dietz Verlag Berlin 1974, S. 357.

18 Siehe dazu G. Bassarak u. a. Konvergenz und Theologie, Köln 1971.

19 Rosemarie Müller-Streisand, Wider den Antikommunismus als Versuchung für die Theologie heute, in: Christen im weltweiten Friedenskampf, Studienband der Christlichen Friedenskonferenz, Berlin 1974, S. 71.

20 Eb., S. 72.

21 Dorothee Sölle, Die elektronische Kirche, Junge Kirche 5/81, S. 249 ff.: »Wenn ich ein Wort für diese neue Religion suche, so würde ich sie als Christofaschismus bezeichnen. Das drückt sich theologisch darin aus, daß alle Wurzeln, die das Christentum im Alten Testament, in der jüdischen Bibel hat, abgeschnitten werden. Keine Rede von Gerechtigkeit, keine Erwähnung der Armen, denen Gott zu Hilfe kommt, wenig über Schuld und Leiden . . .«

22 Siehe Hans-Dieter Bastian, Bonn, Deutsches Allgemeines Sonntagsblatt, Nr. 30 vom 27. 7. 1980: »Ebenso wie den Krieg könnte man den Stuhlgang zum Verbrechen erklären.« Ein Zitat aus der Hitler-Biografie von Sebastian Haffner. (Der Satz könnte aber von Goebbels stammen!) und: »Der prinzipientreue, gesinnungsethische Friedensprediger ist heute ein Sicherheitsrisiko ersten Ranges.«

23 Heinz Schladebach, Superintendent des Kirchenkreises Reinickendorf, in: Berliner Sonntagsblatt Nr. 32 vom 9. 8. 1981: »Zunächst erkennen sie (d.i. viele tausende nichtpazifistische Christen), daß die pazifistische Bewegung in furchtbarer Einseitigkeit einer Weltmacht dient und in ebenso furchtbarer Ungerechtigkeit die andere Weltmacht mit ihrer Weltverantwortung moralisch im Stich läßt . . . Wer für Frieden und Freiheit nicht verteidigungsbereit ist, und wer Frieden und Freiheit in der heute üblichen Manier gegeneinander ausspielt und obendrein sein Mißfallen an der faktischen Freiheit unserer Gesellschaft zum Prinzip einer sogenannten Systemveränderung macht, der wird beides verlieren: Frieden und Freiheit . . .«

Zum Ganzen auch G. B. Chromuschin u. a., Antikommunismus – ideologische Hauptwaffe des Imperialismus, Staatsverlag der Deutschen Demokratischen Republik, Berlin 1974. Hierin zum kirchlichen Antikommunismus in den USA S. 157, in den Entwicklungsländern S. 214 f.

Auch: Gerhard Bassarak, Antikommunismus und Proexistenz, in einer Aufsatzsammlung des gleichen Titels, Union-Verlag, Berlin 1965, dort S. 5–36. Ich mache geltend: »Atheismus als ein Vorwurf ist im Munde eines Protestanten doppelt fragwürdig. Einmal . . . kann das Selbstverständnis des protestantischen Christen (erg.: in den Traditionen eines Paulus und eines Luther) doch nur sein, als einst Gottloser, als Atheist, durch Gott selber von seiner Gottlosigkeit fortgerufen und befreit zu sein. Zum anderen übersieht ein solcher Vorwurf, daß Glaube nicht nur Sache des Bewußtseins, sondern des Seins, der ganzen Existenz, einer neuen Existenz ist.«

Laurens Hogebrink

Erfahrungen mit dem Unmöglichen

Häufig sind in den letzten Jahren Vertreter des niederländischen Interkirchlichen Friedensrates von kirchlichen Gemeinden und Organisationen in der Bundesrepublik eingeladen worden, um von ihrer Arbeit zu erzählen. Immer wieder haben wir gehört: Was Sie in Holland machen, ist bei uns unmöglich. Und immer wieder mußte von vornherein gesagt werden: Was wir in Holland machen, ist in Holland unmöglich.

Betrachten wir zunächst das *politische* Klima in Holland. Nur marginal gibt es bei uns politisch relevante Unterschiede zwischen Links und Rechts, weil die Macht immer bei den Christdemokraten im Zentrum liegt. Und die bestimmen immer erst nach den Wahlen, ob sie eine zentrumsrechte Koalition mit den konservativen Liberalen vorziehen oder eine zentrumslinke Koalition mit den Sozialdemokraten. Die Politik in Holland ist also immer Zentrumspolitik, mit nur ganz winzigen Spielräumen. Und dann sind auch noch über die Frage der Aufrüstung die beiden größten Parteien, die Sozialdemokraten und die Christdemokraten, intern gespalten und deshalb geneigt, progressiv zu reden und etwas anderes zu tun.

Sehen wir uns jetzt die *Kirchen* an. Die Kirchenleitung ist noch immer ziemlich progressiv, aber das nimmt ab. In den Gemeinden sind die Progressiven nie mehr als eine Minderheit. Und jeder – oder fast jeder – fürchtet Polarisierung. Das ist etwas Schreckliches: Polarisierung. Das erfährt man oft mehr als eine existentielle Bedrohung als die Atomrüstung.

Und die *öffentliche Meinung*? Wir grenzen nicht an den Osten, wie unsere Freunde in der Bundesrepublik, aber wir sind nicht ein Volk ohne Angst. Und die Angst vor den Russen wird bei uns noch immer stark geprägt von der Erfahrung, daß wir in der jüngsten Vergangenheit einmal vom Osten überwältigt worden sind. An jedem Gemeindeabend höre ich, von alten und von jungen Menschen: »Das nie wieder, und darum brauchen wir Atomwaffen!« Und: »Nazismus und Kommunismus, das ist egal!« Der wachsende Einfluß der Friedensbewegung hat bei vielen diese Angst nur verstärkt.

Und *schließlich:* Wir kämpfen in Holland gegen den Rüstungswettlauf und gegen das System der nuklearen Abschreckung. Aber die Macht der Technologie und der militärischen Pakte ist in den Niederlanden genauso stark, genauso groß wie überall sonst. Und auch das wissen wir, daß die Mächte, gegen welche wir kämpfen, in unserer eigenen Seele eine Wohnung gefunden haben.

Also: Was wir in Holland machen, ist auch in Holland unmöglich. Wenn es von den sog. objektiven Bedingungen abhängen würde, könnten wir besser aufhören.

Die IKV-Kampagne

Was wir machen, ist Folgendes: Wir haben in Holland schon seit 1967 eine offizielle Instanz der Kirchen, den Interkirchlichen Friedensrat (IKV). Die evangelischen und katholischen Kirchen arbeiten darin offiziell und effektiv zusammen. Der IKV hat seit 1967 jedes Jahr im September eine Friedenswoche organisiert und vor vier Jahren (1977) eine Kampagne angefangen, die die Kernwaffen aus Holland zu entfernen vorschlägt, als einen ersten Schritt hin zur allgemeinen nuklearen Abrüstung in der Welt. »Helft die Atomwaffen aus der Welt zu schaffen, laßt Holland damit den Anfang machen!«

Utopisch? Jetzt, vier Jahre nach dem Anfang, haben wir aber schon mehr als 400 örtliche Gruppen – meist kirchliche –, die sich auf dieses Ziel verpflichtet haben. Und der IKV-Vorschlag ist mehr als Bewußtseinsbildung; dieses »Unmögliche« soll wirklich realisiert werden in der *Politik.*

Im selben Jahr 1977, in dem wir angefangen haben, sind viele Protestaktionen organisiert worden gegen die Neutronenbombe, an denen wir teilgenommen und die wir zu verbreiten geholfen haben. Alle großen Kirchen haben sich damals dagegen ausgesprochen. Der Verteidigungsminister, ein Christdemokrat, ist zurückgetreten; er hat sich auf die Äußerungen der Kirche berufen. Bei einer Gesamtbevölkerung von

14 Millionen Menschen sind mehr als eine Million Unterschriften gesammelt worden, auch das Parlament hat »nein« gesagt.

1978 waren unsere Anstrengungen für die Regierung Anlaß, ein Weißbuch über die Kernbewaffnung zu veröffentlichen, das dann aber natürlich von uns vor allem benutzt wurde, um unsere Kampagne zu stärken: Viele Politiker wurden von örtlichen Gruppen eingeladen, um dieses Weißbuch zu diskutieren.

Im nächsten Jahr, in der Friedenswoche 1979, haben unsere Gruppen in Hunderten von Dörfern und Stadtvierteln Meinungsumfragen durchgeführt aufgrund einer geheimen Enquete des Verteidigungsministeriums, die zeigte, daß schon 58 % der Bevölkerung unseren Vorschlag zu einem einseitigen Schritt im nuklearen Abrüsten unterstützte. Und das Dramatischste bis jetzt in unseren politischen Bemühungen geschah im Dezember 1979: Da hat unser Parlament am 6. Dezember die sogenannte NATO-Nachrüstung abgewiesen, kurz vor der Entscheidung vom 12. Dezember in Brüssel. Gegner und Freunde sind darüber einig, daß diese größte Krise der damaligen Regierung – eine Koalition von Christdemokraten und Konservativ-Liberalen – hauptsächlich das Verdienst (oder die Schuld) unserer Bemühung war. Da hatte eine kirchliche Friedensbewegung beinahe eine Regierung gestürzt. Auf den wenig erfreulichen Ablauf komme ich noch zurück, aber ermutigend war für uns der Bericht einer Untersuchungskommission des amerikanischen Kongresses, die im Januar 1980 alle NATO-Länder besucht hat und über Holland ganz pessimistisch berichtete: Es gibt in Holland eine sehr gut organisierte antinukleare Minderheit, die ihre Wurzeln in der Kirche hat und einen starken Einfluß auf die Politik ausübt; dadurch sind die Aussichten, daß Holland die Cruise Missiles zulassen wird, ganz düster.

Schließlich, im Mai 1981, hat es Parlamentswahlen in Holland gegeben. Überall haben unsere örtlichen Gruppen den örtlichen Abteilungen von politischen Parteien unsere Vorschläge vorgehalten. Fast der ganze Wahlkampf in der Phase der Ausarbeitung des Programms der verschiedenen großen Parteien im Zentrum war 1980 von uns dominiert – monatelang. Das hat auch uns erstaunt; auch das war ein neues Phänomen.

Zugleich mit dieser Aufregung im politischen Bereich hat es natürlich ein neues Gespräch in den *Kirchen* gegeben. Die Synode meiner Kirche (die »Nederlandse Hervormde Kerk«) veröffentlichte im September 1979 eine ausführliche Handreichung, worin auf 130 Seiten die Gemeinden über die Kernwaffenfrage informiert und für das Gespräch ausgerüstet wurden. (Diese Handreichung »Kirche und Kernbewaffnung« ist, von Hans Ulrich Kirchhoff vorzüglich übersetzt, im Neukirchener Verlag auf Deutsch erschienen.) Innerhalb von sieben Monaten nach dem Erscheinen im September 1979 hat sie sechs Auflagen erlebt und ist auf Tausenden von Gemeindeabenden diskutiert worden. Als Antwort auf die mehr als 700 schriftlichen Reaktionen aus den Gemeinden (manchmal mehr als 40 Seiten lang!), hat im November 1980 die Synode einen pastoralen Brief (ein Hirtenschreiben) veröffentlicht, in dem sie sich für einseitige Denuklearisierung der Niederlande als ersten Schritt ausspricht. Das war natürlich eine ganz wichtige Unterstützung der Kampagne des IKV. Auch einige kleinere Kirchen haben sich hinter diesen Vorschlag gestellt.

Ganz wichtig ist, daß Pax Christi ein solides Gutachten gemacht hat, in dem die Bischöfe positiv über die IKV-Kampagne avisiert werden. Das war im Oktober 1980, und das wird jetzt in der katholischen Kirche diskutiert. Dieses Pax-Christi-Gutachten basiert auf der Analyse der Hervormde Synode, fügt aber eine ausführliche und sorgfältige Argumentierung für den IKV-Vorschlag hinzu, worauf dann die Hervormde Synode wieder in ihrem Hirtenschreiben vom November 1980 verwies. Es ist ein interessantes Beispiel von Interaktion zwischen evangelischen und katholischen Beiträgen, herausgefordert von einer ökumenischen Instanz.

Aber Erfolge?

Das alles ist natürlich nur ein Anfang; das ist, würde ich sagen, die erste Phase des Unmöglichen. *Wirkliche Ergebnisse im Rüstungsbereich selber gibt es noch nicht.* Wir sind oft mehr damit beschäftigt, zu verhindern, daß neue Waffensysteme hereinkommen, als daß die heute bestehenden hinausgeschafft werden.

Die Neutronenwaffe ist vom Parlament abgewiesen worden, aber das Parlament hatte damals nicht den Mut, die Regierung auf dieses Nein festzulegen. Die Produktion der Neutronenbombe in den USA ist stetig weitergegangen seit 1978, und Frankreich entwickelt auch eine. Also kein wirklicher Erfolg.

Dasselbe ist natürlich auch im Dezember 1979 geschehen mit der sogenannten NATO-Modernisierung oder »Nachrüstung«. Dieser Ausdruck soll suggerieren, daß es einen neu entstandenen Rückstand der NATO gibt; den gab es und gibt es kaum. Bei uns heißt das ebenso trügerisch »Modernisierung«. Jemand hat gesagt: Das ist Modernisierung, so wie ich mein Fahrrad dadurch modernisiere, daß ich ein Auto kaufe. Unser Parlament sagte erst »nein«, dann sagte die Regierung in der NATO »ja, aber«, d. h. die Regierung erklärte, daß sie völlig übereinstimmte mit der NATO, aber selbst »nicht in der Lage war«, jetzt schon zu entscheiden. Eine Woche später, als die Regierung sich im Parlament verantworten sollte, sagten die Liberalen, daß dieses »ja, aber« doch wesentlich »ja« bedeute, und die Christdemokraten sagten, daß dies »ja, aber« doch wesentlich »nein« bedeute, und die Regierung schwieg darüber den ganzen Tag und die Nacht. In diesem Nebel, in dem auch nur die geringste Klarheit das Ende der Regierung bedeutet hätte, konnte die Regierung sich retten, weil im Parlament weder die Liberalen noch die Christdemokraten jetzt eine Krise wünschten.

Das war für viele eine schlimme Enttäuschung und ein Beweis, sagen manche, der Unmöglichkeit wirklicher Änderung. Waren wir an Grenzen gestoßen?

Die Nuklearwaffen waren 1980 und Anfang 1981 das wichtigste Thema im Wahlkampf. Eine Mehrheit der Bevölkerung war für einseitige Entfernung der Atomwaffen aus Holland. Aber es gab keine große Partei, die diesen Vorschlag übernahm. Bei den Sozialdemokraten war die einzige Ursache, daß der Parteileiter Joop den Uyl, der ehemalige Ministerpräsident, gesagt hatte, daß er dann nicht verfügbar wäre. Seine Partei hatte sich vorher für den IKV-Vorschlag ausgesprochen, zog aber jetzt ihre Zustimmung zurück. Also, nach allem, was vorgegangen war, nach aller Energie, aller Empörung, den tausend und abertausend Gesprächen auf örtlicher Ebene, waren die Wahlen selbst für die Sache, die den Wahlkampf geprägt hatte, fast irrelevant.

Auch die Entwicklungen in den Kirchen bleiben fragwürdig, solange nicht klar ist, was gute Aussagen bedeuten für eine Kirche, die sie macht. Sind sie das Ende des Prozesses statt einer neuen Teilnahme, eines neuen Einsatzes, einer neuen Verbundenheit mit der Friedensbewegung?

Was auf der Ebene der örtlichen Gemeinden der Effekt der neuen intensiven Bemühungen in großen Presseorganen, den JKV als eine von Moskau geführte Organisation abzustempeln, sein wird, ist noch nicht zu sagen. Auch das ist in der Bundesrepublik kein unbekanntes Phänomen; wenn die Argumente fehlen, gibt es immer noch den Kreml!

Natürlich, in der holländischen Politik ist jetzt der Gedanke der einseitigen Schritte akzeptiert; das liest man in den Parteiprogrammen. Wir können also wieder sagen: Das ist erreicht. Aber die neue Regierung –

eine Koalition von Christdemokraten, Sozialdemokraten und Linksliberalen – wird in der Praxis wahrscheinlich nur diejenigen nuklearen Aufgaben »einseitig« aufgeben, die sowieso von neuen konventionellen Systemen übernommen werden sollen. Das ist also mehr ein Mitgehen mit den neuen Entwicklungen der Militärtechnologie als Widerstand dagegen. Eine neue Politik ist es nicht.

Und das muß ich leider auch sagen von den neuen Mittelstreckenraketen. Es steht fest, daß diese bei uns nicht hereinkommen. Das ist natürlich wichtig, auch für die neue Friedensbewegung in der Bundesrepublik. Aber für uns ist die große Frage, ob wirklich von der holländischen Politik Widerstand geleistet wird gegen den NATO-Beschluß als solchen. Festhalten an dem »Ja« zum NATO-Beschluß im allgemeinen und zugleich festhalten an einer Ausnahmestellung für Holland, das wäre doch eine Saubere-Hände-Politik. Was wir wollen, ist nicht das Hinausschieben von Entscheidungen – die neuen Raketen sind in der NATO-Planung erst nach 1985 für Holland und Belgien geplant –, sondern neue Initiativen, die den ganzen Modernisierungsbeschluß wieder in Frage stellen.

Internationalisierung

Wie jetzt weiter? Wir können es uns nicht leisten, wieder eine normale übliche Friedensbewegung zu werden, wie schon so viele schnell gewachsen und langsam gestorben sind. Wir haben in diesen vier Jahren gelernt, daß wir jedes Jahr den ganzen Motor unserer Kampagne in einen neuen Gang schalten müssen.

Wenn ich richtig sehe, daß wir in Holland nun wirklich an Grenzen gestoßen sind – wie die Kirchen jetzt zögern, weiter zu gehen, und wie die Politik jetzt vor allem daran interessiert ist, die Gegensätze innerhalb der neuen zentrumlinken Koalition zu vermeiden und deshalb vermutlich von Kernwaffen mehr zu schweigen als zu sprechen –, dann ist es um so wichtiger, daß gerade in diesem Jahr (ich schreibe dies im September 1981) die Internationalisierung der neuen Friedensbewegung in Europa endlich durchgebrochen ist. Wo uns vor kurzem noch eine Isolierung der niederländischen Politik durch unseren Vorschlag vorgeworfen wurde, spricht man jetzt von der »holländischen Krankheit« als einer europäischen Epidemie.

In unserer Arroganz ziehen wir übrigens den Ausdruck »holländische Medizin« vor; wir wissen aber natürlich, daß in jedem Land die neue Friedensbewegung aus eigenen Quellen entsprungen ist. Hier spielen endlich die objektiven Bedingungen eine Rolle: daß sich Mitte der siebziger Jahre äußerst besorgniserregende qualitative Änderungen in dem atomaren Rüstungswettlauf abzeichneten, war nicht nur für holländische Augen sichtbar. Wohl gab es in Holland in den Kirchen eine bestehende Infrastruktur – die des IKV –, um die Sorge zu verbreiten und um die Menschen zu mobilisieren.

Es ist für unsere Arbeit in Holland von größter Bedeutung, daß gerade jetzt in der Bundesrepublik eine wirklich kräftige neue Friedensbewegung aufgestanden ist. Die schwierigste Frage, die wir seit 1977 ständig hörten, war: Aber was, wenn kein Respons von der Bundesrepublik kommt? Ich erinnere mich, wie enttäuscht ich war auf dem Kirchentag in West-Berlin 1977. Natürlich, es gab den begeisterten Vortrag von Helmut Gollwitzer, angeregt von dem Antimilitarismus-Programm des Weltkirchenrats. Aber viele Stunden lang suchte ich auf dem »Markt der Möglichkeiten« umsonst nach nur *einer* Broschüre, *einem* Flugblatt über die Kernbewaffnung. Überall war die Antwort: Das zu diskutieren, geht hier nicht, wir grenzen an den Osten.

Jetzt, nach der ersten bundesweiten Friedenswoche, von Aktion Sühnezeichen im November 1980 organisiert, und nach dem Kirchentag in Hamburg im Juni 1981 kann man sich neben der großen Dankbarkeit nur fragen, was es vielleicht für die Zukunft bedeutet, daß es so lange gedauert hat, bis es so weit war. Ich habe immer gemeint, daß es in Deutschland (und ich meine die beiden Deutschlande) einen Vorsprung vor uns gab – wegen der Tradition der Bekennenden Kirche. Daß es so lange gedauert hat, heißt das vielleicht, daß auch in Zukunft diese Tradition sich doch als ein weniger festes Fundament erweisen wird, als ich als Beobachter von »draußen« erwarten würde?

Zugleich muß ich erkennen, daß es mich freut, jetzt ein bißchen weniger die Namen Gollwitzer, Niemöller usw. zu hören als im letzten Jahr. Das erscheint vielleicht eine äußerst unelegante Bemerkung in einer Festschrift zu sein, die einem dieser großen Männer gewidmet ist. Zu viel aber wurden nach meinem Eindruck bis jetzt die großen Männer geehrt, indem man immer auf sie selber zurückgreift, statt selbständig ihre Tradition seit 1933 weiterzuführen. Natürlich, keiner meiner Generation kann ohne große Schüchternheit von so einer Tradition als einer eigenen sprechen; das muß sich noch erweisen. Wir sind während des Krieges oder nach ihm geboren, wir kennen unseren eigenen Mut (oder unseren Mangel an Mut) noch nicht, und wer hat genügend Selbsterkenntnis, um zu wissen, wo er in den Jahren 1933–1945 gestanden hätte? Ich finde es eine bedrohliche Frage, über die ich ungern spekuliere. Es ist, meine ich, nur Zeugen wie Martin Niemöller zu danken, die selbst die Linie von Auschwitz nach Hiroshima weitergezogen haben, daß wir Friedensaktivisten von heute uns überhaupt von dieser Tradition beansprucht und herausgefordert wissen dürfen.

Auch in anderen europäischen Ländern manifestiert sich die neue Friedensbewegung jetzt als eine erneuernde Kraft, vor allem in Großbritannien und Norwegen. Aber der Schlüssel zur Änderung in der Sicherheitspolitik in Europa ist immer die Bundesrepublik. In der niederländischen Friedensbewegung sind wir uns dessen bewußt, daß eine neue holländische Politik nie viel mehr sein kann als ein Vorschuß auf eine neue Politik in der Bundesrepublik. Deshalb ist es für uns so wichtig, daß die neue Friedensbewegung in der Bundesrepublik sich als eine so wichtige politische Kraft erweist.

In dieser neuen Phase der Internationalisierung der Friedensarbeit, die für uns gerade zu der Zeit kam, als wir sie für unsere eigene Arbeit in Holland am meisten brauchten, möchte ich als Beitrag zum Erfahrungsaustausch jetzt etwas sagen über das, was wir im IKV in den letzten vier Jahren gelernt haben, vor allem methodisch und theologisch.

Pastorale Verantwortlichkeit und politische Spitze

Wir haben gelernt, wie wichtig es ist, einer breiten Kampagne doch eine scharfe politische Spitze zu geben, gerade weil das wichtigste Motiv unserer Kampagne 1977 ein pastorales war.

Kernwaffen sind ein politisches Problem. Sie sind nicht das einzige Problem, sie sind nicht die einzige Bedrohung unserer Zukunft. Aber sie sind Symptom und Symbol einer Kultur, die für ihr eigenes Fortbestehen den Preis des Endes der Geschichte bezahlen will. Technisch sind wir dazu imstande, politisch erklären wir uns dazu bereit, und geistlich werden wir dafür präpariert.

In der Kirche sind wir jahrzehntelang aufgerufen worden zur Unruhe und zur moralischen Empörung, zu neuem Lebensstil und zur Friedenserziehung. Das war gut, aber nicht genug. Es war nach unserer Überzeugung pastoral nicht länger zu verantworten, jedesmal die Besorgnis über das politische Problem des Rüstungswettlaufs zu wiederholen, ohne hinzuzufügen, was man tun kann.

Während der deutschen Besetzung haben die Kirchen in Holland gelernt, daß es Umstände gibt, in denen die pastorale Arbeit *politisch* relevant sein muß, um auch *pastoral* relevant sein zu können. Selbstverständlich hat diese Erfahrung auch viel Einfluß gehabt auf das Reden der Kirchen in Holland nach 1945 bis zum heutigen Tag. Wir haben also eine politische Kampagne angefangen, weil wir Menschen helfen wollten in ihrer Ohnmacht. Die Zeit der allgemeinen kirchlichen Äußerungen der Besorgnis und der allgemeinen Verurteilungen war vorbei. Die wesentliche pastorale Frage des nuklearen Abschreckungssystems war fortan für die Kirche die konkrete politische Frage des *Auswegs.*

Von 1967 bis 1977 hatten wir als IKV jedes Jahr eine Friedenswoche mit wechselnden Themen organisiert. Als Ergebnis gab es gute Gespräche in den Kirchen, aber politisch war es wenig effektiv. Seit 1977 ist jedes Jahr die Friedenswoche demselben Thema gewidmet: Entfernung der Atomwaffen aus Holland als ein erster Schritt. Und erst nun hat es in der Politik und in den Kirchen ein neues Gespräch über die Kernwaffen gegeben, weil es nicht um allgemeine Dinge wie etwa eine neue Mentalität, ein neues Bewußtsein, geht, sondern um das Konkrete einer neuen Politik. Und erst jetzt sind wir als Kirche, obwohl viele alles Politische in den Kirchen weiter ablehnen, wirkliche Gesprächspartner für die Politiker. Und erst jetzt ist auch neue Unruhe in den Streitkräften entstanden, weil verschiedene Offiziere gesagt haben, daß sie in einem nuklearen Krieg nicht mitmachen wollen.

Wir meinen übrigens nicht, daß wir mit diesem politischen Vorschlag – wenn uns das gelingt, die Kernwaffen aus Holland zu entfernen – andere Regierungen gleich überzeugen können. Die werden nur böse und irritiert sein. Aber wir erwarten, daß es ein ungeheurer Impuls sein wird für die Oppositionsgruppierungen in anderen Ländern, in Ost und West, und daß ein holländischer Schritt so indirekt zu einer neuen Politik auch in anderen Ländern beitragen kann.

Die politische Spitze macht uns für andere als Gesprächspartner interessant, natürlich vor allem, weil wir hinter unserer Idee auch Macht organisiert haben. Aber die anderen bleiben für uns prinzipiell interessant. Wir haben intensiven Kontakt mit Politikern aus allen Parteien, auch mit Beamten des Verteidigungsministeriums und des Außenministeriums, mit Militärs und Militärseelsorgern. Wenn man einander gut kennt, gibt es weniger Karikaturen und Verteufelungen. Auch dort, wo in unserer Arbeit der Hauptakzent liegt, in der örtlichen Gemeinde (wir alle kommen auf viele Gemeindeabende), begegnen wir oft mehr Gegnern als Zustimmenden. Wir verbreiten die Friedenszeitung jährlich in einer Auflage von 350000 bis 400000. Es ist aber manchmal schon schwierig für eine örtliche Gruppe, überhaupt die Zustimmung des Kirchenvorstandes zu bekommen, die Friedenszeitung austeilen zu dürfen. Dort fangen schon die Konflikte an.

Es ist aber wesentlich, daß man die Gegner nie abschreibt. Selbstrechtfertigung paßt für eine kirchliche Friedensbewegung nicht. In meinen Dossiers habe ich viele Briefe von Gemeindegliedern, die meinten, weil sie die Aussagen meiner Synode nicht unterschreiben konnten, jetzt zu zweitklassigen Christen degradiert zu sein. Man muß sich immer hüten, Bibeltexte als Waffen im Dienst des eigenen Rechthabens zu mißbrauchen. Was wir von Jesus wissen, ist jedenfalls dies, daß er vor allem bekümmert war um diejenigen, die von den »gerechten« Pharisäern ausgeschlossen waren. Außerdem erachte ich es auch als eine Sache normaler Bescheidenheit, daß meine Synode in ihrer Erläuterung zu ihrer jüngsten Stellungnahme gesagt hat: Wir suchen damit die Kommunikation, nicht die Exkommunikation.

Einige methodische Einsichten

Im allgemeinen haben wir natürlich gelernt, daß wir Ideen entwickeln sollen, die imstande sind, die Politik unter Druck zu setzen und Macht unter den Menschen zu mobilisieren. Totale Abrüstung ist nicht solch eine Idee, allgemeine einseitige nukleare Abrüstung des Westens auch nicht. Mir scheint, daß für die Bundesrepublik das Nein zur »Nachrüstung« solch eine Idee ist – nicht jetzt die völlige einseitige Entfernung von Nuklearwaffen vom deutschen Boden. Solch ein Nein zur »Nachrüstung« soll dann natürlich nicht isoliert sein, es soll Teil einer neuen Ostpolitik, einer neuen Entspannungspolitik sein. Dazu nur einige methodische Einsichten:

1. Unser Stil ist der Stil der Selbstverpflichtung. Das haben wir von Martin Buber, der auf eine Frage von C. F. von Weizsäcker, warum alle kirchlichen Aufrufe so wenig erreichten, geantwortet hat: Weil darin nichts steht, was verpflichtet. Unser Vorschlag ist selbstverpflichtend. Wir wollen eine kernwaffenfreie Welt, und darum schaffen wir selber die Kernwaffen ab. Es ist eine alte biblische Wahrheit: Die Botschaft, die du predigst, muß du selber sein. Unsere örtlichen Gruppen sind deshalb keine Diskussionsgruppen, obschon viel diskutiert wird, sondern jedes Mitglied hat sich verpflichtet, an deren Verwirklichung zu arbeiten. Wir haben 1977 mit einem Manifest angefangen, das jedermann unterzeichnen konnte. Darin steht, daß im Abschreckungssystem der Umgang der Menschen miteinander so entartet ist, daß wir uns da-

für tief schämen. Wer das unterzeichnete, sagte: Ich bin bereit, die Verantwortlichkeit in dieser Sache nicht länger auf die Politiker und Militärs abzuschieben, ich will sie auch selber tragen. Es ging uns dabei nicht um eine größtmögliche *Zahl* von Unterschriften, sondern um die *Qualität* der Unterschriften: Die Selbstverpflichtung, dem Ziel eines ersten Schrittes zu dienen und sich in einer örtlichen Kerngruppe dafür einzusetzen.

2. Ein großes Problem für unsere Kampagne war natürlich die Gewöhnung an dieses Abschreckungssystem. Wir haben gelernt, daß wir das dadurch überwinden können, daß wir die Kernwaffen sichtbar machen, und zwar in ihren Folgen, in ihrer Anwesenheit, in den Maßnahmen zur Sicherheit beim Transport, in dem Wahnsinn des sogenannten Zivilschutzes, in den Wirkungen der Strahlung beim Produktionsprozeß usw. . . . Wir werden z. B. den Zivilschutz (Atomschutzbunker usw.) dies Jahr benutzen, um überall aus dem Kernwaffenproblem und der Atomkriegsvorbereitung ein örtliches Problem zu machen. Wir haben dabei zugleich gelernt, daß wir natürlich alles sichtbar machen sollen, aber daß unsere Bewegung gegen die Atomwaffen nicht aus Angst agieren darf. Das ist schwierig, weil es natürlich alles ganz beängstigend ist. Aber Angst ist gerade das Wesen des Systems, das wir zu überwinden versuchen.

3. Wir haben uns Sachverstand angeeignet. Um vom Allgemeinen zum Konkreten zu kommen, braucht man Sachverstand. Wir sagen also nicht: Die Kirche legt das Prinzip fest, und die Politiker machen die Praxis. Wir bleiben dabei im politischen Gespräch. Über konkrete Angelegenheiten, die im Parlament auf der Tagesordnung stehen, sind wir meist ganz gut informiert. Auch das ist pastoral wichtig. Zugleich hilft es uns in unserer »Schaltrolle« zwischen Nationalpolitik und örtlicher Kirche.

Schließlich: Wir haben gelernt, wie wichtig es ist, neue Koalitionen zu bilden. Gerade weil es jetzt so schwierig wird, wirklich weiterzukommen in der Politik, soll man sich verbreitern und größer werden. Die Unmöglichkeit der medizinischen Versorgung während eines sogenannten beschränkten Nuklearkriegs benutzen wir jetzt, um die Ärzte zu mobilisieren. Es macht etwas aus, ob eine Friedensbewegung sagt, die Kernwaffen sollen aus der Welt, oder ob dein Arzt das sagt. Ein anderes Beispiel: Wir haben im Sommer 1980 die Überprüfungskonferenz des sogenannten Vertrags gegen die Verbreitung von Atomwaffen benützt, um zu zeigen, wie nuklearer Rüstungswettlauf genauso ein Nord-Süd-Problem ist wie ein Ost-West-Problem. Wir haben dies Faktum benutzt, um die großen Dritte-Welt-Organisationen (wie in der Bundesrepublik »Brot für die Welt« und »Misereor« usw.) zu fragen, ob sie sich solidarisch erklären mit unserer Kampagne gegen die Atomwaffen. Das ist jetzt mit einer großen Organisation gelungen. Dies war ein ziemlich wichtiger Schritt; das Außenministerium war ziemlich erschüttert, und wir gehen damit weiter.

Eine Bemerkung noch, die für Leser in der Bundesrepublik vielleicht interessanter ist als für uns. Natürlich gibt es auch Spannungen zwischen der kirchlichen Friedensbewegung und denjenigen Bewegungen, die stark von einer kommunistischen Teilnahme geprägt sind. Die wichtigste ist die »Stop die Neutronenbombe-Bewegung«, die in 1977 und 1978 die große Unterschriftensammlung gegen die N.-Bombe geleitet hat. Es wird – meistens in breiteren Verbänden (zusammen mit politischen Parteien, anderen Friedensbewegungen usw.) – bei spezifischen Gelegenheiten selbstverständlich zusammengearbeitet, und das wird von beiden geschätzt. Wenn es dennoch Spannungen gibt, betreffen diese aber eher die Praxis als das Prinzip – vielleicht auch weil im zweiten Weltkrieg in der Widerstandsbewegung viel von Kommunisten und Kirchenleuten zusammen gearbeitet wurde. Meine eigene Erfahrung lehrt mich, daß Kommunisten wegen des politischen Gewinns zu schnell Erfolge sehen wollen, auch wo Erfolge noch nicht möglich sind, und deshalb geneigt sind, ihre Forderungen anzupassen an das, was schnell realisierbar ist. Anders gesagt: Sie haben Angst vor Radikalität. Ihrerseits werfen sie uns vor, daß wir das Unmögliche wollen – und das stimmt. Aber vielleicht ist das nur ein zeitweiliger Unterschied und wird sich zeigen, daß auch wir nicht lange ohne Erfolge leben können.

Einige theologische Erfahrungen

Als wir 1977 anfingen, wollten wir, daß das neue Gespräch in den Kirchen auch ein neues *kirchliches* Gespräch würde. Wir wollten also nicht eine Wiederholung der bekannten elitären Friedensforschungsdebatte, diesmal nur in der Kirche. Wir meinten, daß überhaupt in der Kirche das Gespräch nur auf *eine* Weise anfangen kann: mit dem Versuch, die Wirklichkeit mit den Augen der Schlachtopfer zu sehen. Das ist die einzig biblische Optik. Glaube ist nicht ein System von Theorien, sondern eine Haltung, eine Blickrichtung, um einen Weg zu gehen. Nur wenn wir hören, was die Schlachtopfer sagen, und sehen, was sie uns zeigen, nur dann kann ein neues Gespräch in den Kirchen heilsam sein und heilend wirken auf die vielen technisch-strategischen Debatten, in denen das Leiden keine Rolle mehr spielt. Die Zeugnisse von Opfern aus Hiroshima und Nagasaki haben uns dabei viel geholfen. Wir haben auch versucht, darauf theologisch zu reflektieren. In der Friedenswoche 1980 z. B. haben wir das Abendmahl, die Mahlzeit des Herrn, in die Mitte gestellt als eine Tat des Widerstandes, des Unglaubens an die Macht der Autoritäten, die glauben, daß das Leiden und der Tod des Messias auch das Ende der messianischen Bewegung sein würden.

Das Leiden ist also das erste Thema. Feindschaft und Versöhnung sind das zweite. Das ist auch das schwierigste. Feindschaft gibt es in der Welt und wird es wahrscheinlich geben, solange verschiedene Interessen gegeneinander stehen. Zugleich leben wir jetzt natürlich in einer systematisierten Feindschaft, in einem System, das einen Feind braucht. Wir unterschätzen die Stärke der Sowjetunion nicht und halten es für das denkbar schlechteste Argument der Friedensbewegung, ihre Rüstung zu bagatellisieren. Wir machen aber klar, daß auch wir von den anderen als Feinde angesehen werden, und mit Grund. Es ist jedoch merkwürdig, wie selten man auf Gemeindeabenden das Wort »Versöhnung« hört.

Das dritte theologische Thema ist folgendes:

Man findet heutzutage noch immer kaum eine effektivere Friedensbewegung in den Kirchen als die unsere, vermute ich. Jedenfalls hat die genannte Kommission des amerikanischen Kongresses keine effektivere gefunden. Man findet aber auch kaum eine pessimistischere Analyse von dem, was vor sich geht. Gibt es wirklich auch nur eine kleine Möglichkeit, daß wir je herauskommen? Wir haben wirklich Angst vor falscher Hoffnung. Das ist schwierig für diejenigen unserer Gruppen, die gern dann und wann einen Erfolg feiern möchten. Alle Tendenzen, die wir in dem Rüstungswettlauf sehen, sind ohnehin schlimm. Die Kernwaffen-Denkschrift meiner Synode von 1962 hat damals vor vielen möglichen gefährlichen Tendenzen gewarnt. Die neue Handreichung folgert, daß diese alle Realität geworden sind. Es geht schlecht, und es wird immer schlimmer, und es geht schnell. Was jetzt geschieht, ist völliger Wahnsinn, es ist völlig unkontrolliert, und es ist eigentlich undenkbar, daß es noch gut abläuft. Hoffnungslos und aussichtslos – so kennzeichnet die Handreichung die Entwicklung.

Das ist natürlich eine merkwürdige Aussage in einem kirchlichen Dokument. Aber politisch relevantes Pastorat fängt damit an, daß die Wahrheit gesprochen wird. Wir haben aufs neue entdeckt, daß christliche Hoffnung sich letztlich nicht gründet auf die Tatsachen der Welt, sondern auf die Auferstehung Christi. Vielleicht wußten wir das schon aus der Bibel, aber wir lernen das jetzt in der Praxis. Das zu sagen, birgt aber eine Gefahr in sich, nämlich daß man sagt: Die Tatsachen der Welt sind aussichtslos, aber glücklicherweise gibt es noch das Evangelium. Dann sind wir wieder in das alte und verführerische Modell der Resignation verfallen. Wir haben, gerade weil die Lage so aussichtslos ist, in den letzten Jahren die sogenannte apokalyptische Literatur studiert, z. B. das Buch der Offenbarung, die Rede Jesu über die letzten Dinge, bestimmte Teile des Alten Testaments usw. Diese Teile der Bibel sind alle in aussichtsloser Situation entstanden: in der Verbannung oder in der Unterdrückung durch das römische Reich.

Mehr als in den Kirchen sind in den Sekten die apokalyptischen Bücher beliebt. Dort liest man darin, in welchem Elend und welcher Grausamkeit die Welt untergeht und wie Gott die kleine Gruppe der Gerechtfertigten herausrettet. Und du sollst natürlich versuchen, dazuzugehören.

Wir haben etwas anderes gelesen. Die Mächte werden in der Tat in allen ihren Grausamkeiten geschildert, aber nur deshalb, weil die Gemeinde sagen soll: Dies sind die Mächte, die von Christus besiegt sind. Und es geht nicht um die Rettung von einzelnen aus der Welt, sondern darum, in dieser hoffnungslosen Welt festzuhalten an der Treue und an der Erwartung des Reiches Gottes. Das bedeutet nicht Resignation oder Zurücktreten, sondern Widerstand. Die Auferstehung Christi ruft uns auf zum Unglauben an die Tatsachen dieser Welt. Wir dürfen uns ihnen nicht unterwerfen. In den Worten des Kolosserbriefs (2, 15): Christus hat die Mächte und Gewalten demaskiert und an den Pranger gestellt und so darüber gesiegt.

Das ist wesentlich für die Hoffnung einer neuen »Widerstandsbewegung« in den Kirchen. Es ist aber schwierig zu erklären. Und das ist auch etwas, das ich lerne, obschon es vielleicht eine billige Aussage in einer toleranten Demokratie wie der unseren ist: Wir lernen jetzt doch, daß man nur in der Lage von »Widerstand«, wie er bei uns möglich ist, von Hoffnung reden kann. Man kann nicht darüber theoretisieren, ob es christliche Hoffnung gibt oder nicht. Hoffnung haben wir nicht vorrätig im Schrank. Man kann als gläubiger Mensch nur erfahren, ob es Hoffnung gibt oder nicht. Und wir erfahren in unserem »Widerstand«, in unserem Suchen nach einem Ausweg aus der Aussichtslosigkeit, daß es Hoffnung gibt. Wenn man aktiv geworden ist im »Widerstand«, also im Unglauben an die aussichtslosen Tatsachen, dann erscheinen neue Zeichen von Hoffnung. Man ist nicht allein. Man kann einander festhalten. Man wird ermutigt. Die bundesweite Friedenswoche im November 1980 war für uns ein Zeichen von Hoffnung. Auch die 100 000 Demonstranten am Ende des Kirchentages in Hamburg. Was wir hören von der Vorbereitung für die große Demonstration in Bonn am 10. Oktober ist ein Zeichen von Hoffnung. Die Erklärung der ad hoc Gruppe Abrüstung der Theologischen Studienabteilung des Bundes der Evangelischen Kirchen in der DDR, die auf das »Hirtenschreiben« meiner Synode mit einem Vorschlag zur Denuklearisierung der DDR antwortete, war für unsere Arbeit von außerordentlicher Bedeutung. Solche Zeichen von Hoffnung gibt es noch viele.

Also: So ungefähr geht das bei uns mit dem Unmöglichen.

Albrecht Schönherr

Gott ist mit der Erde verbündet

Kurzpredigt beim Ökumenischen Jugendgottesdienst anläßlich der Weltfestspiele am 2. August 1973 in der Marienkirche – Berlin (DDR)

Text: 1. Mose 9, Vers 13 »Meinen Bogen habe ich in die Wolken gesetzt; der soll das Zeichen sein des Bundes zwischen mir und der Erde«.

Vor einigen Tagen erlebte ich das Schauspiel, das wir alle gut kennen: Ein Regen zog ab, die Sonne brach hervor, und der Sonne gegenüber, auf dem dunklen Hintergrund der Wolke, erschien ein Regenbogen. Wir haben alle in der Schule gelernt, daß dies Farbenspiel auf ganz natürliche Weise zustandekommt, indem sich das Sonnenlicht in Millionen von Wassertröpfchen bricht. Und doch bewegt es einen immer wieder und bewegte mich diesmal besonders. Ich sah ihn nicht irgendwo, sondern über dem Hafen von Swienouszie, das früher einmal Swinemünde hieß. Der Bogen wölbte sich über Menschen, in deren Gedanken das Gedächtnis des letzten Krieges noch tief eingegraben war, und über solchen, die davon nur noch vom Hörensagen etwas wußten. Er wölbte sich über Polen, über Deutschen und über den vielen anderen Menschen, die dort an der Ostsee Erholung suchten. Er wölbte sich über Schiffen von vielen Nationen, auch von solchen, die einmal miteinander um Tod und Leben gekämpft hatten, über einem Land, in dessen Geschichte unendlich viele Narben von Leiden und Krieg eingezeichnet sind.

Als vor 25 Jahren die ersten Weltfestspiele stattfanden, wollten die jungen Menschen damit sagen: Nie wieder solches Chaos, in das wir ohne unsere Schuld hineingeraten sind! Nie wieder Völkerhaß und Völkermord! Nie wieder Krieg! Wir wollen ein Leben in Friede und Freude und haben Anspruch darauf. Wir wollen Friede, Freude und Freiheit für alle Menschen, ganz gleich, wo sie wohnen, welche Hautfarbe und welche Weltanschauung sie haben.

Wir Christen wissen, daß das kein schöner Traum ist, keine faszinierende Idee, die aber an der Wirklichkeit der Welt zerschellt. Was ist die Wirklichkeit der Welt? Das sagt das Wort, das ich am Anfang verlesen habe: Der Bund zwischen Gott und der Erde.

Gott ist mit der Erde verbündet. Das heißt: Gott ist seiner Erde treu. Gott will nicht, daß die Erde zerstört wird. Gott will nicht, daß die Menschen sie unbewohnbar machen. Gott will kein Auschwitz, Oradour, Hiroshima, My lay, Wiriyamu.

Gott ist mit der Erde verbündet. Das heitß: Gott will, daß die ganze Erde lebt. Nicht bloß die Menschen, auch die Tiere, auch die Wälder und Wiesen. Nicht bloß die eine Sorte Menschen, die Reichen, die Weißen, die Gesunden. Sondern auch die, die von den anderen benachteiligt, ausgebeutet, verachtet, als lästig beiseite geschoben werden.

Gott ist mit der Erde verbündet. Er hat sein Wort dafür gegeben. So wie zwei Menschen sich gegenseitig ihr Wort geben. So wie zwei Staaten sich verbünden. Und doch ganz anders: Gott wartet nicht darauf, daß wir Menschen einen Vertrag unterzeichnen oder ihm die Treue schwören. Gott hält die Treue auch, wenn wir Menschen ihn nicht erkennen oder anerkennen. Er hat uns ja das Leben gegeben.

Gott ist mit der Erde verbündet. Das ist und bleibt so. Wir sollen es aber auch wissen, auch wenn wir ihn nicht hören. Darum setzt er ein Zeichen. So wie der Ring das Zeichen ist für die Ehe, so wie der Kuß das Zeichen ist für die Liebe, so wie der Händedruck das Zeichen ist für ein Bündnis.

Gott hat viele Zeichen. Er weiß ja, wie sehr wir Menschen darauf angewiesen sind, nicht nur zu hören, sondern auch zu sehen. Wir alle kennen solche Zeichen Gottes: die Taube des Noah, die Krippe zu Bethlehem, das Kreuz von Golgatha. Alle sagen das eine: Gott ist der Erde treu. Sie sagen es immer intensiver, je weiter die Zeit fortschreitet: Gott ist der Erde so treu, daß er seinen eingeborenen Sohn für sie gab.

»Meinen Bogen habe ich in die Wolken gesetzt, der soll das Zeichen sein zwischen mir und der Erde.«

Was für ein Zeichen! Es gibt Bilder der Assyrer, der Inder und Ägypter, auf denen sind ihre Götter als Krieger abgebildet mit dem Pfeil und Bogen in der Hand. Sie zielen auf ihre Feinde. Sie werden nicht ruhen, bis sie das Gericht über sie vollzogen haben.

Der Gott der Bibel aber hängt seinen Bogen in die Wolken. Denn das ist hier gemeint. Gott will ihn nicht gebrauchen. Der Bogen hängt in den

Wolken und bleibt hängen, damit jeder weiß, woran er mit Gott ist. Gott will nicht, daß sich die Menschen vernichten, er will, daß sie Frieden haben. Gott will die Menschen, die sich gegen ihn auflehnen, nicht vernichten, wie er es könnte und nach der Unerbittlichkeit menschlichen Rechtes müßte, sondern er schenkt ihnen das Leben. Er schenkt es ihnen so sehr, daß er an ihrer Stelle Jesus von Nazareth sterben läßt. So gehört der Bogen am Himmel zusammen mit dem Kreuz auf dem Hügel von Golgatha.

Gott ist mit der Erde verbündet. Gott ist der Erde treu. Das macht uns gerade nicht passiv und tatenlos. Sondern das gibt uns Schwung, Hoffnung, Optimismus. Das macht uns die Hände frei, uns für seinen Dienst zur Verfügung zu stellen. Das läßt uns nicht in Resignation, Mutlosigkeit und Angst verfallen. Wenn Gott der Erde treu ist – wie sollen wir ihr nicht treu sein! Wie sollen wir uns nicht in den Dienst für eine gerechtere, friedlichere, freundlichere Welt stellen!
Amen.

Die Autoren

Wolfgang Abendroth

geboren 1906, Jura-Studium, Referendarexamen 1930, Arbeit für Arbeiterorganisationen, ab 1933 illegal tätig, 1935 völkerrechtliche Promotion in Bern, ab 1937 im Zuchthaus, ab 1943 „Bewährungsbataillon" 999, ab 1947 Dozent, dann Professor für öffentliches Recht in Halle, Leipzig, Jena und Wilhelmshaven, ab 1951 Professor für politische Wissenschaft in Marburg a. d. L., ab 1974 emeritiert, lebt in Frankfurt a. M.

Ulrich Albrecht

1941 in Leipzig geboren, Studium der Luftfahrttechnik, Volkswirtschaft und Politische Wissenschaft in Aachen und Stuttgart, 1970 Promotion über Waffenhandel, research associate am International Institute for Strategic Studies in London, Projektleiter bei der Forschungsstelle der Vereinigung Deutscher Wissenschaftler e.V. in Hamburg, seit 1972 Professor für Friedens- und Konfliktforschung in Westberlin, Mitarbeit in zahlreichen Studien- und Expertengruppen.

Egon Bahr

1922 in Thüringen geboren, Ausbildung als Industriekaufmann, 1942 bis 1944 Soldat, seit 1945 Journalist, 1950 bis 1960 Chefkommentator von RIAS, Leiter des Bonner RIAS-Büros, 1960 bis 1966 Leiter des Presse- und Informationsamtes Westberlin, 1967 Botschafter im Auswärtigen Amt, 1969 Staatssekretär im Bundeskanzleramt, 1972 bis 1974 Bundesminister für besondere Aufgaben beim Bundeskanzler, 1974 bis 1976 Bundesminister für wirtschaftliche Zusammenarbeit. 1976 bis 1981 Bundesgeschäftsführer der SPD.

Gerhard Bassarak

1918 in Ostpreußen geboren, 1937 Abitur, bis 1945 Arbeitsdienst und Militär, Musik- und Germanistikstudium in Königsberg, Theologiestudium in Halle, 1951 Vikar und Prädikant in Halle, Inspektor im Sprachenkonvikt in den Franckeschen Stiftungen, 1953 Pfarrer im Reisedienst der Evangelischen Studentengemeinde in der DDR, 1957 Leiter der Evangelischen Akademie Berlin-

Brandenburg, 1965 Promotion, 1967 Professor für Ökumenik in Halle, seit 1969 Professor an der Humboldt-Universität zu Berlin. 1971 Internationaler Sekretär, 1978 Vizepräsident der Christlichen Friedenskonferenz.

Gert Bastian

1923 in München geboren, 1941 bis 1945 freiwilliger Soldat, 1956 Oberleutnant der Bundeswehr, Hörsaaloffizier, Kompaniechef, Ausbildung für den Generalstabsdienst, 1961 bis 1972 im Stab der Gebirgsdivision in Garmisch, im Kommando des III. Korps in Koblenz und als Oberst Referent im Bundesministerium der Verteidigung. 1972 bis 1974 Kommandeur der Jägerbrigade 4 in Göttingen, bis 1976 als Brigadegeneral stv. Amtschef und Chef des Stabes des Heeresamtes in Köln, 1976 bis 1980 als Generalmajor Kommandeur der 12. Panzerdivision in Süddeutschland. Nach seiner Ablehnung des „Nachrüstungs"-Beschlusses der NATO und gleichzeitigem Ersuchen um Verabschiedung wurde er als Divisionskommandeur abgelöst und aus gesundheitlichen Gründen verabschiedet.

Walther Fürst

1911 in Oberfranken geboren, seit 1934 Vikar und Pfarrer in verschiedenen bayerischen Gemeinden, zuletzt in Erlangen, 1962 bis 1976 Professor am Theologischen Seminar in Friedberg/Hessen, lebt im Ruhestand in Bad Nauheim.

Uta Gerhardt

Studium in Frankfurt und Berlin, Dr. rer. soc. Lehr- und Forschungstätigkeit an den Universitäten FU Berlin, Konstanz, Berkeley und London, Professorin für Medizinische Soziologie am Zentrum für Psychosomatische Medizin am Klinikum der Universität Gießen.

Helmut Gollwitzer

1908 in Bayern geboren, seit 1949 Professor für Systematische Theologie in Bonn, FU Berlin.

Anton-Andreas Guha

1937 geboren, Publizist, seit 1967 Redakteur bei der „Frankfurter Rundschau".

Heinrich Hannover

1925 in Anklam/Pommern geboren. 1943 bis 1945 Soldat, 1946 bis 1950 Studium der Rechts- und Staatswissenschaften in Göttingen, seit 1954 Rechtanwalt in Bremen. Tätigkeit als Strafverteidiger (auch in Verfahren gegen Kommunisten, Demonstranten, Zeugen Jehovas und „Terroristen“) und in Kriegsdienstverweigererverfahren. Politische Aktivitäten in der Ostermarschbewegung, im Kampf gegen die Notstandsgesetze, gegen Berufsverbote und gegen die Einschränkung von Verteidigerrechten.

Stephan Hermlin

1915 in Chemnitz geboren, aufgewachsen in Berlin, 1931 in Eintritt in der revolutionäre Arbeiterbewegung, 1933 Abitur, bis 1936 illegale Tätigkeit gegen den Nationalsozialismus. Emigration (Orient, England, Spanien, Frankreich, Schweiz), 1945 Rückkehr nach Frankfurt am Main, dann nach Berlin. Mitglied der Akademie der Künste der DDR sowie der Akademie der Künste (West-Berlin).

Laurens J. Hogebrink

1942 geboren, Theologiestudium in Utrecht und New York, tätig im Rat für Kirche und Gesellschaft der Nederlandse Hervormde Kerk, Vertreter dieser Kirche im Interkirchlichen Friedensrat.

Eugen Kogon

1903 in München geboren, seit 1951 Professor für Wissenschaftliche Politik an der Technischen Hochschule Darmstadt.

Walter Kerck

1908 geboren, seit 1952 Professor für Systematische Theologie an der Evangelisch-theologischen Fakultät der Universität Bonn.

Gunnar Matthiessen

1939 in Köln geboren, Studium der Soziologie und Philosophie, Mitglied im Büro des Komitees für Frieden, Abrüstung und Zusammenarbeit.

Alfred Mechtersheimer

1939 in Neustadt a. d. Weinstraße geboren, Dr. rer. pol., Diplom-Politologe, Oberstleutnant a. D. d. R., Mitarbeiter am Max-Planck-Institut für Sozialwissenschaften in Starnberg.

Herbert Mochalski

1910 geboren, Pfarre i. R., Dr. theol. h. c., 1933 erste Begegnung mit Niemöller, 1941–1944 sein „illegaler" Vertreter in Dahlem, seit 1945 sein Mitarbeiter als Geschäftsführer des Bruderrates der Bekennenden Kirche unter seinem Vorsitz, Studentenpfarrer in Darmstadt, Chefredakteur der „Stimme der Gemeinde" und des Stimme-Verlags, lebt in Kronberg.

Wolf-Dieter Narr

1937 geboren, seit 1971 Politologe an der FU Berlin.

Claus Offe

1940 geboren, Soziologie-Studium in Köln, Berlin und Frankfurt, Professor für Politikwissenschaft und Soziologie an der Universität Bielefeld.

Ulrich K. Preuß

1939 geboren, Professor für öffentliches Recht und Verwaltungswissenschaft an der Universität Bremen.

Helmut Ridder

1919 in Bocholt geboren, Jurastudium, 1940 bis 1945 zur Wehrmacht eingezogen, 1947 Promotion, 1950 Habilitation in Münster, 1952 Professor in Frankfurt am Main, 1959 in Bonn, seit 1965 in Gießen. Mitherausgeber mehrerer Zeitschriften. Vorsitzender der „Deutsch-Polnischen Gesellschaft der Bundesrepublik Deutschland".

Kurt Scharf

1902 in Landsberg/W. geboren, Altbischof in Westberlin.

Dietmar Schmidt

1911 geboren, Studium in Frankfurt/M., Rostock, Heidelberg und London. Seit 1933 Journalist, nach Kriegsende mit dem

Schwerpunkt Film. Verantwortlicher Redakteur des epd-Informationsdienstes „Kirche und Film", Mitarbeit in zahlreichen Filmgremien und -Jurys. 1959/60 erschien seine Martin-Niemöller-Biographie bei Rowohlt, Übersetzungen in USA, England, Holland und Japan.

Albrecht Schönherr

1911 in Oberschlesien geboren. Theologiestudium in Tübingen und Berlin, 1933 Vikar in Potsdam, Predigerseminar Finkenwalde der Bekennenden Kirche unter Leitung D. Bonhoeffers, 1936 Ordination, 1937 bis 1946 Pfarrer in Brüssow, Soldat, Lagerpfarrer in Italien, 1947 Pfarrer am Dom zu Brandenburg, Superintendent, ab 1951 Leiter der Predigerseminars, 1963 Generalsuperintendent des Sprengels Eberswalde, 1967 Verwalter des Bischofsamtes, 1973 Bischof der Ev. Kirche in Berlin-Brandenburg, seit 1981 im Ruhestand.

Günter Wirth

1929 geboren, Studium in Berlin, journalistische und verlegerische Tätigkeit, seit 1972 Chefredakteur der ev. Monatsschrift „Standpunkt". Mitglied des Martin-Luther-Komitees der DDR. Mitglied des Fortsetzungsausschusses der Christlichen Friedenskonferenz.